Weniger sind mehr

Karl Otto Hondrich (1937–2007) war einer der bekanntesten Soziologen Deutschlands und Autor mehrerer Bücher. Er studierte Volkswirtschaftslehre, politische Wissenschaft und Soziologie in Frankfurt, Berlin, Paris und Köln. Hondrich war Professor für Soziologie an der Universität Frankfurt. Er befasste sich unter anderem mit Theorien und empirischen Untersuchungen über sozialen Wandel und soziale Konflikte.

Karl Otto Hondrich

Weniger sind mehr

Warum der Geburtenrückgang
ein Glücksfall für unsere Gesellschaft ist

Campus Verlag
Frankfurt/New York

Bibliografische Information der Deutschen Nationalbibliothek:
Die Deutsche Nationalbibliothek verzeichnet diese Publikation in der
Deutschen Nationalbibliografie. Detaillierte bibliografische Daten
sind im Internet unter http://dnb.d-nb.de abrufbar.
ISBN 978-3-593-38270-8

Copyright © 2007 Campus Verlag GmbH, Frankfurt/Main
Umschlaggestaltung: Hißmann, Heilmann, Hamburg
Satz: Fotosatz L. Huhn, Maintal-Bischofsheim
Druck und Bindung: Freiburger Graphische Betriebe
Gedruckt auf säurefreiem und chlorfrei gebleichtem Papier.
Printed in Germany

Besuchen Sie uns im Internet: www.campus.de

FÜR MEINE FRAU DÖRTHE

Inhalt

Kapitel I

Die deutsche Angst und andere Wirklichkeiten

Kinder zu haben ist ein großes Glück. Aber auch der Rückgang der Geburtenzahlen hat viele Vorteile. Das Absinken der Geburtenrate – in der westlichen Welt, mit dem Frankreich des 19. Jahrhunderts als Vorreiter, hält dies schon fast 200 Jahre an – verändert die Welt, wie wir sie bislang kennen.

Noch im 18. und 19. Jahrhundert bedeuteten viele Kinder das größere Glück – es sei denn, die Menschen waren so bitterarm wie die Eltern von Hänsel und Gretel. In unserer Gegenwart – und auch für die Zukunft – haben sich die Vorzeichen geändert. Heute sind weniger Kinder mehr – für die Eltern, aber auch für die Gesellschaft insgesamt. Als Ganzes hat sie sich auf die niedrige Geburtenrate eingestellt. Mit einer deutlich steigenden Anzahl von Geburten und vielen Kindern könnte sie nicht mehr so funktionieren, wie wir es gewohnt sind und auch wünschen.

Davon handelt dieses Buch. Es plädiert für etwas und gegen etwas. Für ein Verständnis gesellschaftlicher Entwicklung, das deren Eigenkräfte, Eigensinn und Eigenweg in den Vordergrund stellt und nicht die Ideen moralischer und wissenschaftlicher Autoritäten über den richtigen Weg. Nicht, dass ich mich für klüger hielte als diese Autoritäten (und Kassandras). Aber ich halte die Gesellschaft und ihre Evolution für klüger als jeden Einzelnen von uns, ob nun Wissenschaftler oder nicht.

Unsere Gesellschaft trägt so viel mehr längere und komplexere Lernprozesse in sich als jedes Individuum (sei es Arbeiter, Hausfrau oder Philosophenkönig). Sie hat Mechanismen des Umgangs mit

Problemen und Konflikten, der Kontinuität und des Selbsterhalts entwickelt. Wir sind zwar Teil dieser Mechanismen. Sie aber sind die größere Macht. Sie nötigen uns Neugier, Staunen und Demut ab, ähnlich wie die Kräfte der Natur. Die Selbstlenkungskräfte der Gesellschaft, auch in der Geburtenfrage, anzuerkennen, statt ihnen durch politische Zielvorgaben und Maßnahmen, die unweigerlich interessen- und wertgebunden sind, zuvorkommen zu wollen, führt wie von selbst zu einer liberalen Haltung, gerade auch in der Kinderfrage. Auch dafür bricht das Buch eine Lanze.

Zwar können wir uns aus der Politik, auch aus der Familien- und Bevölkerungspolitik, nicht einfach verabschieden. Mit Blick auf die aktuelle Diskussion ist man aber geneigt, gerade das zu fordern; so unsäglich ist das Tohuwabohu der politischen Rezepte und Schnellschüsse, die alle auf das eine hinauslaufen: Familie und Geburten zu einem immer gigantischeren Feld von direkten und indirekten Subventionen und Interventionen zu machen. An der Richtigkeit dieser Subventionspolitik scheint mittlerweile, trotz heftiger Fehden im Detail, parteiübergreifend kein Zweifel mehr zu bestehen. Gegen diesen umfassenden und unhinterfragten Konsens ist dieses Buch geschrieben.

Der Konsens lässt sich in zwei Sätzen zusammenfassen: Erstens, es gibt zu wenig Kinder. Zweitens, die Politik muss mehr dagegen tun. Noch vor einem Jahrzehnt hätte man diese einhellige Meinung kaum ausmachen können. Sie kommt aber nicht von ungefähr. Dieser Konsens ist das Ergebnis einer Debatte zwischen besorgt-sauertöpfischen Bevölkerungswissenschaftlern – die zu Recht beklagten, dass sie bisher öffentlich kaum wahrgenommen wurden –, aufhorchenden und alarmierten Politikern und publizistischen Schaumschlägern, die das Thema medienwirksam in Szene setzen. Aus dieser Debatte schälte sich verblüffenderweise binnen Kurzem eine Übereinkunft über Zustand und Zukunft der deutschen Gesellschaft heraus: Es handle sich um eine vergreisende, kinderlose, schrumpfende Gesellschaft.

Deutschland als Gruselkabinett – mit der Realität hat dies, wie ich im Folgenden zeigen möchte, nichts zu tun. Wie aber konnte es dazu kommen, dass die Schreckensvisionen der Kassandras von der Öffentlichkeit fast gierig aufgesogen und in einen einstimmigen Abgesang verwandelt wurden?

Die Antwort hat mit den demografischen Inhalten des Konsenses gar nichts zu tun, sehr viel aber mit der Funktion von Konsens schlechthin. Moderne Großgesellschaften, die in sich durch unterschiedliche Interessen- und Wertlagen vielfach gebrochen sind, dürsten geradezu nach Übereinstimmung. Deklarierte Werte reichen da nicht aus. Moderne Menschen wittern hinter hehren Formeln des Gemeinwohls und des allgemeinen Guten besondere Interessenlagen und Absichten – zu Recht. Viel wirkungsvoller und durchdringender ist ein Konsens, wenn er sich nicht auf absichtsvoll beschworene gemeinsame Aufgaben und Werte beruft, sondern auf gemeinsame Gefahren und Feinde. Spontan stellen sich Gefühle von Angst und Schrecken ein, und diese binden die unterschiedlichsten Teile moderner Gesellschaften zwangloser zusammen als alle moralischen Aufrufe.

Schon die alte Bundesrepublik definierte sich nicht nur durch ihre ökonomischen Leistungen, sondern auch als Erschreckensgemeinschaft: vor dem Feind aus dem Osten, vor der Atomkraft, Aids, dem Ozonloch und dem Terrorismus. Ein Teil dieser Angstmacher ist vor 15 Jahren hinfällig geworden – ausgerechnet zu einem Zeitpunkt, da das neue, größere, wiedervereinigt-zerklüftete Deutschland einen nationalen Grundkonsens stärker brauchte als je zuvor. Die neuen Schreckensgemeinschaftsthemen stellten sich allerdings wie von selbst ein: Globalisierung einschließlich des globalen Terrorismus, Islamismus und eben der Fall der Geburtenrate. Keins der neuen und keins der weiterschwelenden älteren Angstthemen eignet sich so sehr für einen spezifisch deutschen, nationalen Konsens wie der Fall der Geburtenrate: Deutschland überaltert und vergreist, es wird zu einem Land ohne Kinder, es sinkt mit schrumpfender Bevölkerung in die Dekadenz, die Deutschen sterben aus.

Dass die Menschen älter werden, kann man ohnehin weder politisch noch ideologisch stoppen. Es scheint deshalb nur vernünftig, dass Familienministerin von der Leyen bei der Vorstellung des neuen Projekts der »Mehrgenerationenhäuser«, unterstützt mit Bundessubventionen, fordert: »Wir sollten in der Altenpolitik Trendsetter in Europa werden.« Also wieder ein neues Feld für die Politik und wieder ein Blick in die visionäre Schreckenskammer: »Deutschland wird im Jahre 2030 die älteste Bevölkerung der Welt haben«, erklärte die Ministerin bei gleicher Gelegenheit. »Ich möchte eine europäische Allianz für Familien bilden. Die demografische Entwicklung ist, wie sie ist, aber es gibt Stellschrauben, mit denen man den Trend beeinflussen kann.«[1] Eine Möglichkeit zur Justierung sei die Vereinbarkeit von Beruf und Familie, die andere die Integration von Kindern mit Migrationshintergrund durch frühkindliche Bildung. Die dritte wichtige Stellschraube sei die Frage, wie das Potenzial des Alters einbezogen werden kann. Und zum Schluss: Ein Forschungsverband solle feststellen, was familienpolitisch wirke und was nicht. »Wir haben keine Zeit mehr, *trial and error* zu machen.«

Wo sie Recht hat, hat die Ministerin Recht. Die Politik, durch den Alarmismus der öffentlichen Diskussion zum Aktivismus gezwungen, muss handeln, wie es von ihr erwartet wird. Zeit, die Dinge grundlegend auf ihre Richtigkeit hin durchzudenken, gibt es auch in anderen Politikfeldern nicht. Wie es allerdings möglich sein soll, angesichts dieser – teils unvermeidlichen, teils forcierten – Ignoranz jemals anders zu handeln als durch Versuch und Irrtum, bleibt ein Geheimnis. Dass notwendigerweise via Experimente gehandelt – und vielleicht auch gelernt – wird, bleibt unser einziger Trost. Bevor sie Unheil anrichten können, werden politische Maßnahmen als Irrtum anerkannt.

Ohnehin erscheinen die meisten wirkungslos angesichts der stärkeren Kräfte, die die Gesellschaft bewegen. Auf die Erkenntnis dieser Kräfte – und nicht auf Vorschläge zum politischen Handeln – kommt es mir im Folgenden an. Was bleibt von den alarmistischen Horrorszenarien der Vergreisung, der Kinderlosigkeit und der Schrumpfung der Gesellschaft, wenn sie einer kritischen Prüfung unterzogen werden?

Schreckgespenst Vergreisung – ein deutsches Problem?

An Bildern der Greisengesellschaft für einschlägige Fernseh-Features herrscht bereits heute kein Mangel: Berliner Hinterhöfe und Gärten ohne Kinderlachen – wie anders war das noch vor 100 Jahren, als es hier, in Zilles Milieu, von Großstadtgören wimmelte? Heute sind die vor Jahrzehnten aufwändig gebauten Spielplätze leer, die Bänke drum herum hingegen voll – besetzt mit vor sich hin dämmernden Greisen. Ganze Straßenzüge und Städte entvölkern sich und veröden: Ostdeutsche Ortschaften müssen dafür als Vor-Bilder herhalten – wobei allerdings verschwiegen wird, dass ihre Probleme aus dem Soggefälle zwischen West und Ost herrühren, also ganz anderen Ursprungs sind.

Tatsächlich gibt es immer mehr ältere Menschen, und es wird auch weiterhin immer mehr geben. Die Angstmacher sprechen deshalb von Deutschland als einer »Republik der Greise«, als ob es sich um eine spezifisch deutsche Verwerflichkeit handele. In Wirklichkeit aber steigt der Anteil der Alten in allen Gesellschaften, auch in Schwellenländern wie Indien, in denen deutlich mehr Kinder geboren werden. Dies hat nämlich wenig mit der Geburtenrate zu tun, umso mehr aber damit, dass die Menschen heute später sterben. Das Älterwerden ist eine großartige Errungenschaft moderner Kultur: eine notwendige Begleiterscheinung von Wohlstand, Bildung, Freiheiten, sozialen Absicherungen, Medizin, Hygiene, Ernährungswissenschaft, ja Wissenschaft schlechthin. Möchten wir auf irgendeine dieser Errungenschaften verzichten; möchten wir die, im Vergleich zu unseren Vorfahren, »gewonnenen Jahre« wieder verlieren? Lieber jung sterben, als alt werden? Wer selbst ein langes Leben führen möchte, sollte aufhören, Vergreisung wie einen Vorwurf zu behandeln, den man der Gesellschaft oder einer Gruppe in ihr, zum Beispiel kinderlosen jüngeren Menschen, in die Schuhe schieben kann.

»Wie schauerlich, überall alte Leute!« Der entsetzte Ausdruck vorausschauender Gefühle ist verständlich. Aber so wird es nicht kommen. Die ganze Tristesse des Alters wird uns (den jüngeren Menschen) auch in Zukunft nicht ins Auge fallen. Die hinfällig-bejammernswerten ganz Alten meiden die Öffentlichkeit. Die jüngeren Alten werden eher durch ihre Rüstigkeit auffallen. Dass sich die Alterspyramide insgesamt ändert, wird niemanden, ob jung oder alt, erschrecken; denn alle nehmen an dem allmählichen Prozess gewohnheitsgemäß teil – es sei denn, professionelle Schreckensverbreiter und -profiteure nehmen sich der Sache an.

Intuitiv vermuten wir, dass eine Gesellschaft mit vielen altgebrechlichen Menschen ihrerseits alt und gebrechlich sei; dass sie, ebenso wie die Greise, nicht mehr lange zu leben habe. Aber Individuen und Gesellschaft sind zwei völlig unterschiedliche Paar Schuhe. Über die durchschnittliche Lebensdauer von Individuen wissen wir inzwischen genau Bescheid; über die Lebensdauer von Gesellschaften wissen wir nichts. Ein Mensch in Deutschland wird heute normalerweise fast 80 Jahre alt; wie alt aber wird, »normalerweise«, die deutsche Gesellschaft? Dass sie eine Gesellschaft mit immer mehr Alten sein wird, heißt nicht, dass sie eine alte Gesellschaft wird. Die Individuen, die sie hervorbringt, sind ein relativ neuer Typus Mensch, den es in früheren Gesellschaften kaum gab.

Erst in einer Gesellschaft mit langer Lebensdauer für den Einzelnen kann sich das Individuum als moderner Typus Mensch entfalten. Aber auch als gesellschaftlicher Typus ist die Gesellschaft der Alten jung und neu. Das Alter ihrer Individuen übersetzt sie gleichsam in kollektive Jugendlichkeit. Denn moderne Gesellschaften sind insofern jugendlicher und innovativer als alte, als sich ihre innere Gliederung und äußere Ausdehnung stärker verändern. Im Innern bilden sich für jede Aufgabe oder jedes

Problem soziale Subsysteme mit gesteigerter Problemlösungsfähigkeit heraus. Nach außen verschieben sie ihre Grenzen über
nationale Rahmen hinaus und vergrößern so ebenfalls ihre Fähigkeit, Auswege für Probleme zu finden. Das Beispiel Aids zeigt,
wie die europäische Gesellschaft der Alten ein neues Problem in
den Griff bekommt, an dem in Afrika die Gesellschaft der Jungen
tragischerweise zu scheitern droht. Wie um das Fehlen qualitativ
adäquater Problemlösungen zu kompensieren, bäumen sich die
Kulturen Schwarzafrikas in einer verzweifelten quantitativen
Anstrengung auf: Sie, die von Aids am stärksten betroffen sind,
weisen die weltweit höchsten Geburtenraten auf.

Die Alarmistenvision der kinderlosen Gesellschaft

So wenig die Vergreisung von Individuen und Gesellschaften
durch den Fall der Geburtenrate verursacht ist, so sehr verursacht
andererseits der steigende Altenanteil diesen Fall!

Langes Leben bedeutet, dass Probleme der Armut, der Un-
sicherheit, des Unwissens, der Krankheit gelöst wurden – viel
erfolgreicher jedenfalls als vor 150 Jahren, als die Menschen in
Deutschland nur halb so alt wurden, aber doppelt und dreimal
so viele Kinder bekamen wie heute. Würden noch genau so viele
Kinder geboren wie damals, dann wäre nicht nur Deutschland,
sondern die Welt heute heillos übervölkert. Der Rückgang der
Geburtenziffern ist also eine Lösung für das Problem der Über-
bevölkerung. Weit entfernt davon, gesellschaftliche Destabilisie-
rung anzuzeigen, gehört dieser Trend selbst zu den Mechanismen
kollektiver Stabilisierung.

Auch Tiergesellschaften passen ihre Population an, wenn sie
zu groß zu werden drohen. Zusätzlich zu den biologischen Mechanismen verfügen Menschengesellschaften allerdings über
soziokulturelle Anpassungsverfahren. Das vergrößert einerseits
ihre Möglichkeiten, aber verringert sie in anderer Hinsicht auch.

Ethische Gründe verbieten uns, Bevölkerungen durch Kriege, durch Seuchen, durch moderne Mittel der Massenvernichtung zu dezimieren (dass dies dennoch geschieht, ruft Empörung hervor). Sie verbieten uns auch, das individuelle Leben an einem Ende abzukürzen. Also verringern wir es »vorn«: Wir setzen weniger Kinder in die Welt. Der kollektive, systemstabilisierende Sinn dieses Vorgangs scheint uns übrigens genauso wenig bewusst zu sein wie Tieren ihre Populationsregulierung bewusst ist.

Nur die Demografen, die die Alarmglocken läuten, glauben, »das richtige Bewusstsein« zu haben. Zwar werden sie den Segen des Geburtenrückgangs nicht leugnen. Aber nur bis zu einem gewissen Punkt! Und dafür haben sie eine Art Richt- und Wertmarke eingeführt: 2,1 Kinder im Durchschnitt pro Frau. Nicht weniger! Woher rührt die magische Leuchtkraft der 2,1? Bei dieser Fertilitätsrate soll eine bestimmte Bevölkerung sich punktgenau reproduzieren, nicht schrumpfen und nicht wachsen. Die 2,1 ist eine Stabilitätsmarke. Sie erhebt demografische Stabilität zur Norm.

Überzeugend ist dies nicht. Steigende und sinkende Sterblichkeitsziffern, Migrationen, gute und schlechte Zeiten können dafür sorgen, dass die Bevölkerung wächst oder schrumpft, auch wenn die scheinbar ideale Norm von 2,1 eingehalten wird. Diese Stabilität hat es in der Realität der modernen Welt allerdings noch nie gegeben – weder als Faktum noch als Norm. (Die USA kommen ihr übrigens im Augenblick am nächsten.) Auch früheren Zeiten unterstellen wir sie wohl eher zu Unrecht. Zwar ist angesichts aller Unwägbarkeiten der Wunsch nach mehr Stabilität als menschlich zu verstehen. Gesellschaftliche Entwicklung hat aber eine solche Stabilitätsnorm nicht eingeplant. Um Wunschbilder von Statistikern und Demografen kümmert sie sich genauso wenig wie um die öffentliche Meinung.

Längst ist die Fertilitätsrate unter die magische Idealnorm gesunken. In skandinavischen Ländern schwankt sie um 1,7, in Deutschland tendiert sie gegen 1,4, in Japan und Südkorea neuerdings gegen 1,0. Bezeichnenderweise handelt es sich um die industriell dynamischsten Gesellschaften. Ob die Politik dem Fall der Fertilitätsrate wie in China nachhelfen oder ihn wie in Europa aufhalten will, der Rückgang geht weiter. Die ganze Welt ist von ihm ergriffen. *Alle* Gesellschaften bewegen sich im freien Fall der Geburtenrate, die postindustriellen mittlerweile am wenigsten, die noch nicht industrialisierten stärker, am stärksten die industriellen Wildkatzen wie Südkorea und China. Dabei scheint China die einzige Gesellschaft zu sein, die den freien Fall politisch rigoros angestoßen hat.

In seiner ganzen Vieldeutigkeit erhellt das Bild des freien Falls Besonderheiten des Geburtenrückgangs: Er scheint unausweichlich. Er geht, historisch betrachtet, schnell. Niemand weiß, wo er aufhört. Niemand weiß, was dann geschieht: Wird es eine Gegenbewegung nach oben geben? Er ist verbunden mit der Freiheit selbstbestimmender Individuen. Deren individuelle Entscheidungen ergeben als kollektives Ergebnis den Fall der Geburtenrate. Er ist ein Element in einem freien System sozialer Selbststeuerung – frei gegenüber den Intentionen von Individuen; relativ frei beziehungsweise eigenmächtig aber auch gegenüber den Interessen und Moralvorstellungen der Teilsysteme Religion, Wirtschaft, Bildung, Wissenschaft, insbesondere aber auch gegensteuernder Politik.

Wen kann man für den rasanten freien Fall verantwortlich machen? Diejenigen, besonders die Frauen, die keine Kinder haben, stehen am Pranger. Das ist besonders töricht. Die Geburtenrate ist keine individuelle, sondern eine kollektive, eine gesellschaftliche Größe. Sie ist ein Glied in einer großen Zusammenhangskette. Man kann sie nicht durch individuelle Schuld, sondern nur gesellschaftlich, durch Zusammenhänge erklären. Und so erst wird das Bild vollständig: Wenn die Gesellschaft keine Kinder hervorbringt, dann hat das einen gesellschaftlichen Sinn. Die Gesellschaft braucht die Kinder nicht, die nicht geboren werden. Sie fragt sie nicht nach. Sie übt über ihre verschiedenen Teilsysteme, letztlich über uns alle, sogar Druck aus, damit sie nicht geboren werden. Deshalb werden diese Kinder nicht geboren.

Damit ist, nach der Greisengesellschaft, die nächste Schreckenskammer geöffnet: die *kinderlose Gesellschaft*. Passenderweise erschien Ende 2006 der erste Science-Fiction-Film, der, bezogen auf das Jahr 2029, eine Welt ohne Kinder vorstellt.[2] Was Science-Fiction ist, wird Fiktion bleiben. Eine Gesellschaft ohne Kinder wird es nicht geben. Gesellschaften werden nicht kinderlos, schlimmstenfalls werden sie weniger Kinder haben, als wir es gewöhnt sind. Es sind unsere Gewohnheiten, die uns die Verhältnisse als normal und richtig erscheinen lassen – und es sind Veränderungen, die uns Angst vor künftiger Anormalität einflößen. Im Sommer 2006 habe ich im Süden Tunesiens einen Freund besucht. Er zeigte mir das elterliche Gehöft, auf dem er mit zwölf Geschwistern und Halbgeschwistern aufgewachsen war. Vom Mittelalter ins Raumzeitalter sei er katapultiert worden, erklärte er. Er ist Vater zweier Töchter, die wie er studiert und beruflich Karriere gemacht haben. Jede von ihnen hat zwei Kinder. »Du kannst froh und stolz sein«, sagte ich. »Ich bin frustriert«, antwortete er. Er habe zwar nicht zwölf, aber doch fünf bis sechs Kinder haben wollen. Seine Frau, für Tunesien nicht ungewöhnlich, ebenfalls erfolgreich im Beruf, hat dies nicht gewollt und sich offenbar durchgesetzt.

Dieselbe Gewohnheit, die uns in Europa annehmen lässt, dass die ideale Familiengröße mit zwei Kindern erreicht sei, und die in wissenschaftlicher Verbrämung auch als ideal für die Stabilitätslage der Gesamtbevölkerung angesehen wird, bedeutet für den tunesischen Mann, auch wenn er in Europa studiert hat, bereits ein Herausfallen aus dem Ideal und der Normalität.

Wer aber sagt uns, dass die hierzulande angenommene Normalität der Zwei-Kinder-Familie sozusagen der Höhepunkt der Evolution sei, weil sie die begehrte Stabilität fürs Ganze gewährleiste? Es sind die Demografen. Doch ihr Stabilitätsbegriff ist auf naive Weise unreflektiert und verengt. Denn es gibt so viele Stabilitäten, wie es Ziele, Werte oder andere Größen gibt, die überdauern können. Und die Stabilität der Bevölkerung sagt nichts über die Stabilität der Gesellschaft aus. Erst recht sagt sie nichts über die Güte dieser Stabilität. Gegenüber der Vorstellung, die Stabilität einer Gesellschaft ließe sich an der gleichbleibenden Bevölkerungszahl messen, muss in aller Schlichtheit betont werden: Stabil bedeutet nicht, dass die gleiche oder wachsende Zahl von Menschen aufgewiesen wird, sondern dass sich immer neu stellende Probleme so gelöst werden, dass die Gesellschaft im Zeitablauf überdauert. Ist dies bei einer Kinderzahl von durchschnittlich einem Kind pro Paar denkbar? Ich möchte dies im Folgenden zeigen. Aber auch unsere angstvolle Projektion, dass die Zukunft wenn nicht der kinderlosen, so doch der Ein-Kind-Familie gehöre, muss kritisch geprüft werden. Schon auf den ersten Blick zeigen die Statistiken: Die Zahl der Familien mit zwei Kindern nimmt kaum ab. Eltern, die ein Kind bekommen, möchten ihm auch ein Brüderchen oder Schwesterchen beigeben. Auch in Zukunft werden wohl die meisten Kinder in »Normalfamilien« aufwachsen, selbst wenn Scheidungen zunehmen.

Was zurückgeht, sind Familien mit drei und mehr Kindern. Was mehr wird, sind Menschen, die überhaupt keine Familie gründen und keine Kinder bekommen. Diesen Kinderlosen gilt zurzeit die gesammelte Aufmerksamkeit, die verachtungsvollste Bitterkeit, aber auch die liebevoll-mitleidige Zuwendung der öffentlichen Debatte. Auch diese Debatte kreist um eine magische Zahl: 40 Prozent. 40 Prozent der Akademikerinnen, so heißt es, bleiben kinderlos, und diese Zahl werde noch steigen, da ja der Anteil der akademisch Gebildeten an allen Frauen steige.

Hier tut sich eine besondere Kemenate des Kummers und des Leidens in der größeren Schreckenskammer Kinderlosigkeit auf. Den Frauen muss geholfen werden! Dem Verlust besonders kostbaren reproduktiven Kapitals für die ganze Gesellschaft muss gewehrt werden! Der Satiriker Harald Schmidt, das Ohr am Puls der Zeit, hat deshalb 2005 allen Akademikerinnen, die vor dem

31. Dezember schwanger wurden, zwei Weltmeisterschaftstickets gratis versprochen. Als Zugabe erhielt jede werdende Akademikerinnenmutter eine Babytragetasche mit dem Aufdruck »Unser Erstes«.

Was das Lästermaul mit dem untrüglichen Gespür für hohle Töne damit ad absurdum führt, ist eine Diskussion unter ideologischen Vorzeichen, in der das Phänomen der Spätgebärenden dazu missbraucht wird, den Anteil der dauerhaft Kinderlosen zu dramatisieren. Zunächst verbreitete sich die Zahl von 40 Prozent wie ein Lauffeuer: »Die Deutschen, zumal die gebildeten, sterben aus!« Dann allerdings stellten einschlägige Forscher fest, dass die Zahl auf gravierenden Mängeln der amtlichen Geburtenstatistik beruht.[3] Nimmt man dagegen Lebenslaufdaten, in denen unter anderem berücksichtigt wird, dass Mütter immer älter werden – bedingt durch längere Ausbildungszeiten –, zeigt sich, dass nur 20 bis 25 Prozent der Akademikerinnen ihr Leben lang kinderlos bleiben.

Genüsslich breitet *single-generation.de*, die forsche Interessenvertretung der jungen Alleinlebenden, die Differenzen zwischen diesen Daten aus. In der Hoffnung, dass sich das »Deutungsmonopol der deutschen Demografen endlich zerschlägt«[4], kontert die junge Internet-Zeitschrift die klammheimliche Politisierung mit einer erfrischend-offenen Gegenpolitisierung: Es sollen nicht die Singles für alle Übel und Belastungen der neuen Zeit herhalten. Dass die Kinderlosen zunächst auf Kosten der Familie leben, um dann später als einsame Wölfe beziehungslos zu sterben, ist ein anderes falsches Vorurteil über die »Gesellschaft ohne Kinder«. Auch kinderlose Menschen haben Familie, und zwar in der Regel bis ins Alter. Familie ist nicht nur die selbst gegründete, sondern auch die herkunftsbezogene, in die man hineingeboren wird; sie umfasst nicht nur geborene, sondern auch gewählte Bindungen. Zur realen Familie gehören alle, die von der Familie als zugehörig angesehen werden; so ist die reale Familie in der Regel größer als die statistische, bestehend aus Eltern und Kindern.

Die Familie – ein Auslaufmodell?

Tatsächlich werden weniger neue Familien gegründet. Frauen und insbesondere Männer heiraten seltener und später. Sie leben häufiger allein; deshalb steigt die Zahl der Haushalte. Die Zahl der Familien dagegen wird geringer, aber erstaunlicherweise werden die Familien im Urteil ihrer Mitglieder nicht kleiner, sondern größer, denn Verwandte und Wahlverwandte werden oft dazugerechnet. Gerade Geschiedene greifen, Rat und Hilfe suchend, auf ihre Herkunftsfamilie zurück oder gründen eine neue Familie. Auch wenn Wahlfamilien zerbrechen, heißt das nicht, dass die einzelne Familie kleiner wird. Wohl aber nimmt, wenn Männer und Frauen weniger Kinder bekommen, die Zahl der Familien insgesamt ab. Nur insofern kann man sagen, dass »die« Familie als kollektives Subsystem einer ganzen Gesellschaft schrumpft.

Doch unerheblich, ob nur die Zahl der Familien insgesamt oder die Zahl der Mitglieder in jeder einzelnen Familie schrumpft: Weniger Quantität bedeutet mehr Qualität.

Wenn zunehmend mehr (wenn auch noch insgesamt wenige) jüngere Leute meinen, auch ohne Familie glücklich werden zu können; wenn ihnen – paradoxerweise von Befürwortern aktiver Geburtenpolitik – vorgerechnet wird, dass ein Kind im Laufe seines Lebens 300 000 Euro oder mehr kostet; wenn ihnen klar wird, was ihnen an guten Gelegenheiten und Chancen entgeht, wenn sie Familienvater oder -mutter werden; wenn ihnen sogar das individualistische Liebesideal suggeriert, immer länger auf »den Richtigen« oder »die Richtige« zu warten (bis es zu spät ist); da zeichnen sich diejenigen, die trotz aller Hürden den Sprung in die Familiengründung wagen, durch eine besondere Qualität aus: Sie sind zwar nicht die besseren Menschen, aber die besseren Familienmenschen. Und ihre Kinder sind zwar nicht die besseren Kinder, aber sie wachsen in besseren Verhältnissen auf als die Kinder, die aus reiner Gewohnheit, gegen die nicht-familialen Chancen und Interessen der Eltern oder wegen des Kindergeldes und anderer Subventionen geboren worden wären. Weniger Kinder, in die viel Liebe, Bildung, elterliches Wollen investiert werden, sind eben mehr als viele Kinder, die ihren Eltern in ärmlichen Verhältnissen oder wegen derer weiter gespannten – durchaus ehrenwerten – Interessen zur Last fallen.

Die kinderlose Gesellschaft als Schreckensvision der Zukunft wird es nicht geben. Wohl aber eine Gesellschaft mit weniger Kindern als bisher. Das ist ein Schlag gegen die Gewohnheiten, mit denen wir, unsere Eltern und Großeltern aufgewachsen sind. Dass Kinder, Familien oder die Gesellschaft insgesamt daran Schaden nehmen, ist nicht zu erkennen. Auch wenn die Familien weniger und nur aus freien Stücken gegründet werden, wenn sie kleiner werden: Emotionale Wärme und gegenseitige Unterstützung, die Werte, die die Familie im Kern ausmachen und die sich auf die Kinder übertragen, werden nicht weniger, sondern mehr.

Dass das Schrumpfen von sozialen Gebilden deren Wert und Problemlösungsfähigkeit nicht herabsetzt, sondern steigert, lässt sich Tag für Tag in der Wirtschaft beobachten. Unternehmen, auch solche, denen es gutgeht, entlassen Beschäftigte. Sie ziehen sich damit unseren Unmut zu. Das aus zwei Gründen. Zum einen sind wir tief von einem biologistischen Vorurteil durchdrungen: Wem es gut geht, der wächst; Schrumpfen ist ein Zeichen von Schwäche und Alter. Aber soziokulturelle Systeme sind keine biologischen Systeme. Zum anderen haben wir durch und durch individualistische, Individuen-bezogene Vorurteile. Wir freuen uns, wenn jemand Arbeit bekommt und leiden mit arbeitslosen Menschen, insbesondere wenn es jemanden in unserem Umkreis trifft.

Unternehmen und Wirtschaft sind für uns keine Wesen, die Freude oder Leid verdienen. Sie sind soziale Systeme oder Institutionen. Aber gerade von ihrer Fähigkeit, in Auseinandersetzung mit anderen soziale Probleme zu lösen, hängen Wohl und Wehe von Individuen ebenso wie von Gesellschaften ab. Der Leitwert der Wirtschaft ist die Wirtschaftlichkeit: ein immer günstigeres Verhältnis von Aufwand und Ertrag. Deshalb entlassen Unternehmen Menschen, wenn sie dadurch wirtschaftlicher arbeiten können; das Absenken der Kosten, gerade auch der Arbeitskosten, gehört sozusagen zu ihrem Lebenselixier. Und sie stellen Menschen ein, wenn die wirtschaftlichen Umstände, besonders expandierende Märkte, es erlauben. Schrumpfen und Sichausdehnen gehört also zum wirtschaftlichen wie Einatmen und Ausatmen zum biologischen Überleben.

Die Gesellschaft und ihre Subsysteme

Mit diesen Vorüberlegungen nähern wir uns erneut der Schreckenskammer der *schrumpfenden Gesellschaft*. Die ersten beiden Fragen, die sich stellen, sind statistischer Art: Schrumpft die deutsche Gesellschaft wirklich? Und ist der Fall der Geburtenrate dafür verantwortlich? In Wirklichkeit ist von einem Schrumpfen, außer in einigen Regionen, nichts zu erkennen. In Deutschland leben mit satten 82 Millionen heute so viele Menschen wie nie zuvor. Und das, obwohl seit gut 30 Jahren die Geburtenrate unter die Sterberate sank – womit das gegenwärtige Klagelied über schrumpfende Bevölkerung seinen Anfang nahm. In Wirklichkeit wurde es nur neu angestimmt. Denn vor genau 100 Jahren, in Auseinandersetzung mit dem Erzfeind Frankreich und in Vorbereitung auf den Ersten Weltkrieg, wurde es schon einmal gesungen. Im Kapitel 7 »Steuerung durch die Politik« werden wir dies eingehender betrachten.

Ob eine Gesellschaft schrumpft oder sich ausdehnt, hängt eben verständlicherweise nicht nur von Geburten- und Todesraten ab, sondern auch von anderen Einflüssen, in erster Linie von Migrationen. Und was die reinen Zahlen angeht: Wir haben bereits bei den ominösen 40 Prozent kinderlosen Akademikerinnen gesehen, dass die Zahl um mindestens 15 Prozentpunkte verschoben lag. Auch bei den Gesamtfertilitätsraten können sich solche Fehler einschleichen, die für politische Zwecke gern weitergegeben und ausgeschlachtet werden. Der österreichische Demograf Thomas Sobotka hat dargelegt, dass in Deutschland genau wie in anderen europäischen Staaten – etwa Italien und Spanien, deren Fertilitätsraten nach der amtlichen Statistik plötzlich stark absanken – die wirklichen Fertilitätsraten nie unter 1,5 gefallen sind.[5] Plötzliche Schrumpfungszahlen wie 1,2 oder 1,3 erklärten sich unter anderem dadurch, dass Frauen in einem Modernisierungsschub ihre Kinder später, aber nicht dadurch, dass sie gar keine mehr bekommen.

Aber auf Zahlen kommt es gar nicht an. Sondern darauf, wie Gesellschaften mit ihnen umgehen. Von schrumpfenden Geburten- und Bevölkerungszahlen können sie, wenn es nötig sein sollte, wieder umschwenken auf steigende. Soziokulturelle Mechanismen dazu gibt es in Fülle. Im Folgenden will ich allerdings nur auf zwei dieser Mechanismen eingehen. Und auch diese kann ich nicht in allen Gesellschaftslagen beschreiben. Darstellen will ich sie nur an dem Problem, das heute die Gemüter so sehr bewegt: der Fall der Geburtenrate und die schrumpfende Gesellschaft.

Moderne Gesellschaft ist kein großer Klumpen von Menschen oder Beziehungen. Jahrhundertelang hat sie daran gefeilt, sich selbst in Beziehungssphären aufzugliedern. Was wir heute Weltgesellschaft nennen, ist, quasi in der Breite, aufgegliedert in Nationen und Kulturen. Diese territoriale oder regionale Gliederung der sozialen Welt wird zwar an zahllosen Stellen übersprungen: Teile einer Kultur oder Nation bewegen sich in andere kulturelle und nationale Territorien und umgekehrt. Dies fällt alltäglich ins Auge, wenn Waren, Waffen, Werte, Wanderer zwischen den Kulturen die Grenzen überschreiten. Auch Familien mit ihren Kindern sind solche Grenzüberschreiter. Dies darf jedoch nicht zu der unsinnigen Annahme verführen, territoriale Grenzen würden unwichtig. Das Gegenteil ist der Fall. Auch für die Zukunft gilt: Ohne national- und bündnispolitische Grenzen ließen sich bestimmte Probleme gar nicht eingrenzen und bearbeiten. Eine

Weltgesellschaft mit sieben Milliarden Menschen verschiedenster Kulturen und Entwicklungsstandards wäre ohne territoriale Grenzen nicht überlebensfähig. Sie würde in Entropie versinken, das heißt, in allgemeiner Vermischung untergehen.

Die zweite Dimension, in der sich die soziale Welt im Inneren aufgliedert und reguliert, ist die nach Aufgaben oder Funktionen. Aus der wirtschaftlichen Arbeitsteilung wissen wir, spätestens seit Adam Smith, dass die Spezialisierung der Arbeit in verschiedene Teilaufgaben die Effektivität steigert. Spezialisten schließen sich zu einem arbeitsteiligen System oder einer Gruppe zusammen und verbessern dabei ihre speziellen Fähigkeiten. Das Verhältnis von Aufwand zu Ertrag in einer bestimmten Zeitspanne wird günstiger.

Wir nennen dies Produktivitätssteigerung der Arbeit oder Wirtschaftlichkeit. Wirtschaftlichkeit ist der Leitwert der Wirtschaft. Alle sozialen Beziehungen und Institutionen, die sich vorwiegend an diesem Leitwert orientieren, werden der Lebenssphäre oder dem funktionalen Teilsystem der Wirtschaft zugerechnet. So wie die Wirtschaft existieren unzählige andere Lebenssphären, die jeweils um ihren Leitwert kreisen; außerdem gibt es Leitwerte, die um sich herum Lebenskreise ausbilden: Der gemeinsame Glaube an einen Gott oder außerweltliche Kräfte ist der Leitwert der Religion; die Suche nach methodisch prüfbarer (und verwerfbarer) Wahrheit bildet den Leitwert der Wissenschaft, die Steigerung körperlicher oder geistiger Leistungen im Wettkampf den Leitwert des Sports. So, wie die Wirtschaft um den Leitwert der Produktivität kreist, stellt das System der sozialen Sicherung die Sicherheit in den Mittelpunkt, die Familie die Liebe, die Kultur die Erhaltung der gewohnten Lebenswerte insgesamt; die Politik kreist um die Durchsetzung allgemeiner Ziele, notfalls mit dem Mittel legitimer Gewalt.

In jedem dieser Sozialsysteme sind wir als Menschen vertreten. Allerdings nicht als ganze Menschen, sondern nur jeweils mit einem Teil unserer Person. Niemand ist nur politischer Mensch, auch die Kanzlerin nicht. Sie agiert in der Politik als Trägerin einer politischen Rolle. Was sie in anderen Rollen tut, etwa als Konsumentin, Ehefrau, Christin, enthält sie mit Fug und Recht der politischen Öffentlichkeit vor. In jedem einzelnen System haben wir entweder aktive oder, mit vielen Übergängen, passive Rollen. Kanzlerin zu sein gehört zu den sehr aktiven Rollen (»Die mächtigste Frau in Deutschland«). Diejenigen, die sich um Politik gar nicht kümmern oder nur darüber schimpfen, gehören gleichwohl auch in dieser Eigenschaft zum politischen System. Auch am System der Familie nehmen nicht nur die teil, die eine Familie aktiv gegründet haben, sondern auch diejenigen, die davon nichts wissen wollen; sie haben zumindest eine Herkunftsfamilie oder hängen auf andere Weise mit »der Familie« schlechthin zusammen.

Jede Lebenssphäre sorgt für sich selbst – und nimmt dabei von den anderen, was sie benötigt. Da das Nehmen und Geben gegenseitig ist, kann man von einem Austausch sprechen, auch wenn Vorstellungen von einem »gerechten« Ausgleich dabei wohl eher enttäuscht werden. Man mag es stattdessen auch als Kampf und Konkurrenz bezeichnen. Die Wirtschaft nimmt sich Arbeitskräfte und Abnehmer aus den Familien und gibt dafür Geld (Löhne und Kapitalzinsen) und Güter. Wenn Familien wenige Kinder haben, hält sich die Wirtschaft auf andere Weise schadlos, etwa an den Doppelverdienern – also erwerbstätige Frauen und Männer in ein und derselben Familie. Sie kann auch die qualifiziertesten Familienmitglieder vorziehen und alle anderen fallen lassen. Sie kann, unter den Bedingungen eines offenen Arbeitsmarktes, Computerspezialisten aus Indien, Krankenschwestern aus Korea, Haushaltsgehilfinnen von den Philippinen, Spargelstecher aus Polen holen. Manche von ihnen gehen wieder, andere bleiben und lassen ihre Kinder nachkommen.

»Die Wirtschaft«, »die Familie« und fast alle anderen funktionalen Systeme, auch die nationalstaatlichen Kulturen selbst, agieren längst über die Grenzen des Nationalstaats hinaus. Nur unsere Vorstellungswelt ist nationalstaatlich geblieben. Deshalb sprechen wir von »der deutschen Wirtschaft« oder »der deutschen Familie« oder »der deutschen Kultur«. Nicht, dass es diese Dinge nicht gäbe. Es gibt sie sogar mit großer Ausdrücklichkeit, auch für die Zukunft. Nicht, dass man sich nicht zu ihnen bekennen dürfte. Der nationalkonservative Standpunkt ist nicht weniger wertvoll als der internationalistische oder liberale. Es geht nicht darum, einen Internationalismus vorzuschieben oder vorzuziehen, den es ohne nationale Staaten gar nicht geben könnte. Mein Argument ist vielmehr folgendes: Auch derjenige, dem es, vom deutschen Standpunkt aus gesehen, um die Selbststabilisierung deutscher Wirtschaft, deutscher Familie, deutscher Politik, deutscher Kultur geht, wird erkennen müssen, dass dies nicht ohne die Wirtschaften, Familien, Politikbündnisse und Kulturen anderer Gesellschaften möglich ist.

Seit die soziale Evolution über die Selbststabilisierung von funktionalen Teilsystemen funktioniert, führt derselbe Vorgang zum Austausch oder Ausgleich: zwischen den Lebenssphären ebenso wie zwischen *Territorialgesellschaften*, die sich bislang eher fernstanden. Ein typisches Ausgleichsproblem zwischen funktionalen Teilsystemen ist die Vereinbarkeit von Familie und Beruf. Viele Menschen, insbesondere Frauen, erleben dies als Konflikt in ihrem Alltag. Ein aktuelles Ausgleichsproblem zwischen Gesellschaften ist die Frage, ob das fest in die NATO einbezogene Deutschland, oder doch zumindest dessen Sicherheit, am Hindukusch verteidigt werden soll. Auch hier spüren wir einen Konflikt zwischen Bündnisinteressen einerseits und einer nationalpolitischen Engfassung deutscher Interessen.

Die Selbststabilisierung von funktionalen und territorialen Sozialsystemen ist ein komplexer Prozess. Sie umschließt immer auch Gegensteuerung: Die deutsche Gesellschaft ist nicht nur auf das Verteidigungsbündnis NATO angewiesen, sondern steuert ihm auch entgegen. Selbststeuerung als Gegensteuerung über die Grenzen eines Systems hinweg – und damit in andere Systeme hinein – ist aber nicht nur ein Abwehren von äußeren Einflüssen, sondern auch deren Heranziehen und Einbeziehen.

Dies alles erfolgt mit der unausgesprochenen Absicht, Interessen und Identität, innere Beschaffenheit und Grenzen des jeweils eigenen Systems zu wahren. Die Bewahrung ist aber keine Starre – Interessen, Identität, innere Struktur und äußere Grenzen sind nicht ein für alle Mal festgelegt. Diese Charakteristika soziokultureller Evolution unterliegen vielmehr selbst Veränderungen und stehen zur Disposition. Manchmal müssen ein oder zwei von ihnen sich wandeln, gleichsam geopfert werden, damit die anderen überdauern und das System als solches kenntlich bleibt und sich erhält. So müssen etwa Beiträge erfüllt oder Leistungen gesenkt werden, zahlungskräftige Mitglieder hinzugezogen oder zahlungsschwache ferngehalten und unsolidarische ausgeschlossen werden, damit das System der sozialen Rentenversicherung sich erhält.

Im Zentrum einer Theorie der Selbststeuerung soziokultureller Systeme steht die Annahme, dass diese eine starke Kraft entwickeln, sich selbst zu erhalten und zu überleben. Dies schafft einen Widerspruch zur Überlebenskraft anderer Sozialsysteme und Individuen. Es kann zum Kampf kommen. Der Widerspruch wird allerdings meistens dadurch aufgehoben, dass die Systeme einander brauchen. Sie brauchen auch Individuen beziehungsweise Rollenträger. Und diese brauchen die Systeme.

Warum weniger durchaus mehr bedeuten kann

Wie aber ist der komplexe Prozess moderner soziokultureller Stabilisierung mit dem Problem der demografischen Stabilität verbunden? Die beiden Prozesse sind zwei grundverschiedene Vorgänge. Die soziokulturelle Stabilisierung lässt sich nur verstehen über die gesteigerte Fähigkeit sozialer Systeme, bestimmte Aufgaben und Probleme zu lösen. Die demografische Stabilisierung ist gebunden an die Zahl der Menschen; doch abgesehen von wenigen Sonderfällen – einen Baumstamm aus dem Weg zu räumen, ein verschollenes Kind zu suchen, einem zahlenmäßig überlegenen Gegner die Stirn zu bieten – ist die Menge aber in keiner Weise problemlösend.

Die soziokulturelle Entwicklung hat sie allerdings inzwischen für die genannten Beispiele überflüssig gemacht: Ein Baum lässt sich leichter mit einem Kran aus dem Weg räumen; nach einem vermissten Kind forscht man mit elektronischen und optischen Suchgeräten, wenn nicht gentechnologisch der Speichel des vermuteten Täters herangezogen wird; dem in großer Zahl anrückenden Gegner kann man mit Ortungsgeräten und modernen Vernichtungswaffen entgegentreten.

Und außerdem: Was demografische Stabilität heißen soll, ist nicht geklärt. Demografische Stabilität als Normalität gibt es nicht. Bewegungen in der Bevölkerungsstruktur sind ebenso normal wie die geophysikalischen und geografischen Bewegungen (tektonische Verschiebungen und Beben, Fluten und Wirbelstürme) der Erde. Von Letzterem unterscheiden sie sich nur dadurch, dass sie in kürzeren Zeiträumen ablaufen – statt in 20 000 etwa in 200 oder 20 Jahren – und dass sie nicht durch die Kräfte der Natur, sondern durch soziale Kräfte ausgelöst werden. Natur und soziale Kräfte haben allerdings gemeinsam, dass sie von einem einzelnen Menschen – sei er als Staatsmann, Kirchenfürst oder Wirtschaftsboss noch so mächtig – nicht beherrschbar sind. Sie laufen ohne und gegen seinen Willen ab. In die sozialen Kräfte gehen zwar die Willen der einzelnen Menschen ein, aber jeder Einzelne wieder nur zu einem so kleinen Anteil und mit so großen Gegenkräften aus verschiedenen Richtungen, dass der individuelle Wille dem sozialen Prozess hoffnungslos unterlegen ist.

Während der Mensch gegenüber demografischen Bewegungen machtlos ist – die sozialen Systeme, als Funktionsordnungen und als territoriale Ordnungen, allerdings sind es nicht. Sie haben die Kraft der Selbststeuerung – darin zwar durch die anderen System eingeschränkt, aber sie können doch jeweils eine erhebliche Eigenmacht entwickeln. Mittels dieser Macht werden sie sich nicht nur von demografischen Größen wie Geburten- und Sterberaten und Migrationen weitgehend unabhängig herausbilden. Sie sind auch selbst, besonders im Zusammen- und Gegenspiel, Auslöser demografischer Veränderung. Eine Wirtschaft etwa, die Menschen durch Maschinen-, Wissens- und Organisationskapital ersetzt, braucht zwar immer noch – hochqualifizierte – Arbeit und damit Menschen. Sie braucht aber weniger. Und nicht zwingend solche, die hierzulande geboren sind.

Dass diese Wirtschaft schrumpft hinsichtlich der Zahl der Menschen, die in ihr beschäftigt sind, bedeutet, dass deren Arbeitsproduktivität steigt. Schrumpfen ist für Unternehmen eine Chance, ihrem Leitwert der Wirtschaftlichkeit – und der ist nicht identisch mit Profitsucht – näher zu kommen. Dass die Wirtschaft ihr Schrumpfungsprogramm an andere Lebenssphären wie Familie und soziale Sicherung weitergibt – oder es zum Teil von dort erhält – bedeutet für diese ebenfalls eine Chance und nicht Schwächung. Es stellt aber alle Systeme unter immer neuen Stabilisierungsdruck. Auch dies heißt: nicht Scheitern, sondern Chance.

In den folgenden Kapiteln wird dies nicht nur an der Wirtschaft, sondern auch anhand des Systems der sozialen Sicherung, der Familie, der Kultur und der Politik betrachtet. Natürlich ließe sich die Darstellung auf viele andere Lebenssphären erweitern. Die Frage bliebe immer dieselbe: Wie stabilisieren sich, ja steigern die Systeme ihre Problemlösungsfähigkeit trotz weniger Menschen und trotz des Falls der Geburtenrate? Wie arbeiten sie auf diesen Fall sogar noch hin?

Für wirtschaftliche Organisationen – und nicht nur für diese – bedeutet Wachstum durch eine größere Zahl von Mitarbeitern, dass auch die Zahl derjenigen steigt, die weniger engagiert, weniger motiviert, weniger qualifiziert sind. Die Qualität der Organisation geht zurück, mit der Schnelligkeit des Wachstums und der Ausweitung der Aufgaben verwässert sich ihr innerster

Sinn. Ihre Leitwerte werden unklar und nicht mehr von allen getragen. In der Schrumpfung kann sich dieser Prozess umkehren. Verringerung und Spezialisierung von Aufgaben, also *funktionale Differenzierung*, ist der Mechanismus, aufgrund dessen weniger Menschen mehr leisten.

Hinzu kommt der Mechanismus der *territorialen Expansion*. Vieles von dem, was scheinbar schrumpft und schwindet, hört nicht auf zu existieren und wird auch nicht kleiner, sondern im Gegenteil: Es wächst und dehnt sich aus – und zwar über die Grenzen hinaus, die unser Blickfeld gewöhnlich einengen. Industrieunternehmen und -städte in Mitteleuropa, besonders augenfällig in Ostdeutschland, werden kleiner, tauchen aber umso größer wieder auf in Ostasien, in der Türkei, in Südamerika. Für diejenigen, die hierzulande ihren Arbeitsplatz verlieren, ist das wenig tröstlich. An ihrer Stelle werden nun andere, aus tiefer Armut, in den Expansionsprozess der Weltwirtschaft hineingezogen. Es ist nicht zynisch gesprochen, wenn man dabei eine Art global ausgleichende Gerechtigkeit am Werke sieht, die allerdings niemand so recht steuert. Keine moralische Instanz, wie etwa die Caritas, die Welthungerhilfe, die Institutionen der Entwicklungshilfe, hat die Hand im Spiel, nicht einmal die Weltbank mit ihren durchaus humanitären Anwandlungen. Wer hier für mehr Gerechtigkeit sorgt – natürlich nicht in einem absoluten Sinne –, ist allein der Markt. Das Schrumpfen und Verlagern der Industrie aus ihren europäischen Stammländern birgt für die Menschen hierzulande allerdings die Chance, über innovative Produkte auf dem Weltmarkt existent zu bleiben und von ihm über Billigangebote zu profitieren.

Aber wie sollen die Systeme sozialer Sicherung, die ja überall national – zum Teil noch familial – organisiert sind, für Krankheit, Alter und anderes vorsorgen, wenn es durch den Rückgang der Geburtenrate immer weniger Junge gibt, um die Altenlast zu tragen?

Allerdings: Es sind nicht die Jungen, die die Alten versorgen;

es sind die Leistungsträger der mittleren Jahre. Sie haben, sofern mehr Kinder geboren würden, zusätzlich zu den Alten und Arbeitslosen auch mehr Junge zu finanzieren und auszubilden. Die Eltern müssten höhere Versicherungsprämien zahlen, die Bürger mehr Steuern. So können sich soziale Sicherungssysteme auch stabilisieren. Sie suchen aber noch elegantere Problemlösungen.

Eine davon führt zurück in das System der Wirtschaft. Je höher die Produktivität und je höher entsprechend die Löhne steigen, desto mehr kann auch für die Rentner, Kranken, Jugendlichen abgezweigt werden. Das muss immer wieder ausgehandelt werden. Dafür gibt es in den neokooperativen Gesellschaften Mitteleuropas gut eingespielte Institutionen des Interessenausgleichs. Tatsächlich bekommen jetzt alle etwas weniger als vorher. Trotzdem sind Lohn- und Rentenniveau, dank der hohen Produktivität hierzulande, wesentlich höher als in Polen, China, Indien. Die hiesigen Sicherungssysteme können deshalb andernorts billige Dienstleistungen, Pflegerinnen und Ärzte zum Beispiel, einkaufen, ebenso wie günstigere Industriewaren und Lebensmittel.

Mit anderen Worten: Die Alten und Kranken hierzulande werden relativ gut versorgt, obwohl sie wenig eigene Kinder in die Welt setzen. Auch das System sozialer Sicherung, obwohl es doch national organisiert ist, stabilisiert sich durch Austausch und Arbeitsteilung über nationale Grenzen hinaus. Stabilisieren heißt nicht, dass alle immer gleich viel oder mehr bekommen. Wir Bürger der Industrienationen haben kein verbrieftes Recht darauf, immer älter zu werden, zugleich weniger zu arbeiten und den Wohlstandsvorsprung gegenüber den nachrückenden Gesellschaften zu halten. Allerdings gibt es auch keinen Grund anzunehmen, dass die territoriale Öffnung der Systeme uns schadet. Sie führt allerdings zu neuen Verlustängsten.

Das lässt sich am System der Kultur zeigen. Wenn die Geburtenrate sinkt, verliert – das ist unsere größte Angst – die Kultur als Inbegriff der uns vertrauten Lebensformen und Leitwerte scheinbar ihre Träger. Hinzu kommen die Ängste, dass andere, kinderreiche

Kulturen dem offenen Westen das eigene Terrain streitig machen. Kann die westliche Kultur sich dagegen behaupten? Sie tut es seit langem. Ihre ureigenste Strategie ist die Vorwärtsverteidigung. Diese kommt allerdings auch ohne militärisch-missionarische Anklänge aus. In anderen Kulturen, und zwar weltweit, will man die Waren, das Wissen, die Waffen des Westens aus freien Stücken, weil sie attraktiv sind. Die Werte des Westens, von der Frauenemanzipation über die Liebesehe bis zum Wunschkind, werden unweigerlich mitgeliefert, auch wenn sie weniger erwünscht sind. Der subversivste Wert, den der Westen in die Welt liefert, ist das bohrende Fragen und der Wunsch nach Aufklärung. Dies trifft die traditionalen Kulturen, die ja auch ihre Stabilisierungsmechanismen haben, an einem Punkt, den niemand sieht und dessen Verteidigung schwer ist.

Die zweite Strategie des Westens ist die Akkulturation von Migranten. Je vielfältiger die Herkunftskulturen der Migranten, je besser sie durch die Vorwärtsverteidigung des Westens auf seine Kultur eingestimmt sind, je unmittelbarer sie sich in sein Arbeitsleben – und nicht, wie vielfach in Deutschland, in die Sozialhilfe – integrieren; je stärker wir ihnen, wie in den angelsächsischen Einwanderungsländern, die Integration und deren Scheitern selbst überlassen und nicht durch einen paternalistischen Staat abnehmen, desto leichter werden sie zu Trägern der aufnehmenden Kultur.

Trotzdem, so attraktiv und wirkkräftig die aufnehmende Kultur in ihrer Mehrheitsmacht ist, sie kommt nicht ungeschoren davon. Sie kann von den Einwanderern nicht nur verlangen, dass sie ihre jeweilige Herkunftskultur – in Teilen – ablegen; sie muss auch selbst etwas aufgeben. Akkulturation, wie alle anderen Sozialprozesse, ist ein Geben und Nehmen. Und oft ist es die stärkere, aufnehmende Kultur, die als erste gibt und den Neuankömmlingen entgegenkommt, etwa beim Bau von Moscheen. Die Gegenleistung ist weniger das lauthals geforderte Bekenntnis zum Grundgesetz und zur Toleranz; sie wird den Einwanderern eher unter der

Hand abverlangt: mit all den Genehmigungs-, Anhörungs- und Diskussionsverfahren, die dem deutschen Recht, den deutschen Verwaltungsverfahren, den deutschen Lehrplänen innewohnen und beim Bau einer Moschee ebenso wie beim Islamunterricht in deutscher Sprache praktiziert und verinnerlicht werden. Sie machen aus den beteiligten Muslimen Personen deutscher Öffentlichkeit, deutscher politischer Kultur, deutscher Bildung.

Trotzdem: Die Erfolgsgeschichte der Akkulturation, nicht nur in Amerika und Australien, sondern auch in den europäischen Staaten der letzten 40 Jahre, nimmt man hierzulande kaum wahr. Sie wird überschattet von einer neuen Angst vor Islamismus und Terrorismus – negative Gegenbewegungen auf dem Weg zur Weltgesellschaft. Trotz allen Schreckens ist dies jedoch nur eine Randerscheinung eines größeren Akkulturationsprozesses. Frankreich, Großbritannien und Deutschland – von den USA ganz zu schweigen – haben sich mit Einwanderungen nicht nur Fremdartigkeit und Gewalt eingehandelt, sondern auch, und in viel größerem Maße, Bürger, die bessere Franzosen, bessere Deutsche sind. Die Selbsterhaltung der Kultur, die so zwang- und reibungslos über die Geburt und das Heranwachsen eigener Kinder funktioniert, kann nicht auf sie verzichten. Wenn die Geburtenrate fällt, hat die Kultur allerdings, zur Kompensation, genügend andere Pfeile im Köcher.

Was aber ist mit der *Familie*? Auch sie hat ihre Selbsterhaltungsstrategien. Wenn sie, aufgrund der Geburtenrate, schrumpft, finden sich zahlreiche Kompensationsmechanismen: von der Adoption und Fertilitätsmedizin über die Rückwendung auf die Herkunftsfamilie bis zur Neubildung von Patchwork-, Homosexuellen-, Freundes- und Zweckfamilien. Eine ehemalige Unternehmerin bringt in einem Künstlerhaushalt Ordnung ins Chaos der Rechnungen, der Steuern, der Versicherungen und wird von einer bezahlten Kraft zur Vertrauensperson und zum Familienmitglied. Die Beispiele, wie sich Familien nicht nur in Marktbeziehungen verwandeln, sondern umgekehrt aus Marktbeziehungen

Familien werden, häufen sich. Bisher hat sich allerdings kaum ein Forscher darum gekümmert.

Quantitative Dimensionen verblassen, wenn man die Frage stellt, wie die Familie sich qualitativ stabilisiert. Sie wird besser, wenn ein Teil der Familien verschwindet, wenn nur ein Teil der Bevölkerung Familien gründet und wenn die Kinderzahl niedrig ist. Wenn Kinder heute nicht geboren werden, dann deshalb, weil ihre Eltern sich sozial hoffnungslos fühlen; weil Kinder viel Geld kosten; weil sie Lebenschancen einschränken (Ökonomen nennen das Autonomitätskosten); und weil die Liebesansprüche der Partner aneinander und an die Kinder hoch sind. Moderne Eltern sind späte Eltern, die sorgfältig überlegt haben. Von Nicht-Eltern und früheren Eltern unterscheiden sie sich dadurch, dass sie hohe Kosten nicht scheuen, auf Gelegenheiten verzichten und Ansprüche aneinander reduzieren. Alles der Kinder wegen. Diese Kinder sind Hindernisüberwindungskünstler. In sie wird viel investiert. Sie sind ihren Eltern viel wert. Insofern sind sie bessere Kinder als diejenigen, die die Hürden nicht übersprungen oder gar nicht vorgefunden haben. Für die Eltern gilt das Gleiche. Wenn vorwiegend solche Familien entstehen, die die erhöhten Hindernisse überwinden, dann nimmt die Quantität der Familien ab und ihre Qualität zu.

Genau dagegen versucht die *Politik* anzugehen. Sie schneidet sich damit ins eigene Fleisch. Für ihre eigenen Leitwerte der Durchsetzungsfähigkeit und der Legitimation braucht sie keine Kinder. Weder der Kaiser noch die Demokratie braucht Soldaten. Die westlichen Demokratien brauchen viel kleinere Armeen als früher, weil sie, wie Deutschland, in einem großen Verteidigungsbündnis quasi von Freunden umgeben sind. Die gesamtdeutschen Streitkräfte haben sich deshalb in den vergangenen 15 Jahren von fast einer Million auf 250 000 verringert. Sollte die Kindersubventionspolitik erfolgreich sein, würde sie die Politik in Westeuropa nicht nur unter Finanz-, sondern auch unter Legitimationszwänge setzen. Denn Politik kann zwar Krippenplätze, Elterngeld und

Elternteilzeit schaffen, aber keine Arbeitsplätze. Die französische Geburtenpolitik, die sich rühmt, die erfolgreichste in Westeuropa zu sein, hat sich denn auch eine Jugendarbeitslosigkeit eingehandelt, die um ein Mehrfaches höher liegt als die deutsche und in den Vorstädten 40 bis 50 Prozent erreicht. Die Folgen sind brennende Autos und Hasstiraden gegen die Politiker, die glauben, durch eine eigene Familien- oder auch Integrationspolitik den Eigensinn anderer Funktionssysteme, insbesondere der Wirtschaft, außer Kraft setzen zu können.

In Deutschland weiß man das – irgendwie. Aber die Mühlen der Kindersubventionspolitik mahlen weiter. Mit linkem Impetus sollen sozial Schwache und Alleinerziehende subventioniert werden. Die Rechten wollen besonders Leute mit vermeintlich guten genetischen und sozialen Voraussetzungen, also auch die berühmten 40 Prozent der Akademikerinnen, zu Eltern machen. Wenn es gelänge, was wäre gewonnen? Immer mehr Menschen würden Eltern, die sonst mangels Mittel oder wegen anderer Prioritäten, Stärken oder Schwächen diesen Weg nicht gingen. Ob das den Kindern, den Familien, der nationalpolitischen Gesellschaft zugutekäme? Wir wissen es nicht.

Bisher zeitigten Kindersubventionen wohl eher unerwünschte als erwünschte Folgen. Aber auch das wissen wir nicht mit Gewissheit. Subventionen können ja auch immer für anderes ausgegeben werden, zum Beispiel für Bildung und Wissenschaft hochbegabter Kinder, seien sie westlicher oder fernerer Herkunft.

Bevölkerungspolitiker sind heute bemitleidenswert. Man erwartet von ihnen, dass sie im Wettbewerb konkurrierender Lebensformen die »Rahmenbedingungen« für kinderreiche und gegen kinderlose Familien setzen: durch Gesetze, Subventionen, Vereinbarkeitsregelungen im Bezug auf Familie und Beruf. Aber welche Rahmenbedingungen nun wirklich eine liberale Selbststeuerung der verschiedenen Familienformen, ohne Bevorzugung der einen oder der anderen, ermöglichen, das weiß niemand zu sagen. So sind die Maßnahmen der Politik, auch die ständig geforderte »Wertediskussion«, letztlich Symbole der Selbstbestätigung des politischen Systems. Was Politiker, Professoren, Kirchenfürste als Werte der Familie betonen, entwertet sich durch die Betonung selbst. Und so geht es auch mit anderen Maßnahmen: Was Kindern dienen soll – Mutterschutz, Erziehungsurlaub, Teilzeitbeschäftigung für Mütter und Väter –, kann Eltern schon im Vorhinein den Job kosten.

Bevölkerungspolitik hat also nicht nur individuelle Präferenzen der (potenziellen) Eltern gegen sich. Sondern auch, durch die Individuen hindurch wirkend, die Eigenlogik sozialer Systeme. Sich selbst stabilisierend, folgen sie ihrem Leitstern – im Falle der Familie Liebe – eher als den Dukaten und Phrasen, die die Politik in ihre Richtung auswirft. Der Eigensinn der Familie kann jederzeit dazu führen, dass aus einer sinkenden wieder eine steigende Geburtenrate wird. Aber nicht weil die Politik es so will, sondern eben: der Eigensinn.

Der wahrscheinlichere Fall ist, dass Kinder, wenn sie von funktionalen Systemen wieder verstärkt gebraucht werden, nicht auf dem Wege der nationalen Autarkie, sondern durch internationale Aufgabenteilung erschaffen werden. Dass Outsourcing nicht nur eine Option für die Produktion von Weizen, Oberhemden, Computerchips und elektronischen Telefonbüchern, sondern auch für die Reproduktion der eigenen Lebensformen und ihrer lebendigen Träger ist, erscheint uns zwar mehr als befremdlich, und doch ist es so. Die kinderreichen Kulturen brennen darauf, ihre Kinder in den produktiven Teil der Welt mit seinen hervorragenden soziokulturellen Problemlösungen zu entsenden. Diese nehmen die reproduktive Unterstützung gern an. Die neue Arbeitsteilung zwischen produktiven und reproduktiven, kinderarmen und kinderreichen Gesellschaften gilt womöglich nur für eine Übergangsphase von circa 100 Jahren. Nach und nach werden alle Kulturen sich umstellen: von einer breiten Reproduktionsbasis mit hoher Sterblichkeit auf eine schmale Basis lang lebender Individuen.

Wenn es denn dazu kommt. Vorläufig spricht alles dafür. Sterberaten fallen weltweit, ebenso die Geburtenraten. Das weltweite Schrumpfen der Erdgesellschaft beginnt erst nach und nach. Die Vergreisung ist aber schon in vollem Gange. Sie schreitet dort am schnellsten voran, wo die Industriegesellschaft eine neue Dynamik entwickelt. Vergreisung, die zuerst die westlichen Industrienationen dynamisierte, erfasste dann Japan, später die Tigerstaaten und Teile Südamerikas, heute Indien und China. Der Anteil der über 60-Jährigen stieg dort von 10 auf über 30 Prozent, in Indien von 8 auf über 20 Prozent, wenn man bis 1950 zurückrechnet. Sieht man den reproduktiven Erfolg allein in der Zahl der Individuen, die eine Spezies hervorbringt, dann könnte man darin in absehbarer Zeit das Abendleuchten der Menschheit und ihrer Erfolgsgeschichte erkennen. Aber selbst Evolutionsbiologen hängen nicht so sehr an den Zahlen wie von Biologistik inspirierte Demografen.

Für Biologen, auf der Suche nach den Mechanismen reproduktiven Erfolgs – sei es für Individuen, Verwandtschaft, die Spezies insgesamt oder neuerdings im Neodarwinismus für das egoistische Gen –, gibt es immer zwei Strategien des Überlebens. Die »r-Strategie« durch viele Nachkommen, die riskant und kurz leben, oder die »K-Strategie« durch wenig Nachkommen, die lange leben.[6] Die erste sichert Reproduktion durch Quantität, die zweite durch Qualität. In der Stammesgeschichte des Menschen hat sich die Qualitätssicherung durchgesetzt. Die menschliche Spezies, zunächst quantitativ überaus erfolgreich, hat selbst einen Umschlag von der Quantität in die Qualität erfahren. So etwas ist meines Wissens von keiner anderen Lebensart bekannt. Die Verlängerung der individuellen Leben und die Verminderung der Geburten, die seit mehr als 200 Jahren anhält, setzt Lebensqualität voraus, die es früher so nicht gegeben hat. Sie sind das Ergebnis von Wissenschaft, Medizin, Hygiene, Technik, ökonomischer und politischer Organisation, moralischer Reflexion – kurz von soziokulturellen Errungenschaften, nicht von natürlichen Gegebenheiten. Die größte und am wenigsten erforschte Errungenschaft ist wahrscheinlich die Selbststeuerung soziokultureller Systeme.

Die Politik ist ihrerseits ein selbststabilisierendes System. Was sie tut, macht sie zunächst einmal zu ihrem eigenen Nutzen und Erhalt. Es ist zwar »für« andere Systeme bestimmt, kommt aber angesichts von deren Feinheiten der Selbststeuerung dort relativ plump an. So kämpft die Politik nicht nur gegen den Eigensinn sozialer Mitsysteme und gegen die Individuen, die durch ihre Rollenteilhabe an den verschiedenen Systemen sowohl diese selbst als auch Weitergreifenderes vertreten. Sie kämpft auch gegen einen Gegner von noch größerer Macht: die Umstellung der Menschheit auf einen neuen Modus soziokultureller Reproduktion.

Man darf gespannt sein, wie sich politische Maßnahmen zur Geburtensteigerung angesichts so mächtiger Gegner bewähren. Dass sie sich als Irrtum herausstellen können, macht sie nicht an sich irrational. Das soziale Leben verläuft nun einmal über Prozesse von Versuch und Irrtum. Und die Politik kann sich nicht – angesichts der Erwartungen an sie – auf ein Niemandsland zurückziehen. Sie ist hinsichtlich jedes Problems ein Player, meist auch ein Global Player. Sollte der Fall der Geburtenrate in Deutschland, in Europa oder in anderen Teilen der Welt an einem bestimmten Punkt gestoppt und umgekehrt werden, wird es immer eine ungeklärte Frage bleiben, wie weit die Vorstellung der Politik oder die Eigenlogik anderer Sozialsysteme dabei eine Rolle gespielt haben.

Im Augenblick können wir uns kaum vorstellen, dass das Absinken der Geburtenrate, von Europa ausgehend und in alle Kulturen der Welt sich ausdehnend, sich in absehbarer Zeit rückgängig machen ließe. Oder wäre es denkbar, dass die postindustriellen Gesellschaften des Westens oder die dynamisch-industrialisierenden des Ostens sich noch einmal auf ein demografisches Muster einlassen könnten, wie es südlich der Sahara mit höchsten Sterbe- und Geburtenraten herrscht? Denkbar ist vielmehr, dass die Fertilitätsraten sich weltweit, um eine Ziffer zu nennen, zwischen 1 und 2,5 einpendeln. Für die Politik Anlass zur Gelassenheit und zu einer Rück- und Vorausbesinnung auf die Selbststabilisierung der Sozialsysteme, mit denen sie es in der modernen Welt zu tun hat. Wenn die sozialen Systeme so viel selbst können und auch vor dem Schrumpfen keine Angst zu haben brauchen, wäre das auch die Grundlage für einen modernen Liberalismus.

Die Schausteller der demografischen Gruselkabinette – kinderlose, vergreisende, schrumpfende Gesellschaft – mögen inzwischen von Jahrmarkt zu Jahrmarkt weiterziehen. Die Angst, von der sie leben, wird sich abnützen wie viele andere Ängste vorher und muss schließlich ohnehin neuen Ängsten Platz machen.

Kapitel 2

Die Wirklichkeit der Wirtschaft – steigende Produktivität und fallende Reproduktion

Alles hängt mit allem zusammen, vermuten wir. Wächst die Bevölkerung, wächst die Wirtschaft, ebenso steigen die Mittel für die soziale Sicherheit, die kulturelle Bedeutung und die politische Macht einer Gesellschaft. So denken wir intuitiv. Unser Verstand ist auf Zusammenhänge ausgerichtet, und dabei sogar, noch simpler, auf Gleichrichtung. Was wir aber auf diese Weise erkennen, ist allenfalls die Halbwahrheit. In Wirklichkeit gilt auch: Alles ist voneinander getrennt und schottet sich gegeneinander ab. Ferner: Zusammenhänge, wo sie bestehen, können statt gleichgerichtet auch gegenläufig sein: Die Bevölkerung wächst – und Wirtschaftskraft, kulturelle Bedeutung, politische Macht und so weiter gehen zurück.

Betrachten wir das Verhältnis zwischen Bevölkerung und Wirtschaftskraft genauer. Wir müssen dafür beständig gegen die vorprogrammierte Gleichrichtung unseres Denkens andenken; in diesem Falle gegen die These: Wenn die Bevölkerung schrumpft, dann schrumpft auch die Wirtschaft – oder positiv gewendet: Wächst die Bevölkerung, dann tut dies der Wirtschaft gut. Spätestens seit dem 17. Jahrhundert hat sich diese Sicht des Fortschritts eingenistet: »Es gibt weder Wohlstand noch Macht außer durch Menschen«, erklärte schon im 16. Jahrhundert der Staatstheoretiker Jean Bodin (1529/30–1596). Er war einer der Wortführer der »Populationisten«. Fortschritt durch Bevölkerungswachstum, lautete ihr Motto. Wie sehr wir ihm bis heute intuitiv folgen, erkennen wir an dem Unbehagen, das die Prognosen einer »schrumpfenden Bevölkerung« in uns auslöst.

Die Lehre der »Malthusianer« hat dagegen ihren Schrecken verloren: Thomas Robert Malthus (1766–1834) fürchtete, dass die Bevölkerung stärker wachse als die Wirtschaft, die durch das »Gesetz vom abnehmenden Bodenertrag« gebremst werde. Um der Verelendung, besonders der ärmeren Klassen, vorzubeugen, forderte er eine Beschränkung der Geburtenzahl. Bis vor wenigen Jahren war dies die herrschende Philosophie derjenigen, die sich mit dem Wachstum der Weltbevölkerung, insbesondere in den Entwicklungsländern, beschäftigten. Bis heute steht diese Philosophie hinter der Politik der Geburtenkontrolle des Weltbevölkerungsfonds der UN und der Ein-Kind-Politik Chinas.

In den industrialisierten Ländern dagegen hat sich der Wind gedreht und bläst dem Malthusianismus ins Gesicht. Hier geht heute die Angst um, dass zu wenig Menschen geboren werden, um das Schwungrad der Wirtschaft in Gang zu halten. Dass Bevölkerungswachstum die Wirtschaft antreibe, ist für uns zu einer Art *common sense* geworden. Deshalb richtet sich alles Denken auf die Erhöhung der Geburtenrate – obwohl eine weltweite Untersuchung von 134 Ländern zu dem Ergebnis kommt, dass sozioökonomisches Wachstum zurückgeht, wenn die Geburtenraten steigen.[1]

Tatsächlich sind die Auswirkungen der Bevölkerungsentwicklung auf das Wirtschaftswachstum ungewiss, umstritten, wahrscheinlich von Fall zu Fall und abhängig vom Entwicklungsstand verschieden und schließlich gar nicht isoliert feststellbar, weil neben und mit den demografischen Faktoren zugleich eine Reihe von anderen eine Rolle spielen. Diese Unwägbarkeiten sind ein Einfallstor für alle möglichen Stimmungen. Je nachdem, ob die Teilnehmer der Debatte optimistisch oder pessimistisch, kulturkritisch oder fortschrittlich gestimmt sind, neigen sie dazu, den Abschwung der Geburtenrate als Glücksfall oder Unglücksfall auch für die Wirtschaft darzustellen. Analysieren wir etwas genauer, wie die Wirtschaft mit niedrigen Geburtenraten und einer daraufhin möglicherweise schrumpfenden und alternden Bevölkerung umgeht.

Die Wirtschaft, das sind, nach allgemeinem Verständnis, diejenigen Aktivitäten und Organisationen, durch die Güter und Dienste bereitgestellt werden: alles, was eine Gesellschaft zum materiellen Überleben braucht. Wenn der Volksmund von »der Wirtschaft« spricht, hat er als aktive Beteiligte daran die Unternehmer, Arbeiter, Groß- und Einzelhändler, Bankkaufleute, Versicherungsagenten, Börsenmakler und Ähnliches im Sinn. Es gibt aber auch eine Wirtschaft im weiteren Sinn. Der gehören alle Menschen an, insofern sie das, was sie zum Leben benötigen, gebrauchen und verbrauchen, also nachfragen müssen.

Ob als Konsumenten oder Produzenten: Immer, wenn wir wirtschaften, versuchen wir das Verhältnis von Anstrengung und Ergebnis, Aufwand und Ertrag, Kosten und Nutzen so günstig wie möglich zu gestalten. Das bedeutet wirtschaftliches oder ökonomisches Handeln im weitesten Sinn. In diesem Sinne können wir sogar in der Liebe, in der Freundschaft oder in der Politik wirtschaftlich handeln. Wie weit das tatsächlich der Fall ist, lässt sich allerdings nicht auf dem Wege der Definition oder Ableitung ermitteln. Es ist eine empirische Frage. Der eine versucht im Umgang mit seinen Kindern bestimmte Erziehungsziele in kürzester Zeit oder mit geringsten Mitteln zu erreichen und bleibt so, auch in der Erziehungsaufgabe, ein Wirtschaftender. Der andere scheut keine Kosten und Mühen, ja er denkt gar nicht in Kosten-Nutzen-Begriffen, wenn es um seine Familie geht. Hier regiert in der Regel der Leitwert der Liebe. Dort, in der Wirtschaft, der Leitwert der Effizienz oder des günstigsten Kosten-Nutzen-Verhältnisses.

Auf drei Wegen könnte der Fall der Geburtenrate eine Wirtschaft in Schwierigkeiten bringen, die auf Wachstum und Wohlstand ausgerichtet ist: Der Konsum geht zurück, weil weniger Nachfrager nachwachsen und unter ihnen die Zahl der Älteren ansteigt, die ohnehin weniger verbrauchen. Zweitens: Das Angebot geht zurück, weil weniger Arbeitskräfte nachwachsen. Oder drittens: Die Wirtschaftstätigkeit erlahmt, weil weniger Kapital gebildet und im Inland investiert wird. In all dem steckt eine Art malthusianischer Pessimismus. Sah man damals die wirtschaftliche Flaute durch sinkende Erträge des Bodens heraufziehen, so jetzt durch sinkende Arbeits- und Kapitalerträge.

Konsum

Heute fürchtet man in erster Linie eine Schwächung des Konsums. Weniger Menschen fragen weniger nach. Und alte Menschen fragen weniger nach als junge. Es sind ja die Jungen, die voller Wünsche, Bedürfnisse, Möglichkeitsfantasien, Aktivitäten, Begierden und Neugierden stecken. In den Konsumtempeln der kinderreichen aufstrebenden Gesellschaften Ostasiens drängen sich denn auch die jungen Leute oder drücken sich zumindest die Nasen platt. Die Kaufhäuser des Westens sind weniger gut besucht. Für ältere Leute, selbst wenn sie den Euro nicht umzudrehen brauchen, ist Einkaufen anstrengender, oft weniger notwendig und weniger lustvoll.

Aber ist es wirklich so, dass ältere und alte Leute weniger konsumieren? Was sich entschieden ändert, sind Art oder Muster ihres Konsums. Je älter die Menschen werden, desto weniger geben sie für Verkehr und Kommunikation aus. Da wird weniger gereist – dienstlich wie privat –, gependelt, telefoniert, gefaxt, gemailt. Stattdessen entfällt in den Altenhaushalten ein größerer Anteil der Gesamtausgaben auf Wohnungsmieten und Nebenkosten wie Elektrizität und Gas; die Alten sitzen eben eher daheim. Ebenfalls müssen sie einen größeren Anteil ihres Einkommens für Gesundheit und Pflege verwenden. Nur der kleinste Teil davon schlägt sich in ihrer privaten Nachfrage beziehungsweise im Familienbudget nieder. Viel mehr *lassen* sie nachfragen: durch ihre Versicherungen, Krankenkassen, Kliniken, Haus- und Fachärzte, Pflegeheime und so weiter. Denn diese Institutionen sind es, die als Nachfrager für die technisch oft großartigen und kostspieligen Medikamente und Maschinen – Chemotherapeutika, Computertomografen, Ultraschallgeräte, Laserstrahloperationen und Ähnliches – auftreten, die das Leben der Alten verlängern.

Ein Großteil des Konsumrausches, der die Gesellschaft der Alten erfasst, wird gar nicht als solcher, sondern als Fortschritt der Medizin wahrgenommen. Die Alten als Individuen oder private Haushalte könnten ihn nicht bezahlen, ja nicht einmal nachfragen: denn sie wüssten gar nicht, wonach sie fragen sollten, es sei denn, nach dem jeweils Neuesten und Teuersten, dem letzten therapeutischen und diagnostischen Schrei. Das Geld für die Nachfrage kommt nicht aus den Beiträgen, die sie selbst in jüngeren Jahren gezahlt haben, sondern aus den laufenden Beiträgen der jüngeren Leute heute.

Und als kollektive Güter, die vielen gemeinsam zugutekommen, werden die modernen Medizinapparate und -techniken auch angeboten. Anbieter und Nachfrager sind hier oft ein und dieselbe Instanz: zum Beispiel der internistische Arzt, der im Namen und im Interesse seines Patienten eine Ultraschalluntersuchung der Leber verordnet beziehungsweise nachfragt und zugleich mit seinem praxiseigenen Ultraschallgerät als Anbieter derselben Leistung auftritt. Wohl selten kann man einen Grundsatz der klassischen Volkswirtschaftslehre, das Saysche Theorem, wonach sich jedes Angebot seine eigene Nachfrage verschafft – und umgekehrt –, so hautnah und unmittelbar studieren wie in diesem Falle, der doch für alle Patienten, in zunehmendem Alter immer mehr, zur Lebenserfahrung wird. Die längere Lebenserwartung, der kostspielige medizinische Fortschritt und das Saysche Theorem: Diese drei zusammen erklären, warum in der modernen Gesellschaft die Medizin immer teurer wird und die Finanznöte der Kranken- und Pflegekassen und der Kliniken und Heime wachsen. Was meist als Problem eines expandierenden Gesundheitssystems und sozialen Sicherungssystems diskutiert wird, ist volkswirtschaftlich gesehen eine Problemlösung. Denn der Nachfrageboom nach Gesundheits- und Pflegeleistungen wiegt die Konsumschwäche auf, die der alternden Gesellschaft ansonsten nachgesagt beziehungsweise unterstellt wird.

Dass in ihr der individuelle und kollektive Konsum der älteren Leute steigt, liegt nicht nur daran, dass ihr Anteil an der Gesamtbevölkerung steigt. Es liegt auch und in erster Linie an der innovativen Kraft der Altersökonomie, die sich immer neue Angebote einfallen lässt: von altersgemäß komponierten Seniorenmahlzeiten, die es übrigens auch für den alternden Hund und die alternde Katze gibt, über die Ernährungs- und diätetische Beratung bis hin zur automatisierten und informationstechnologisch durchgeplanten Altenwohnung, die sensorisch und bewegungsbehinderten Menschen größtmögliche Selbstständigkeit und Vernetzung mit Familien, Freunden, Ärzten, Lieferanten und so weiter sichert.

Ein Symbol für diese Nachfrage, die von einem unbändigen Überlebenswillen angetrieben wird und auf Innovationen ausgerichtet ist, die auch grundlegende soziale Funktionen wie das Sprechen zu einem technologisch konstruierbaren und ökonomisch verwertbaren Faktor macht, ist der geniale Physiker Stephen Hawking; in der Symbiose seiner Person mit seinem Rollstuhl und Sprachcomputer macht er vor, wie eine Lähmung, sei sie krankheits- oder altersbedingt, zu einer im Prinzip auch ökonomisch begründeten technologischen Innovation führen kann.

Was heute als innovative Überlebensstrategie eines Einzelnen entwickelt wird, kann morgen von vielen älteren und behinderten Menschen nachgefragt werden. Und nicht nur von ihnen. Es ist wie mit den Produkten und Nebenprodukten der Raumfahrtindustrie. Sie sind, oft mit geringen Kosten der Weiterentwicklung, für viele Bedürfnisse vieler Gruppen einsetzbar und schaffen sich so, unabhängig vom Alter der Bevölkerung und der Geburtenziffer, eine Nachfrage, die es vorher nicht gegeben hat. Auch bei sinkender Geburten- und Bevölkerungszahl kann auf diese Weise der individuelle und kollektive Bedarf an Gütern und Dienstleistungen erheblich steigen. Bereits das Ungeborene und der Säugling treten als Nachfrager auf – nach hochqualifizierten Gütern, die es früher gar nicht gegeben hat: Kurse für werdende Mütter und Väter, psychologische und soziologische Präparationen von Elternschaft, pränatal geschlechtsbestimmende Ultraschallbilder, genetisches Screening, bestmögliche Umstände der Geburt, geschmackvollgesunde Ausstattung des Kinderzimmers, ausgewogen-bekömmliche Babynahrung, tadellose Hygiene mit den schützendsten und praktischsten Utensilien, Vorsorgeuntersuchungen aller Art, Beratungsleistungen bei der geringsten Auffälligkeit ... und so geht es weiter, mit Müttertreffs und Kinderkrippen, biophysiologisch und moralisch unbedenklichem Spielzeug, risikoarm angelegten und makellos sauberen Spielplätzen, spielerischen Begabungsübungen und Vorschulleistungstests, pädagogisch hochsensibilisierten Eltern, professionell examinierten Grundschul- und Sonderlehrern, die in sozialen Brennpunkten von Sozialarbeitern, Coachs, Streetworkern unterstützt werden.

Man weiß: Angesichts der anhaltenden Klagen über den Rückgang der Geburten und der öffentlichen Schrecksekunden aufgrund gelegentlich publik werdender Integrationsprobleme erscheint dies alles als unzureichend. Es wird also noch mehr und noch Besseres gefordert, von allem: pädagogische, psychologische, sozialarbeiterische Maßnahmen, Integrationshilfen, kommunikationstechnologische Ausstattung und so weiter und so fort.

Einmal dahingestellt, ob das alles sinnvoll ist: Es zeigt aber, dass die Gesellschaft, ob alt oder jung, unermüdlich ist im Formulieren von Ansprüchen. Die Ansprüche steigern sich und wollen zur individuellen und kollektiven Nachfrage werden. Gut möglich, dass sie andere Nachfragen verdrängen. Für alle Nachfragen zugleich reicht das Geld nicht. Der Wirtschaftsanreger Nachfrage aber bleibt, auch wenn die Zahl der Nachfrager zurückgeht.

Export

Dies gilt erst recht für die Nachfrage aus dem Ausland. Sie steigt und steigt und steigt – seit mehr als einem halben Jahrhundert ohne nennenswerten Einbruch, fast ohne Unterbrechung. Es ist nicht nur die Zahl der Nachfrager, die wächst und die in der wachsenden Weltbevölkerung ein fast unerschöpfliches weiteres Wachstumspotenzial enthält. Es ist auch die fortdauernde Qualität und steigende Einzigartigkeit der Produkte selbst, die sie auf dem Weltmarkt so begehrenswert macht. Obwohl eine Reihe ehemals deutscher Forschungsleistungen, etwa in der optischen und elektronischen Industrie, in den vergangenen Jahrzehnten von anderen, besonders den neu aufstrebenden Industrieländern an den Rand gedrängt wurden, blühen andere Branchen wie Maschinen- und Automobilbau sowie Chemie- und Pharmaindustrie durch die gelungene Verbindung von wissenschaftlich-technischer Tradition und innovativer Weiterentwicklung; besonders augenfällig wird dies bei den Werkzeug- und Produktionsmaschinen, in denen herkömmliche, aber immer noch steigerungsfähige Präzision sich mit neuartiger Computersteuerung paart.

Im Jahr 2005 sorgte der Exportboom für zwei Drittel des deutschen Wachstums. 800 Milliarden Euro nahm die deutsche Industrie ein – von Nachfragern aus aller Herren Länder. Damit war Deutschland Exportweltmeister. Dieser gewaltige Anreiz durch ausländische Nachfrage ist keine vorübergehende Erscheinung, sondern hat einen festen, man möchte sagen: unerschütterlichen Grund in der Entwicklung von fünf Jahrzehnten. Die Nachfrage aus dem Ausland ist selbst zu einer sich verstärkenden Tradition geworden. Und dies, obwohl im Inland über viel zu hohe Lohn- und Lohnnebenkosten geklagt wird!

Was in Deutschland selten erkannt wird, beobachten die Nachbarn mit kritischer Aufmerksamkeit schärfer: Die Lohnstückkosten, die im vergangenen Jahrzehnt in Spanien um über 30, in Italien um 26 und in Frankreich um rund 12 Prozent gestiegen sind, haben sich in Deutschland nicht erhöht. Im Gegenteil, sie liegen heute um knapp 10 Prozent unter dem Durchschnitt der vergangenen 30 Jahre. Diese günstige Kostenentwicklung schlug sich in Verschiebungen der Nachfrage beziehungsweise der Marktanteile innerhalb der europäischen Währungsunion nieder: Deutsche Produkte konnten ihren Marktanteil im vergangenen Jahrzehnt von 25,3 auf 27 Prozent steigern; Italiens Marktanteil ging von 13 auf 10,6, der französische von 17,2 auf 14,5 Prozent zurück. Das spiegelt sich auch in den Gewinnen der Firmen: In Frankreich machten sie 7,7 Prozent des Bruttoinlandsproduktes aus, in Deutschland 9,5 Prozent.[2]

Diese Zahlen machen gleich mehrere Dinge deutlich. Zu allererst: Die in Deutschland seit langem auf dem niedrigen Niveau von etwa 1,3 Kindern pro Frau dahindümpelnde Fertilitätsrate verträgt sich prächtig mit satten Nachfrageanreizen, während die aus deutscher Sicht beneidenswert hohe Fertilitätsrate von 1,9 in Frankreich der dortigen Wirtschaft überhaupt nichts nützt, sondern sie im Gegenteil ins Hintertreffen führt. Zum zweiten: Der Wettbewerb um Nachfrage innerhalb der Europäischen Union ist von nichts weniger abhängig als von den Geburtenraten. Er hängt vielmehr von einer Reihe von ökonomischen Faktoren ab. In erster Linie von den Lohnstückkosten. Diese zeigen, wie günstig ein Produkt herzustellen ist, und dies ergibt sich aus dem Verhältnis von Löhnen und Produktivität. Die Produktivität der Arbeit, das heißt das Stunden- oder Tagesergebnis der Leistung eines jeden Beschäftigten, steigt in der Bundesrepublik seit jeher. Obwohl sich die Steigerungsraten in den letzten Jahrzehnten abgeflacht haben – sie liegen heute zwischen 1 und 2 Prozent –, sind sie immer noch steiler als die Steigerungsraten der Arbeitslöhne.

Für die internationale Wettbewerbsfähigkeit kommt es eben auf das günstige Verhältnis zwischen steigender Produktivität der Arbeit einerseits und weniger steigenden Löhnen und Lohnnebenkosten andererseits an. Dieses Verhältnis ist in der Geschichte der Bundesrepublik chronisch besser als in den Nachbarländern. Als es den Euro und die Währungsunion noch nicht gab und jedes europäische Land seine eigene Währungspolitik betrieb, glichen die Nachbarn Deutschlands ihre relative ökonomische Schwäche dadurch aus, dass sie regelmäßig ihre eigene Währung gegenüber der D-Mark abwerteten. Dadurch wurden ihre eigenen Produkte im Export billiger. Besonders die Italiener und Franzosen nutzten diese Möglichkeit, um deutschen Firmen Marktanteile im Bereich des Exports abzujagen. Deutschland antwortete darauf regelmäßig mit erneuter Produktivitätssteigerung und Lohnzurückhaltung und gewann so im Vergleich zu den Nachbarn die alte Wettbewerbsstärke binnen weniger Jahre zurück. Heute verhindern feste Wechselkurse Auf- und Abwertungen, aber die dahinterstehenden Veränderungen im Kräfteverhältnis zwischen den nachbarschaftlich und europäisch verbundenen Wirtschaften gehen weiter. Selbst eine vereinbarte Lohnsteigerung von 3 Prozent wird, wie im Mai 2006 in der Metallindustrie geschehen, die Lohnstückkosten nicht erhöhen, da die Produktivität entsprechend steigt.

Die Wettbewerbsfähigkeit Deutschlands zeigt sich nicht nur im Vergleich mit den übrigen westeuropäischen Ländern, sondern auch mit den östlichen und fernöstlichen Ökonomien, die erheblich höhere Wachstumsraten auch der Produktivität aufweisen. Auch in jenen Ländern bleiben die Lohnkosten den Produktivitätssteigerungen auf den Fersen. Was aber im internationalen Wettbewerb noch entscheidender ist: Der hohe Anstieg der Produktivität geht dort von einem sehr niedrigen Ausgangsniveau aus. Die deutsche Wirtschaft, obwohl sie nur noch niedrige Produktivitätszuwächse aufweist, hält ihren Vorsprung im Hinblick auf die Qualität der Arbeit und ihrer Anreicherung mit technischem und wissenschaftlichem Innovationspotenzial.

Dass sich Deutschlands Wettbewerbsfähigkeit nicht in hohen Wachstumsraten der Gesamtnachfrage niederschlägt, liegt an der schwachen Binnennachfrage. Diese hängt natürlich mit der Lohnzurückhaltung zusammen. Sowohl die Bezieher von höheren als auch die von niedrigen Einkommen geben wesentlich weniger Geld aus, als sie zur Verfügung haben, und legen einen beträchtlichen Anteil ihres Einkommens auf die hohe Kante. So kommt zu der Lohnzurückhaltung noch eine spezielle Nachfragezurückhaltung der Deutschen. Könnte dahinter nicht die niedrige Geburtenrate stecken? Kaum ist diese Frage gestellt, muss sie auch schon verneint werden: Denn es zeigt sich, seit Mitte 2005, dass auch die Binnennachfrage wieder anzieht.[3] Sie ist eben, genauso wie die Außennachfrage, von vielen Faktoren und Erwartungen abhängig, aber kaum vom Kinderreichtum.

Die Verstärkung der deutschen Wettbewerbsfähigkeit und damit die Attraktivität der deutschen Wirtschaft für ausländische Nachfrage hat nicht nur eine lange Tradition, sie läuft auch, wie ein gut geöltes Uhrwerk, unablässig weiter. Auch politische Maßnahmen, die gar nichts damit zu tun zu haben scheinen und ganz andere Ziele, wie zum Beispiel den Ausgleich des Bundeshaushalts, anstreben, bewirken in ihren unbeabsichtigten Konsequenzen eine Stärkung des Prozesses. Ein Beispiel dafür ist der Plan der großen Koalition, die Mehrwertsteuer ab 2007 kräftig zu erhöhen und einen Teil des Geldes zu verwenden, um die Lohnnebenkosten zu senken. Damit verbessert die Wirtschaftspolitik die Wettbewerbssituation der deutschen Exportindustrie von der Kostenseite her. Sie verschlechtert aber auch die Situation der ausländischen Industrie. Denn die höhere Mehrwertsteuer wirkt wie ein Zoll und verteuert die Importe der ausländischen Anbieter, während sie die Exporte der Deutschen ungeschoren lässt. Durch den teilweisen Transfer der Steuereinnahmen in die Arbeitslosenversicherung werden die Lohnnebenkosten gesenkt. Die deutschen Firmen werden dadurch noch wettbewerbsfähiger.

Während diese Zusammenhänge in Deutschland auch von Ökonomen kaum thematisiert werden, behält man sie jenseits des Rheines umso wachsamer im Auge. Dort sorgen sie durchaus für politisch-nationalistische Empörung. Im Mai 2006 erregte eine Studie des Pariser Konjunkturforschungsinstituts OFCE europaweit Aufsehen. In der Untersuchung mit dem Titel *France: Le Coût d'outre-Rhin*[4] werfen die Franzosen dem östlichen Nachbarn Deutschland vor, sich auf Kosten der Nachbarländer zu sanieren.[5]

Dies kann man so sehen. Es ist aber auch eine merkwürdige Schuldverschiebung – nach außen. Es reduziert die Stärken beziehungsweise Schwächen eines Landes auf das Verhalten eines anderen. Es überzeichnet den Einfluss der Politik und ihrer Stellgrößen auf die Wirtschaft, und es unterschätzt die Eigendynamik und Selbstbestärkung respektive -schwächung einer Volkswirtschaft sowohl in Hinblick auf andere gesellschaftliche Systeme wie Politik, Familie, Religion, Sport, Bildung et cetera als auch in Hinblick auf andere Volkswirtschaften. Die Stärke der deutschen Wirtschaft, die sich in der kontinuierlichen, ja wachsenden Nachfrage nach deutschen Produkten und Kapitalinvestitionen in anderen Volkswirtschaften und Wirtschaftsräumen niederschlägt, beruht auf der Wertschätzung beziehungsweise der Aufwertung der angebotenen Güter und Produktionsweisen mehr als auf währungs-, steuer- oder lohnpolitischen Eingriffen. Die Vorsprünge, die die deutsche Exportwirtschaft im Vergleich zu anderen exportierenden Volkswirtschaften immer wieder erzielte, lagen im wirtschaftlichen Handeln selbst begründet, nicht in politischen Manipulationen.

Verständlicherweise versuchten die konkurrierenden Volkswirtschaften, diesen Vorsprung wettzumachen. Sie riefen dazu die Hilfe ihrer Regierungen an, und diese griffen immer wieder zu demselben Mittel: der Abwertung von Lira, Franc, Pesete gegenüber der D-Mark – solange es die einzelnen Währungen noch gab. Es ging also darum, eine auf den Exportmärkten »zu billig« gewordene D-Mark einzuholen, indem man die eigenen Währungen ebenfalls verbilligte: durch währungspolitischen, also politischen Beschluss. Die D-Mark selbst war aber nicht durch politischen Beschluss abgewertet worden, sondern durch erfolgreiches Wirtschaften.

Es ist die Wirtschaftlichkeit der Wirtschaft, die dazu führt, dass mit geringerem Aufwand bessere und/oder mehr Güter und Dienstleistungen erwirtschaftet werden. Im Vergleich zu dem, was als Kosten in ihre Produktion hineingesteckt wurde, und zu dem, was die Güter später den Konsumenten kosten, steigt der Wert der Güter. Der Güterwert, so wie ihn der Nachfrager sieht, liegt über dem Wert des Geldes, das er dafür auf den Tisch legen muss. Es ist dieser wirtschaftlich selbst erzeugte Wertvorsprung, der deutschen Produkten die Nachfrage auf den Weltmärkten sichert. Ständig steigende Wirtschaftlichkeit in Anpassung an das, was die Kunden auf dem Weltmarkt brauchen und nachfragen, kann einer Volkswirtschaft aber schlechterdings nicht vorgeworfen werden.

Deshalb suchen sich die Vorwürfe einen anderen Adressaten, nämlich die deutsche Politik. Ihr rufen die Franzosen das »Haltet den Dieb« zu. Sie soll die Binnennachfrage stärken. Könnte sie das, so wäre damit allerdings nicht die Anziehungskraft deutscher Produkte auf die ausländische Nachfrage gebrochen. Ein so lange eingespieltes und gut geöltes Laufwerk wie die deutsche Volkswirtschaft in ihrem Biotop der Weltmärkte ist nur schwer zu erschüttern: nicht durch fehl- oder kontraproduktive Entscheidungen der eigenen Politik, aber auch nicht durch die Politik der konkurrierenden Länder – es sei denn, sie würden sich gegen den freien Handel insgesamt verschwören. Nur eines könnte der deutschen Wirtschaft auf ihrem Steigerungsritt zu noch mehr Wirtschaftlichkeit gefährlich werden: die noch größere Steigerung der Wirtschaftlichkeit anderer Volkswirtschaften, etwa Polens, Koreas, Chinas.

Das Angebot an Arbeit

Wo keine Kinder geboren werden, wachsen keine Arbeitskräfte nach; wo keine Arbeitskraft ist, erlahmt die Wirtschaftskraft. Von diesem Pessimismus nährt sich ein Gutteil der Demografiedebatte. Er ist ebenso schlicht wie abwegig. Die Arbeitskraft einer Volkswirtschaft ist ganz und gar nicht auf die im Volk geborenen Kinder angewiesen. Im Gegenteil: Prosperierende Wirtschaften wie die der Schweiz, Luxemburgs, der Arabischen Emirate bauten zum großen Teil auf importierte Arbeit. Unabhängig davon hat sich die Wirtschaft die Arbeitskräfte, die sie braucht, noch immer zu beschaffen gewusst und wird es auch weiterhin tun: durch Abbau der Arbeitslosigkeit, gesteigerte Erwerbstätigkeit der Frauen, verlängerte Tages- und Wochenarbeitszeiten, verlängerte Lebensarbeitszeit (Rente mit 67), früheren Eintritt der Jungen ins Berufsleben und gesteigerte Produktivität der Arbeit.

Die Arbeitskraft der Arbeitslosen steht der Wirtschaft, wie man meinen sollte, am unmittelbarsten und auf Abruf zur Verfügung. Aber das scheint nur auf den ersten Blick so. Arbeitslose sind meist nicht da, wo die Arbeit ist, und auch nicht immer flexibel genug, sich auf die Arbeit zuzubewegen. Sie haben oft nicht den Eifer, die Belastbarkeit und die Umgänglichkeit, die heute in fast allen Arbeitsfeldern erwartet werden. Sie sind oft unter- oder überqualifiziert, so wie der Ingenieur, der in Deutschland nicht auf die Idee käme, eine Reparaturwerkstatt oder Imbissbude zu eröffnen; der Polier, der nie als Schaffner oder Rangierer arbeiten würde; der Maurer, der nicht Spargel stechen oder Trauben ernten würde. Dieses Nichtzusammengehen von Arbeit und Arbeitslosen kann man freundlich als deren Überqualifikation, weniger freundlich als ihre Unbeweglichkeit und damit Unterqualifikation bezeichnen, soziologisch betrachtet handelt es sich nicht um eine Eigenschaft von Personen, sondern von soziokulturell differenzierter Arbeitskultur.

Das bedeutet, dass sich jedes Arbeitsfeld und jede wirtschaftliche Branche ihr eigenes Reservoir an Arbeitskräften und den dazu passenden Beschaffungsmodus zugelegt hat. Die Maschinenbauindustrie greift nach deutschen Ingenieuren und Facharbeitern und bildet mit diesen zusammen eine eigene Arbeitskultur; Kleingewerbe (Wäschereien) und Kleinhandel (Kioske) gehen an Koreaner/Vietnamesen und Iraner/Libanesen; Erntearbeit sucht sich Polen und Rumänen – wobei diese zu Hause meist nicht selbst Bauern und Landarbeiter, sondern eher Ingenieure und Lehrer sind, gleichwohl in Deutschland mit den deutschen Bauern zusammen eine Kultur der Landarbeit aufrechterhalten, die, obwohl deutsch, wegen niedriger Löhne und sozialer Reputation paradoxerweise mit deutschen Arbeitskräften gerade nicht zu halten ist.

Im Ergebnis heißt das, dass die deutsche Wirtschaft die deutsche Arbeitslosigkeit in wesentlichen Teilen gar nicht beseitigen kann und will. Und zwar aus wirtschaftlichen Gründen, in die aber die unterschiedlichen Kulturen der Arbeit mit ihren spezifischen und nicht austauschbaren Rekrutierungsmustern eingebunden sind. Eine Erhöhung der deutschen Geburtenziffer kann an dieser Eigenlogik der deutschen Wirtschaftsbranchen überhaupt nichts ändern und würde die Arbeitslosigkeit eher vergrößern als vermindern.

Den Bedarf an Arbeitskräften aus dem Pool noch nicht erwerbstätiger Frauen zu decken ist der deutschen Wirtschaft längst zur Gewohnheit geworden. Trotzdem ist es erstaunlich, wie langsam sich die Erwerbstätigenquoten insbesondere der Frauen mit Kindern nach oben bewegen. Die Wirtschaft selbst, insbesondere kleinere Unternehmen, sieht in der Einstellung von qualifizierten Frauen immer noch ein Risiko; sie könnten ja Kinder bekommen oder von Schul-, Krankheits- oder Drogenproblemen vorhandener Kinder von der Arbeit abgehalten werden. Die Sorgen der leistungsbewussten Wirtschaft und die Sorgen der familienleistungsbewussten Mütter treffen sich – und können auch durch eine gute Infrastruktur von Kinderversorgungseinrichtungen nicht ganz ausgeräumt werden. Die Konflikte liegen ja im Gegensatz der ökonomischen und der Familienansprüche begründet – und beide sind in Deutschland besonders hoch. Dies ist eine Eigentümlichkeit der deutschen Leistungskultur. Sie fordert wirtschaftliche ebenso wie familiale Höchstleistungen.

Was in Deutschland als Konflikt für die Betroffenen (Frauen) besonders (schmerzhaft) spürbar wird, kann positiv auch als eine soziokulturelle Entwicklungsstufe zweier funktionaler Sozialsysteme, Wirtschaft und Familie, gedeutet werden. Als gewachsene und verankerte Eigenschaft des Wertsystems, also deutscher Kultur, kann sie weder durch politische Phrasen noch durch Maßnahmen zur Vereinbarkeit von Familie und Beruf kurzerhand aus der Welt geschafft werden. Deutschland ist eben nicht Frankreich und nicht Skandinavien. Und genauso wenig wie jede andere Kultur ist die deutsche in der Lage, sich aus ihren Nachbarkulturen jeweils das herauszupicken, was die Wortführer einer bestimmten Politik oder Ideologie für das Richtige und Bessere halten. Was für Skandinavien und Frankreich lobend-vorbildhaft und hoffnungsvoll hervorgehoben wird – die gleichzeitige Steigerung von Frauenerwerbstätigkeit und Fertilitätsrate –, ist jedenfalls in Deutschland bislang nicht zu beobachten. Hier scheinen sich vielmehr Arbeitgeber und berufstätige Frauen in einer wenn nicht ausgesprochenen, so doch klammheimlichen Koalition darauf verständigt zu haben, der Berufstätigkeit den Vorrang und der Mutterschaft das Nachsehen zu geben.

Dabei haben sich in den letzten Jahrzehnten die Arbeits- und Bildungsmärkte für Frauen weit geöffnet. Heute gehen mehr Frauen als Männer aufs Gymnasium und die Universität, schließen mit besseren Noten ab und drängen ins Berufsleben: Zwischen 1991 und 2004 wuchs die Zahl der erwerbstätigen Frauen um 1,1 Millionen, während die der Männer um 1,4 Millionen sank. Sind die Vorausrechnungen der Demografen richtig, dass ab 2010, also schon in drei Jahren, wegen der geburtenschwachen Jahrgänge das Angebot an arbeitssuchenden jungen Leuten kleiner sein wird als die Nachfrage der Wirtschaft, dann wird diese noch mehr Frauen an sich ziehen und zu längeren Arbeitszeiten verlocken. Ihre Integrationskosten sind geringer als die von Zuwanderern, ihre Neigung zu modernen Dienstleistungsberufen und ihre soziale und zeitliche Anpassungsfähigkeit übertrifft die der Männer – vorausgesetzt, es sind keine Kinder da.

Deshalb ist zu vermuten, dass tatsächlich noch weniger Kinder geboren werden als bisher. Die Wirtschaft kann sie ja nicht verwenden, frühestens in 20 bis 25 Jahren, und das ist ihr zu spät. Noch schlimmer: Kinder machen der Wirtschaft Arbeitskräfte abspenstig. Sie konkurrieren mit ihr um hochqualifizierte Frauen. Und in der Regel gewinnen die Kinder diesen Wettbewerb. Denn im deutschsprachigen Raum ziehen sich Frauen, die Mütter werden, auf halbe Stellen oder ganz aus dem Beruf zurück, wenn sie ein Kind und erst recht, wenn sie mehrere Kinder bekommen. Der Leitwert der Mutterliebe gebietet es. Trotz aller aufklärerischen Empörung, progressiver Witzeleien, feministischen Gegenreden, pädagogischen Fingerzeigen auf Frankreich und Skandinavien, sogenannten Infrastrukturmaßnahmen und politischen Proklamationen zur Vereinbarkeit von Beruf und Familie: Dies hat sich über Jahrzehnte nicht geändert. Es ist offenbar kulturell tief verwurzelt – mächtiger als politische Ideologien und Interessen der Wirtschaft.

Auch wenn Mütter im Beruf bleiben: Ihre Kinder sind für die Wirtschaft weiterhin ein Ärgernis und eine Konkurrenz. Mit ihren Krankheiten, Unfällen, kleinen und großen Lebenssorgen konkurrieren sie mit dem Arbeitsplatz um die Präsenz, das Engagement und die Konzentration der Mutter. Was Wunder, dass die Wirtschaft Kinder ablehnt, sich durch Kinder bedroht fühlt. Ihr liebstes Kind sind die jungen Frauen, die keine Kinder haben. Aber gerade sie verkörpern eine andere Drohung: dass doch noch Kinder geboren werden!

Da man dies nicht ein für alle Mal abwenden kann – etwa durch die schriftliche Selbstverpflichtung, keine Kinder zu bekommen –, ist es besser, sich damit zu arrangieren, dass der schlimmste Fall eintritt: die Geburt. Große Unternehmen können damit leben und machen aus der Not eine Tugend: Durch eigene Kinderbetreuung, großzügige Arbeitszeit- und Vertretungsregelungen zeigen sie: »Seht her, wie kinder- und mütterfreundlich wir sind!« Der Fantasie sind an dieser Stelle tatsächlich keine Grenzen gesetzt. Und sowohl im Hinblick auf die eigenen Beschäftigten als auch für die Konsumenten und die weitere Öffentlichkeit kann ein kinderfreundliches Unternehmensimage sich auszahlen. Hier leuchtet ein Hoffnungsschimmer für Leute mit Kindern. Kleine Betriebe, in denen jede Arbeitskraft ausgelastet ist und präsent sein muss, haben diese Möglichkeiten kaum. Mutterschutzgesetz, Erziehungsurlaub, flexible Arbeitszeit können sie ernsthaft in Bedrängnis bringen.

Zwar scheinen die Zeiten vorbei, in denen sich Abteilungsleiter und Personalchefs Subtilitäten und Schikanen einfallen ließen, um drohende und frischgebackene Mütter abzuschieben. Aber ganz sicher kann man nie sein ... Hinter geschlossenem Visier geht der Kampf der Wirtschaft gegen Geburten womöglich weiter. Die Hauptverbündeten der Wirtschaft gegen Kinder sind dabei die jungen Frauen und Männer selbst – als Träger kultureller Werte, nicht als »Wirtschaftssubjekte« im engeren Sinn: Indem sie, aufgrund von Bildung und Ausbildung, eigener Berufssicherheit und Berufskarriere den Wunsch nach Kindern immer mehr aufschieben und schließlich aufgeben (müssen), kommen sie in ihren eigenen Wunsch- und Wertbildern den Erwartungen der Wirtschaft entgegen und verwandeln sie zugleich in höchste und unanfechtbare Kulturwerte: Bildung für alle, Gleichberechtigung, Freiheit, Selbstbestimmung ...

Das Problem, das die Wirtschaft mit Kindern hat, besteht nicht nur darin, dass sie über ihre Mütter Macht ausüben. Der zweite Aspekt ist paradoxerweise, dass sie so jung erscheinen. Vor 50 Jahren gingen meine Altersgenossen nach Abschluss der Volksschule als 14-Jährige in die Lehre. Und oft machten sie diese genau dort, wo ihre Eltern auch waren: bei Krupp, Grundig oder im Handwerk. Die Wirtschaft nahm den positiven Effekt der sozialen Vererbung desselben Berufs im selben Unternehmen gern an, denn es war kostensparend und vertrauensbildend, wenn

nach den Eltern auch die Kinder und Kindeskinder im selben
Unternehmen arbeiteten.

Aber die Zeiten haben sich geändert: Wenn junge Leute heute
als Fachhochschüler in den Beruf eintreten, sind sie nicht 14, sondern 24 Jahre alt. So lange können die Unternehmen nicht warten,
wenn sie im konjunkturellen Auf und Ab der Zeiten plötzlich Leute
brauchen. Und ob es das Unternehmen, das dem Vater Arbeit gab,
am gleichen Ort und in der gleichen Zusammensetzung überhaupt
noch gibt, ist außerdem fraglich. Unternehmen müssen, um sich
zu erhalten, flexibel sein. Das fordern sie auch von den Neuein-
zustellenden, die sie möglichst auf der Stelle brauchen. Man ist
an ihnen erst interessiert, wenn sie zwar noch jung, aber schon
erwachsen sind, durch Familie und Bildungsinstitutionen bestens
präpariert, technisch und kommunikativ versiert, motiviert, ko-
operativ, belastbar und immer wieder flexibel ... Kommen sie von
weit her, umso besser; denn das bedeutet, dass sie flexibel, mobil,
ehrgeizig, voller Initiative sind. Und den Rückhalt einer Familie,
den Unternehmen bei ihren Beschäftigten gerne sehen, gibt es auch
dann, wenn die Familien, wie bei Migranten, weit weg sind.

Einen international offenen Arbeitsmarkt, wo sie nach Herzens-
lust aus vielen Bewerbern die passendsten auswählen kann: Das
ist es, was sich die moderne, besonders international orientierte
Wirtschaft wünscht – als Alternative zu Kindern, die in der eigenen Nation geboren werden, sich aber von Anfang an als kleine
Machtlüstlinge ihren Müttern gegenüber (und somit gegenüber
der Wirtschaft selbst, wohlgemerkt!) aufführen und der Wirtschaft zu spät zur Verfügung stehen. In Deutschland macht man
dies sich deshalb so selten bewusst, weil hier der internationale
Arbeitsmarkt immer noch mit den Altlasten anatolischer Gast-
arbeiterkinder beschwert ist, die mittlerweile auch deutsch und
manchmal das Gegenteil dessen sind, was die Wirtschaft braucht.
Nein, hierzulande geborene Kinder möchte die Wirtschaft nicht;
türkischstämmige noch weniger als »volksdeutsche« oder solche,
deren Familie immer schon hier war.

Die Forderung, alle hier Heranwachsenden sollten einen Arbeitsplatz finden, ist sympathisch. Zu Recht wird Jahr für Jahr im neokorporatistischen Dreiklang von Gewerkschaften, Arbeitgeberverbänden und Regierung darum gestritten und darüber verhandelt. Und meist wird die Lehrstellenlücke dann doch geschlossen – wen würde das im Sinne der jungen Leute nicht freuen! –, manchmal weiß man kurz darauf nicht, was aus ihr geworden ist, weil die Zeit den Schleier des öffentlichen Desinteresses über sie deckt; bis zum nächsten Jahr. Dass in Deutschland die Jugendarbeitslosigkeit, etwa im Vergleich zu Frankreich, so gering ist, ist ein Pluspunkt national-integrativer Politik. Die Forderung entspricht nationalen, nicht wirtschaftlichen Interessen. Erst auf einem Umweg wird sie zu einem Wirtschaftsinteresse. Weil es zur nationalen Moral gehört, dass alle Arbeitslosen und sozial Schwachen ihr Auskommen haben sollen, muss die Wirtschaft direkt, über Versicherungsbeiträge, also Lohnnebenkosten, oder indirekt, über Steuern, für sie aufkommen. Deshalb ist es wirtschaftlicher und wirtschaftsfreundlicher, weniger Arbeitslose zu haben. Was die Wirtschaft aber genuin braucht, sind offene Arbeitsmärkte für junge Erwachsene.

Der Haupteinwand dagegen lautet, es sei nicht einfach, Arbeitskräfte aus aller Herren Länder wirtschaftlich einzugliedern. Sie sollen die Sprache beherrschen und verstehen können, müssen wohnen, am sozialen Leben teilhaben. Das kostet etwas. Die liberale Lehre der klassischen Einwanderungsländer lautet: Für ihre Integration müssen diejenigen sorgen und aufkommen, die herkommen. Sie tun dies oft mithilfe ihrer Herkunftsfamilien, mit der Unterstützung von ethnischen Netzwerken und Brückenköpfen. In Europa, besonders in Deutschland dagegen hält man die Integration für eine national-moralische Verpflichtung des aufnehmenden Staates. Die Folgen zeigen sich: Je mehr man die Integrationsverpflichtung den Zuwanderern abnimmt, desto Integrationsschwächere zieht man an. Einen Teil der Integrationskosten – für Sprachkurse, Wohnungsvermittlung und so weiter – können die Unternehmen den Zuwanderern abnehmen. Sie müssen es aber nicht. Sie werden wirtschaftlich kalkulieren, ob es sich lohnt. Das gehört zum Wesenskern der Wirtschaft. Sie kalkuliert eine Möglichkeit immer auch in Abwägung zu einer anderen.

Noch eine weitere Möglichkeit hat die Wirtschaft, sich von (nichtgeborenen) Kindern als späteren Arbeitskräften unabhängig zu machen. Sie kann die Beschäftigten, über die sie bereits verfügt, besser qualifizieren. Und sie kann ihre Lebensarbeitszeit verlängern, nach hinten (Rente mit 67) und nach vorn (früherer Berufseinstieg). Warum werden diese Möglichkeiten so wenig genutzt, obwohl sie der Wirtschaft doch von allen Seiten, insbesondere von Bildungs- und Sozialreformern, ununterbrochen angesonnen werden? Die Antwort ist schlicht, aber erläuterungsbedürftig: Es ist nicht wirtschaftlich.

Obwohl Wirtschaftsbetriebe im normalen Alltag und natürlich auch, wenn sie über eigene Werkstätten und eigene Ausbildungsmöglichkeiten verfügen, unendlich viel mehr für die Qualifikation ihrer Beschäftigten tun, als wir es mit unserer Fixierung auf formale Qualifikationsprozesse ahnen, ist doch Vorbildung, Bildung und Fortbildung schon lange nicht mehr im Funktionssystem der Wirtschaft unterzubringen. Es hat wichtige und mächtige Funktionssysteme eigener Art ausgebildet. Sie sind so eigenmächtig geworden, dass sie in Deutschland die jungen Leute häufig bis zu Beginn des vierten Lebensjahrzehnts festhalten.

Dass die Jungen früher ins Berufsleben einsteigen, ist der Traum aller Bildungs-, Universitäts- und Rentenversicherungsreformer. Jüngere und noch intensiver qualifizierte Leute – wenn dies gelänge, bräuchte die Wirtschaft paradoxerweise einige Geburtenjahrgänge weniger. Der Traum vom frühen Einstieg ist übrigens Wirklichkeit für die nichtakademischen, besonders für die sehr einfachen Berufe. Und er war es früher für fast die ganze Bevölkerung. Mit 14 Jahren begann mein Vater in den Stahl- und Walzwerken Rasselstein AG in Andernach zu arbei-

ten; mit 65 hörte er auf. Auch seine Schwestern gingen 14-jährig
als Hausmädchen oder Büglerin aus dem Haus oder halfen der
Mutter. Um 6 oder 5 Uhr – manche, aus entfernteren Dörfern
um 4 Uhr – machten sich die jungen Leute auf den Weg in den
Betrieb. Heute würde man sie dort so jung überhaupt nicht brauchen können und gleich wieder wegschicken – erst mal zur weiteren Ausbildung, zum Gymnasium oder zum Studium. Um den
Anforderungen hochproduktiver Prozesse gerecht zu werden,
brauchen sie nicht nur Fachkenntnisse oder Disziplin, sondern
auch die Fähigkeit zur Kommunikation, Kooperation, zu Konflikten und Konfliktregelungen. Je höher Ökonomien entwickelt
sind, desto mehr sind sie auf nichtökonomische Vorleistungen
angewiesen.

Dem dienen die verlängerten Jugendjahre. Könnten Bildungs-
und Sozialplaner sie mit ihrem Zauberstab am grünen Tisch zu-
rückverwandeln in Berufsjahre, dann gliche dieser »Fortschritt«
einer Reise in die Vergangenheit. Je weiter wir zurückschauen,
desto kürzer wird die Jugend und desto schneller geht Kindheit,
fast umstandslos, ins Erwerbsleben über; und seine Härte erscheint uns, von heute aus gesehen, unerträglich.

»Kinderarbeit« ist verboten, aber die moderne Wirtschaft
braucht sie ohnehin nicht. Und die ausgedehnten Jugendjahre
heute sind die ungeplanten Begleiterscheinungen einer Leistungsdynamik, die sich ihre eigenen Phasen schafft. Die verlängerte
Jugend ist zugleich Schonzone, Spielfeld, Vorplatz, Vorbereitung,
Zuspitzung, ja Überspitzung einer Logik der Leistung – man
denke nur an die über 15 Sprossen ausgespreizten Notenskalen
der Abitur- und Diplomzeugnisse.

Längere Studienzeiten werden in Deutschland als unproduktiv
beklagt. Vergessen wird dabei, dass die meisten Studierenden
schon mit einem Fuß im Berufsleben stehen. Als Werkstuden-
tInnen, AssistentInnen, EDV-BeraterInnen probieren sie aus,
wo sie am besten hingehören – so wie die Firmen ausprobieren,
wen sie gebrauchen können und wen nicht. Wenn es dann erst

mit 28 Jahren zu einem regelrechten Arbeitsverhältnis kommt, ist dieses nicht nur mit formalen Qualifikationen, sondern auch mit mannigfaltigen Lernprozessen durch Versuch und Irrtum angereichert. Es ist in der Regel um ein Vielfaches produktiver als das eines 22-jährigen Grünschnabels, der nach kurzem Studium sofort in den Beruf eintritt. Das notwendige Übel des Jobbens und Geldverdienens neben dem Studium bedeutet eine gar nicht so üble Pufferzone zwischen Jugend und Erwachsenenwelt. Sie macht das Berufsleben geschmeidiger und verschafft ihm Spielräume, die in Regularien des Arbeits- und Tarifrechts immer wieder verloren zu gehen drohen.

Puffer- und Grauzonen sind die Sache von Reformern und Ideologen nicht. Sie wollen klare Verhältnisse. Was die Verlängerung der Arbeitszeit nach oben angeht, heißt das heute: von 65 auf 67 Jahre. Doch die wirklichen Verhältnisse haben längst einen anderen Weg eingeschlagen: Heute sind von den über 60-Jährigen bereits 70 Prozent aus dem beruflichen Leistungssystem ausgeschieden. Warum nutzt die Wirtschaft nicht deren Sachverstand und zum Teil beträchtliche Vitalität und Gesundheit? Haben ihr die Sozialpolitiker nicht vorgerechnet, dass dadurch die sozialen Sicherungssysteme saniert würden? Und ist nicht ein großer Teil der modern-öffentlichen Gerontologie von dem Impetus beseelt, zu beweisen, was die Alten alles können – wenn man sie bloß ließe? In intellektuellen Kreisen ruft man sich die Namen der schöpferischen Alten zu – Goethe! Michelangelo! Picasso! –, um zu beweisen, dass es für Innovationen keine Altersgrenze gäbe. Dabei werden die Ausnahmen von der Regel genommen. Die Regel ist, dass die ständigen Neuerungen der Technologien, der Organisationsformen, der Märkte den meisten älteren Beschäftigten über den Kopf wachsen. Wenn die Wirtschaft sie ziehen lässt, dann nicht aus humanitären Gründen, sondern weil sie, zumindest bei dem hohen Gehalt, das sich nach vielen Berufsjahren ergibt, gemessen an der Dynamik der Verhältnisse unflexibel und unwirtschaftlich geworden sind.

Die heutige Diskussion weiß dazu Rat, und zwar einen, der einmütig von allen geteilt wird: mehr Flexibilität. Bravo, möchte man da rufen:»Die große Armut kommt von der großen Powerteh her.« (Fritz Reuter) Nicht nur den berühmten Dachdeckern, deren Beruf auch körperlich hochgefährlich ist, wird zur Präzisierung der Flexibilität vorgeschlagen, Neues zu lernen und rechtzeitig den Beruf zu wechseln. Das klingt zeitgemäß. Es ist somit vor kritischem Nachdenken geschützt. Aber es vergrößert das Problem, statt es zu lösen. Denn nur diejenigen haben eine Chance, mit 65, 70 oder 75 noch zu arbeiten, die gerade *nicht* umlernen müssen. Die Schriftsteller, Künstler, Professoren, Rechtsanwälte, vielleicht auch Ingenieure und Facharbeiter, sofern sie bei ihrer Arbeit bleiben und/oder in ihrer vertrauten Gruppe von einer meist informellen Arbeitsteilung getragen werden: Jüngere steuern Schnelligkeit und Frische, das »Veloziferische« (Goethe), Innovationswissen bei, etwa in der Kommunikationstechnologie und Recherche, die Älteren eher »soziales Kapital«, ihre Erfahrungen im Umgang mit Konflikten, Kunden, Klienten, Kollegen. Nur in solchen besonderen, eher stabilen sozialen Konstellationen, können auch die Älteren noch hinreichend produktiv sein. Aber soziale Stabilität dieser Art kann niemand garantieren: die Politik nicht, die Gerontologie nicht, die Arbeitswissenschaft nicht und auch nicht die Wirtschaft. Sollte es allerdings gelingen, sowohl im Mikrokosmos der Wirtschaftsbetriebe als auch in der Wirtschaft als Ganzes solche Horte sozialer Stabilität einzurichten, dann ist damit auch eine wichtige Bedingung für die Beschäftigung von Älteren erfüllt. Eine andere wäre die Anpassung der Arbeitslöhne an die steigende oder fallende Produktivität, zusammen mit Arbeitszeitregelungen, die dem Alter der Menschen und der Wirtschaftlichkeit der Unternehmen entsprechen.

Je besser dies aber gelingt, umso eher kann das Funktionssystem Wirtschaft allerdings wiederum auf einige Geburtenjahrgänge verzichten.

Die Produktivitätsspirale oder die Wirtschaftlichkeit der Wirtschaft

Die Wirtschaft, wenn sie von Kindern, Älteren, Ungebildeten, Unbeweglichen, Unbedarften Abstand nimmt, ist weder dumm noch unmenschlich. Sie folgt ihrem eigenen Stern. Vordergründig leuchtet er als Profit (oder *shared value*). Im Innersten ist der Leitwert der Wirtschaft aber schlicht das Wirtschaften selbst: mit geringerem Aufwand ein besseres Ergebnis erzielen. Dass sich der Aufwand besonders an unqualifizierter Arbeit verringert und dabei die Produktivität der Arbeit erhöht, macht den Wesenskern und die Steigerungsdynamik des Wirtschaftens aus. Die Steigerung der Produktivität ist denn auch die Erklärung für das, was die Wirtschaft mit den Menschen tut: Sie stößt diejenigen ab, die, gemessen an ihrem Lohn, nicht mehr oder noch nicht genug produktiv sind. Sie braucht, trotz erhöhter Produktion, weniger Menschen als früher. Bei denjenigen, die sie braucht, achtet sie auf das günstigste Verhältnis von Aufwand und Ertrag. Es kann bei denjenigen, die im Ausland angeworben werden, günstiger sein als bei hierzulande Geborenen, bei Frauen ohne Kinder günstiger als bei Menschen, die Kinder bekommen, direkt oder indirekt: Hohe Produktivität der Arbeit erzeugt niedrige Reproduktivität.

Das »Gesetz sinkender Reproduktivität durch steigende Produktivität« kann auch, dramatisierend, als »Vernichtung oder Erübrigung von menschlichem Nachwuchs durch ökonomische Effizienz« bezeichnet werden. Der Kinderreichtum oder die natürliche Jugend, auf die die menschliche Spezies seit Hunderttausenden von Jahren gesetzt hat, wird durch eine Art künstliche oder soziokulturelle Jugend ersetzt. Das Verdrängen von Reproduktivität durch Produktivität scheint selbst die Kraft eines Naturgesetzes zu haben.

Wie im Laborversuch zeigte es sich nach dem Wendejahr 1989: Die Rosskur der Produktivitätssteigerung, der sich die ostdeutsche Wirtschaft unterziehen musste, leitete auf der Stelle einen dramatischen Fall der Geburtenrate ein. Weniger aufregend, aber nicht minder deutlich, zeigt sich der Zusammenhang zwischen Reproduktivität und Produktivität im Kulturvergleich der industrialisierten Länder. In den USA kommt es den Unternehmen besonders auf Gewinnsteigerung an, die mit vielen billigen Arbeitskräften erzielt werden kann. Die Produktivität der Arbeit ist deshalb in den USA geringer als in Deutschland oder Japan, wo man statt auf Rendite auf erhöhte Wirtschaftlichkeit der Produktion eingeschworen ist. Die Fertilitätsrate in den USA ist deshalb mit 2,1 um rund ein Drittel höher als in Deutschland oder Japan. Innerhalb Westeuropas wiederholt sich dieser Zusammenhang. Es wurde bereits an früherer Stelle in diesem Kapitel gezeigt, wie in den Zeiten des Franc und der D-Mark die französische Wirtschaft mit Abwertungen des Franc den Produktivitätsvorsprüngen der deutschen Wirtschaft hinterherlief, während die französische Fertilitätsrate der deutschen voranging. Die weniger produktiven Gesellschaften wie USA und Frankreich weisen relativ mehr Jugend auf als diejenigen mit höchster Produktivität, zu denen die Bundesrepublik und Japan gehören. Je höher die Höhen der Produktivität, zu denen sich eine Gesellschaft aufschwingt, desto tiefer sinkt ihre biologische Reproduktionsrate. Die beiden so unterschiedlichen Dinge wie wirtschaftliche Produktivität und familiale Reproduktivität scheinen also nicht nur an sich negativ zusammenzuhängen, sondern variieren auch mit dem kulturellen Kontext.

Welche Faktoren wirken zusammen, um den wirtschaftlichen Ertrag je Arbeitsstunde zu erhöhen? Kapital, technische und organisatorische Neuerungen, dazu nötige Fantasie, angeregt durch Forschung und Fachschulen, handwerkliche Ausbildung; die enge Zusammenarbeit von Unternehmern, Ingenieuren, Facharbeitern, begünstigt durch soziale Nähe ohne Klassen- und ethnische Schranken; Loyalität und Leistungsmotivation der Belegschaften in Antwort auf das soziale Engagement der Unternehmer; institutionalisierte Mitbestimmung und Tarifautonomie ... diese

Bedingungen und andere mehr fallen einem für den deutschsprachigen Raum ein. In den angelsächsischen und romanischen
Kulturen finden sie sich weniger. So wurde die Bundesrepublik
eine Produktivitätsgesellschaft par excellence, in der alles, wie
vom Zauberstab berührt, zur Produktivitätssteigerung geriet
und gerät: Arbeitszeitverkürzung und Lohnsteigerungen, die zur
weiteren Rationalisierung, zu weiteren Lohnsteigerungen und zu
weiteren Arbeitseinsparungen führen; Gewerkschaften, die durch
ihre Forderungen diese Steigerungsspirale in Bewegung halten;
das soziale Netz, das die Arbeitslosen auffängt. Die Steigerungsspirale der Produktivität ist von solcher Kraft, dass sie mit einer
Reihe von Paradoxien fertig wird. Im deutschen Modell waren
nicht niedrige, sondern hohe und steigende Löhne der Motor des
Ganzen. Sie zwingen die Unternehmer, Arbeit einzusparen, also
Arbeitsproduktivität zu steigern. Daraufhin können die Löhne
steigen. Dies stachelt die Unternehmer zu neuen Fantasieleis-
tungen an, wie man Arbeit durch modernste Technologie ersetzt
und so fort.

Produktivitätssteigerung, die zunächst als rein wirtschaftlicher
Vorgang erscheint, enthüllt sich, je genauer man sie analysiert,
als etwas viel weiter Gespanntes, als Herzstück einer kulturellen
Gesamterscheinung. Dabei bedeutet Kultur das Beziehungs-
geflecht, das als voraussetzungsreiches, nicht geplantes Beiwerk
aus planvollem ökonomischen und politischen Handeln erwächst.
Kultur ist ein Gemeinschaftswerk, an dem Generationen unbewusst und ungewollt arbeiten, während sie etwas anderes wollen
und bezwecken.

Wenn die biologische Reproduktivität von Industriegesellschaften erlahmt, während ihre wirtschaftliche Produktivität weiter steigt, so heißt das, dass mit immer weniger Menschen immer
mehr produziert wird. Vordergründig sind es die Individuen, die
produktiv sind, in Wirklichkeit aber die lokalen, regionalen und
nationalen Einheiten. Es ist erstaunlich, wie stark die unterneh-
merische Leistung an diesen Nährboden und Nabel gebunden ist.

Im Zeitalter der Globalisierung wandert zwar das Kapital, aber Unternehmer und Firmen, obwohl den Abzug ständig androhend, bleiben in der angestammten Kultur. Ausnahmen bestätigen die Regel und zeigen, manchmal im Desaster, wie stark kulturelle Grenzen empfunden werden, wenn ökonomische und politische Grenzen gefallen sind. Das gilt auch im Rahmen der europäischen Einigung: von einer kulturindifferenten Einheitswirtschaft und einem homogenen Einheitsstaat keine Spur.

So wie die Produktivitätssteigerungsrate tatsächlich eine plausible Erklärung für den langfristigen Fall der Geburtenrate darstellt, so wäre es andererseits unangemessen, diesen Zusammenhang für sich allein zu behaupten. Was hier als eine Grund- und Eigenlogik der Lebenssphäre Wirtschaft dargestellt wurde, ist nicht denkbar ohne die Unterstützung und die Grenzen anderer funktionaler Sphären mit ihren jeweils eigenen Leitwerten: das System sozialer Sicherung, das System der Familie, das System der Politik, um nur die wichtigsten zu nennen, die im Folgenden behandelt werden. Alle diese Systeme sind immer eingebettet in ein System nationaler und transnationaler Kulturen (wie wir in Kapitel 5 »Der Geburtenrückgang im Kampf der Kulturen« sehen werden).

Die Wirtschaft an sich ist nicht unser Schicksal, von dem alles abhinge, auch die Zahl der Geburten und Kinder. Sie ist ein System unter anderen, hinter denen der an Émile Durkheim geschulte Soziologe letztlich eine andere Macht am Werke sieht. Es sind die kollektiven, von vielen geteilten moralischen Gefühle. Sie sind die Grundmotoren allen sozialen Lebens. Sie *sind* die Gesellschaft. Die verschiedenen Leitwerte der Systeme – Wirtschaftlichkeit, soziale Sicherheit, Liebe, Macht und Legitimität und so weiter – sind bestimmte Auswuchtungen, die die von allen geteilten moralischen Gefühle dadurch bekommen, dass sie in unterschiedlichen sozialen Lebenssphären zum Leitwert werden. Von dort aus durchdringen sie im Grunde, wenn auch nicht mit gleichem Gewicht, die Leitwerte anderer Systeme. Sie beeinflussen aber auch die Gesellschaft insgesamt in allen uns vertrauten alltäglichen Erscheinungen, so auch in der Zahl der Kinder, die geboren werden.

Kapitel 3

Soziale Sicherung – ohne Nachwuchs?

Nirgends klingt der Pessimismus der Demografen überzeugender als beim Thema soziale Sicherung. »Immer weniger Junge müssen immer mehr Alte mitversorgen«, das ist der Tenor der Debatte. Der Schluss erscheint logisch angesichts des Zusammentreffens von Geburtenrückgang und Vergreisung. Doch was so plausibel anmutet, ist schon im Ansatz irreführend. Denn »die Jungen« – Kinder und Jugendliche, oft bis Ende 20 – unterhalten in der modernen Gesellschaft niemanden, meist nicht einmal sich selbst. Sie werden unterhalten. Und zwar von Erwachsenen, nicht nur solange diese berufstätig sind, sondern oft bis in deren Rentenalter hinein. Auf jeden Fall sind es nicht die Jungen, die die Altenlast tragen, sondern die Hochleister der mittleren Jahre und die rüstigen Älteren. Sie versorgen alle diejenigen mit, die sich nicht selbst tragen können. Sie sind durch Alte *und* Junge belastet. Wären die Fertilitätsraten tatsächlich so hoch, wie es als wünschenswert angestrebt wird – nämlich über zwei Kinder pro Frau –, dann müssten diese Leistungsträger der Gesellschaft noch mehr Menschen versorgen.

Die mittleren Jahre – wie weit sie sich auch spannen mögen – tragen immer eine dreifache Last: Sie sorgen für die Älteren, für die Jungen und für sich selbst. Von den Älteren können sie sich so wenig befreien wie von sich selbst. Sie werden ja selbst älter und wollen es auch. Das Alte abzukürzen oder abzuschaffen: Das ist nicht nur moralisch, sondern auch aus Eigennutz undenkbar. Ausdünnen kann man aber am anderen Ende des Lebens. Und so geschieht es. Es werden weniger Kinder geboren. Von den drei Lasten, die das individuelle Leben zu tragen hat, befreit es sich am leichtesten und gleichsam wie von selbst, indem es auf Nachkommen verzichtet. Keine Kinder zu bekommen, bedeutet auch für moderne Menschen Verzicht und seelische Probleme. Es ist aber auch eine materielle und sozialpolitische Problemlösung. Wenn sie nur noch wenig eigene Kinder zu versorgen hat, verschafft sich die Hochleistungsgesellschaft Luft und Leistungsraum, in dem sie die ohnehin schon hohen beruflichen, familialen, politischen, humanitären Ansprüche an Frauen und Männer noch steigern kann.

Eine kurzsichtige Problemlösung, mag man sagen. Zieht sich das System sozialer Sicherheit dadurch nicht auf lange Sicht den Boden unter den eigenen Füßen weg? Können Gesellschaften tatsächlich ihre soziale Sicherheit gewährleisten, ohne eine eigene Nachkommenschaft großzuziehen?

Systeme sozialer Sicherheit – eine Selbstregulierung

Was wir heute als System oder Systeme sozialer Sicherheit bezeichnen, ist eine evolutionäre Errungenschaft jüngeren Datums. Wie die moderne Wirtschaft und die moderne Familie ist sie aus der Teilung der Aufgaben hervorgegangen. In der Sippe oder Großfamilie oder dem »ganzen Haus« früherer Zeiten waren die Aufgaben noch kaum getrennt und unterscheidbar: Da gab es Wirtschaften als Haushalten und Produzieren, Aufzucht und Belehrung der Kinder, Versorgung der Alten und Kranken, politische und rechtliche Entscheidungen – alles in einem Topf.

Erst im Laufe der Zeit bekamen die einzelnen Aufgaben eigene Orte und Namen auch außerhalb des Hauses. Die Wirtschaft wanderte in den Handwerks-, Handels- und Industriebetrieb aus; das soziale Sicherheitsdenken schuf sich als eigene Organisationsform die Versicherung. Ein Teil des Wirtschaftens und des Sichabsicherns blieb allerdings in dem kleiner gewordenen Haushalt und in der Familie. Konsumiert, hausgehalten, gepflegt, versorgt und umsorgt wird hier immer noch. Die besondere Art von sozialer Sicherung, bei der die Menschen sich, wie in der Kinder- und Krankenpflege, sehr nahekommen und Hand anlegen, wird nur zögernd in kommerzielle Betriebe wie Pflegedienste ausgelagert oder von dort eingekauft. Persönliche Dienstleistungen werden zum großen Teil als Liebesdienste in Verwandtschafts- und Freundschaftsnetzen wahrgenommen.

Die Aufgaben der finanziellen Absicherung wurden aber in eigenständige große, haushaltsübergreifende Organisationen verlagert. So konnten Risiken – schwere Krankheit, langes Alter – abgesichert werden, die die Finanz- und Personenkraft des einzelnen Haushalts überfordert hätten. Einen entscheidenden Schub bekamen die Organisationen sozialer Sicherung Ende des 19. Jahrhunderts, als sich der Staat ihrer annahm. Möglichst alle Staatsbürger sollten gegen möglichst alle Notfälle abgesichert sein. So entstanden, in Deutschland angestoßen durch die Bismarckschen Sozialreformen, nach und nach Renten-, Kranken-, Unfall- und Arbeitslosenversicherung. Diese gesetzlichen oder Pflichtversicherungen sind bis in die jüngste Zeit hinein ausgebaut worden. Im letzten Jahrzehnt des 20. Jahrhunderts kam noch die Pflegeversicherung hinzu.

Heute sind rund 90 Prozent aller Deutschen gesetzlich versichert. Nur circa 10 Prozent in freien Berufen oder mit besonders hohem Einkommen wird die Freiheit zugestanden, sich privat zu versichern. Die Beamten, die im Alter eine Pension und im Krankheitsfall eine Beihilfe vom Staat bekommen, sind gehalten, sich zusätzlich privat zu versichern. Wenn derzeit allerdings von den Systemen sozialer Sicherung die Rede ist, dann meint man im engeren Sinn die gesetzlichen Versicherungen. Ursprünglich waren sie ganz um die Berufstätigkeit herum organisiert: Die Beiträge der pflichtversicherten Arbeitnehmer wurden zur Hälfte von diesen selbst, zur anderen Hälfte von ihren Arbeitgebern aufgebracht. Heutzutage reicht es nicht mehr aus: Der Steuerzahler muss einen erheblichen Batzen hinzutun. So wuchs das System zu einer beeindruckenden Dreifaltigkeit organisierter Solidarität zusammen. Die soziale Sicherung, die praktisch der gesamten Bevölkerung zugutekommt, wird durch Arbeitnehmer, Arbeitgeber und Steuerzahler bezahlt. Dies ist mehr als eine technisch-finanzielle Regelung. Sie hat auch einen lange gewachsenen Traditionswert, indem sie die Leistungsträger der Gesellschaft – Arbeitnehmer, Arbeitgeber und Steuerzahler – zu einer symbolischen Solidarität zusammenbindet – zugunsten der Alten, Arbeitslosen und Jungen, die mitversichert sind.

Für alle, die trotzdem in Not geraten, springt die von den Gemeinden verwaltete staatliche Sozialhilfe ein. Sie verzweigt sich mit Blick auf unterschiedliche Problemgruppen – Jugendliche, Asylsuchende, langfristig Arbeitslose (Hartz IV). Grundsätzlich gilt: In Deutschland soll niemand hungern und darben oder unversorgt leiden. So will es das Sozialstaatsprinzip. Es gilt nicht nur für deutsche Staatsbürger, sondern für alle, die sich auf deutschem Staatsgebiet befinden. In dieses Gebiet hineinzugelangen, begründet bereits einen Anspruch; er beruht nicht nur auf deutscher Herkunft beziehungsweise Nationalität. Sozialstaatliche Solidarität geht weiter als nationale. Sie bildet damit einen Anreiz zur »Einwanderung in den Sozialstaat«, auch ohne nationale Verbundenheit und ohne Chancen für die Einwanderer, sich beruflich einzugliedern.

Bei den gesetzlichen Versicherungen – den Sicherungssystemen im engeren Sinn – liegen die Dinge anders. Zwar fragen auch sie im Grunde nicht nach Staatsbürgerschaft und Nationalität. Umso mehr aber nach Berufstätigkeit. Sie integrieren über die offizielle Teilhabe am Berufsleben. Ob jemand aus Deutschland, der Türkei oder Thailand stammt, ist ihnen egal. Hauptsache, er/sie und sein/ihr Arbeitgeber führen die Versicherungsbeiträge ab.

Trotzdem führt schon das Wort Versicherung in die Irre. Es lässt vermuten, dass die Beiträge der Versicherten sich zu einem

Kapitalstock ansammeln, aus dem später ihre Renten, ihre Krankheitskosten und ihr Lebensunterhalt bei Arbeitslosigkeit gezahlt werden. Dieses »Kapitaldeckungsverfahren« wurde aber schon vor 50 Jahren durch ein »Umlageverfahren« ersetzt. Was von den Beschäftigten und ihren Arbeitgebern an Beiträgen eingezahlt wird, wird auf der Stelle an die Rentner und Kranken von heute wieder ausgezahlt. Und weil das Geld nicht reicht, legt der Staat noch Steuermittel drauf. Gegenwärtig sind das fast 80 Milliarden Euro pro Jahr, ein Drittel des gesamten Bundeshaushaltes. Wenn die Systeme sozialer Sicherung nicht für sich selbst sorgen können und die Politik so viel zuschießen muss – woran liegt es? Immer wieder drängen sich dieselben Antworten auf: Es seien zu viele Alte und Arbeitslose zu versorgen; es würden zu wenig Junge geboren; die Wirtschaft, die die sozialen Sicherungssysteme letztlich tragen muss, wachse nicht kräftig genug; die Familie könne ihre Versorgungsaufgaben nicht mehr erfüllen ...

Prüfen wir diese und andere mögliche Gründe der Reihe nach.

Die politische Fehlsteuerung sozialer Sicherung – überzogene Solidarität

Soziale Systeme, auch die Systeme sozialer Sicherung, steuern sich selbst. Von anderen Systemen wie Familie, Medizin, Wirtschaft, Politik holen sie sich, was sie brauchen. Sie machen deutlich, wenn ihnen zu wenig gegeben wird. Sie beschweren sich, wenn ihnen zu viel abverlangt wird. Sie wehren sich, wenn ihnen andere Systeme ins Rad greifen. Aber sie können sich dessen nicht immer erwehren. So geschehen im Rahmen der deutschen Wiedervereinigung. Damals unterzog die Politik die Systeme sozialer Sicherung einer ungeheuren Belastungsprobe. Sie sollten, auf ihre Art, einen Großteil der Kosten der Wiedervereinigung tragen. Ihre Fähigkeit zur Selbststeuerung war damit überfordert.

Dass sich ein soziales System selbst reguliert, heißt nicht, dass es alles alleine machen kann. Es ist auf die Vorgaben anderer Systeme angewiesen. Insbesondere die Systeme sozialer Sicherung brauchen einen Willen und gesetzliche Regelungen, die aus der Politik kommen. Politik kann und muss Weichen stellen. Das hat der Bismarcksche patriarchalische Staat für die sozialen Sicherungssysteme getan. Dann mussten sie selbst laufen lernen. Und das haben sie auch getan. Über zwei Weltkriege, Inflation und wirtschaftliche Krisen und Zusammenbrüche hinweg haben sie sich mit erstaunlicher Robustheit immer wieder aufgerichtet: mit der Wirtschaft und der Familie im Rücken.

Mit der Wiedervereinigung geschah aber etwas ganz und gar Ungewöhnliches. Rund 18 Millionen ostdeutscher Arbeitnehmer und ihre Angehörigen wurden in die westdeutschen Sicherungssysteme aufgenommen und anspruchsberechtigt – ohne vorher eingezahlt zu haben und ohne von nun an einzahlen zu können. Dies traf nicht auf alle, aber auf viele zu, weil ihre Arbeitsplätze nach westlichen Maßstäben veraltet und unproduktiv waren und im frischen Wind der Konkurrenz nicht bestehen konnten. Damit nicht genug, verloren die DDR-Unternehmen mit dem Zusammenbruch der anderen sozialistischen Wirtschaftssysteme auch ihre gewohnten Märkte im Osten.

Was damals passierte, kann man auch positiv sehen. In einem gewaltigen Versuchs-Irrtums-Prozess, der ein halbes Jahrhundert und in der Sowjetunion sogar sieben Jahrzehnte dauerte, experimentierte die moderne, fortschrittsversessene Welt mit zwei Arten von Systemsteuerung. In den sozialistischen Gesellschaften des Ostblocks und auch zahlreicher Entwicklungsländer der südlichen Hemisphäre sollte die Politik die übrigen Lebenssphären, insbesondere die Wirtschaft steuern. In den liberal-demokratischen und auch in den zunächst noch autoritären Gesellschaften (Spanien, Portugal, Lateinamerika) dagegen gewannen Wirtschaft, soziale Sicherheit, Recht, Religion zusehends Unabhängigkeit voneinander; zwar stets bemüht, das Wasser der anderen Systeme im eigenen Interesse auf die eigenen Mühlen zu lenken, aber zugleich doch immer stärker darauf bedacht, diese eigenen Interessen und Leitwerte selbst auszuformulieren und sich nicht von anderer Seite, insbesondere der Politik, hineinreden und hineindirigieren zu lassen.

Theoretisch lässt sich das als zunehmende Autonomie der Lebenssphären oder funktionalen Systeme bezeichnen. Praktisch wird es von den Menschen als mehr Freiheit empfunden. Als dann um 1990 der »Wettbewerb der Systeme« zu einer grandiosen und kaum erwarteten welthistorischen Entscheidung – oder sagen wir besser: Zwischenentscheidung – führte, war dies gleichbedeutend mit einem Triumph der selbststeuernden Systeme über politische Systemsteuerung. Zwei Paradoxien blieben allerdings erhalten, ja verstärkten sich: zum einen die Vorstellung, es handele sich um den Sieg einer Politik über eine andere – denn die Idee, dass Gesellschaften hauptsächlich politisch gesteuert werden, ist trotz des Scheiterns dieser Idee auch im Westen keinesfalls untergegangen. Zum andern war die Euphorie über den politischen Sieg des Westens so groß, dass dessen politisches System, verkörpert im kraftvollen Optimismus des damaligen Bundeskanzlers Helmut Kohl, die anderen Lebenssphären regelrecht überfuhr und ihre selbststeuernden Abwehrkräfte teilweise außer Kraft setzte.

So geschah es den Systemen sozialer Sicherung. Sie ließen sich per »Ordre de Mufti«, also durch politische Entscheidung, die Verpflichtung aufdrücken, Millionen von Leistungsempfängern aufzunehmen, die gar nicht in der Lage waren, selbst Beiträge zu zahlen. Neben ehemaligen DDR-Bürgern gehörten dazu Spätaussiedler und Übersiedler aus Polen und der ehemaligen Sowjetunion, zudem eine zunächst unerwartete Zahl von Asylsuchenden aus aller Welt; ihr Zustrom in die Bundesrepublik erreichte gerade zu Beginn der neunziger Jahre einen Höhepunkt. Eine politische Ausnahmeaufgabe ungeheuren Ausmaßes, die Integration eines Staatsgebietes und einer Bevölkerung, die fast ein Drittel der alten Bundesrepublik ausmachten, wurde so zum Teil mit Geldern aus den Sozialversicherungen finanziert.

Wären diese ein wirklich selbststeuerndes System gewesen, hätten sie dem niemals zustimmen können. Sie hätten zum Beispiel darauf bestehen müssen, dass die Ost-Renten aus dem Steuertopf, also von der Zwangssolidarität aller Staatsbürger aufgebracht würden. Da dies nicht geschah, mussten sie die Beiträge in der Folge um etwa 3 Prozentpunkte erhöhen und blieben dennoch auf steigende staatliche Zuschüsse angewiesen. Die höheren Beiträge schlugen sich bei den Unternehmen als höhere Arbeitskosten nieder und machten so Arbeit in Deutschland immer teurer. Eine Abwärtsspirale aus schwachem Wirtschaftswachstum und steigender Arbeitslosigkeit wurde ausgelöst. Mehr Arbeitslose bedeuten für die Renten- und Krankenkassen weniger Beitragszahler. So wurden, durch eine besondere Kraftanstrengung im politischen System, sowohl das Wirtschaftsystem als auch die Systeme sozialer Sicherung geschwächt.

Erweiterte Solidarität – eine Lösung?

Eine Reihe von Sozialpolitikern, besonders linker und sozialdemokratischer Herkunft, verfiel auf einen Ausweg: erweiterte Solidarität. Sie wird heute als eine mögliche Reform der sozialen Sicherungssysteme diskutiert. Zwar hatte die politische Erweiterung der Solidargemeinschaft Anfang der neunziger Jahre die Sicherungssysteme bereits überfordert und in die Misere gesteuert; es handelte sich um eine Erweiterung der Anspruchsberechtigten. Aber nun soll, ebenfalls unter dem Stichwort der Solidarität, der Kreis der Zahlungsverpflichteten erweitert werden. Im Auge haben die linken Reformer dabei diejenigen rund 10 Prozent der Bevölkerung, die als Gutverdienende und Beamte nicht gesetzlich, sondern frei versichert sind. Ziehe man sie in die Zwangsversicherungen hinein, dann käme das einer Finanzspritze gleich. So jedenfalls die Überlegungen der Reformer von links.

Dabei ist das Sanierungsargument nicht einmal ihre stärkste

Waffe. Viel kraftvoll wirkt moralisch die Aufforderung, Solidarität zu erweitern und die (vermeintlichen) Vorteile der Privatversicherten und Beamten zu kappen. Darin steckt, ob betont oder nicht, der Schlachtruf: Mehr Gleichheit, mehr Gerechtigkeit! In einer Gesellschaft wie der deutschen, besonders der ostdeutschen, in der diese Werte als Abstraktionen immer einen höheren Wert innehatten als die Ideen Freiheit und Leistung, ist damit schon viel an Legitimität gewonnen.

»Reform durch Umverteilung!«, das klingt so bestechend und enthält so viel moralische Suggestion, dass die eigentlichen Notwendigkeiten und Gründe zur Reform, nämlich die Finanzmisere der sozialen Sicherungssysteme und ihre mangelnde Selbststeuerung, schnell vergessen sind. Demgegenüber muss daran erinnert werden, dass Solidarität eine wichtige Quelle der Selbststeuerung von Systemen ist – aber eine höchst empfindsame. Sie ist zwar nicht auf einen bestimmten Kreis von Menschen fixiert, kann aber auch nicht ohne weiteres und beliebig erweitert werden. Sie kommt in modernen Gesellschaften nicht ganz ohne organisatorische Unterstützung und staatlichen Zwang aus, beruht aber im Wesenskern auf Gefühlen der Gegenseitigkeit, die von Menschen aus freien Stücken geteilt werden. Solidarität kann somit wachsen und schrumpfen – aber nicht unbeschränkt und auch nicht auf Befehl, sondern nur in Grenzen und freiwillig, durch die Einsicht der Beteiligten. Solidarität als Übereinstimmung ist ein kollektives Gefühl, und wie alle Gefühle behauptet sie ihre Spontaneität und ihren Freiraum gegenüber allen Versuchen, sie anzuordnen und politisch in Dienst zu stellen.

Kurz: Solidarität als ein Gemeinschaftsgefühl, das gegenseitige Unterstützung und Versicherung begründet, kann nur zwischen solchen Menschen entstehen und wachsen, die sich in wichtigen Punkten als Gleiche einander zugehörig fühlen und als Freie füreinander eintreten. Zwischen europäischen Arbeitern, Ärzten, Pfarrern, Parlamentariern et cetera einerseits und den Hungernden in der Sahelzone andererseits kann es persönliche und politische

Caritas und Dankbarkeit geben, aber keine Solidarität, weil die Ungleichheiten zu groß sind, um eine Hilfe oder Versicherung auf Gegenseitigkeit aufkommen zu lassen. Die Millionenzahl der deutschen Steuerzahler als Solidargemeinschaft zu bezeichnen, dagegen sträubt sich die Zunge, weil diese Menschen ihren Beitrag nicht freiwillig, sondern gezwungenermaßen leisten; von den enormen Unterschieden ihrer Steuerkraft zu schweigen.

Auch die gesetzlichen Sozialversicherungen sind im strengen Sinne keine Solidargemeinschaft, mag ihnen dieses Wertwort auch noch so oft magisch-beschwörend angeheftet werden. Es fehlt ihnen an Freiwilligkeit ebenso wie an Gegenseitigkeit unter Gleichen. Wohl umweht sie noch, seit den Zeiten ihrer Gründung vielleicht, ein Hauch von Zusammengehörigkeit. Was da, in überschaubarem Rahmen, zusammenlief, ist bis heute nicht ganz entschwunden: ein Gefühl gleicher Klassen-, ja Schicksalslage der aufstrebenden Arbeiterschaft; zwischen Arbeitern und Unternehmern ein bindendes Gefühl der Interessengleichheit, das, wie spannungs- und konfliktreich auch immer, Loyalität und Verantwortung in sich trug; und, nicht zuletzt, ein Gefühl gleicher Nationalität, denn es war und ist der nationale Rahmen, in dem die soziale Gesetzgebung den Grund für die Systeme sozialer Sicherheit legt. Auch heute, unter Bedingungen fortschreitender Globalisierung, haben die drei Bindekräfte der Klasse, des Unternehmens und der Nation ihre kristalline, solidaritätsstiftende Wirkung nicht verloren. Allerdings ist gerade die traditionsbewusste Sozialpolitik, die das Pathos der Solidarität am lautesten im Munde führt, auch diejenige, die die realen Bedingungen von Solidarität am ehesten ignoriert und unterhöhlt.

Denn solche realen Bedingungen gibt es. Es sind die Gefühle freier Bürger, aufgrund von gemeinsamen und gegenseitigen Leistungen und Gegenleistungen zusammenzugehören, füreinander Verantwortung zu übernehmen und sich dabei auch gegenseitig auf die Finger zu schauen. Die schiere, erst recht aber die erzwungene Vergrößerung von sozialen Versicherungssystemen höhlt diese

Bedingungen aus. Allein die große Zahl der Beteiligten lässt das Handeln des Einzelnen als folgenlos für das Ganze erscheinen; so nährt sich eine Verantwortungslosigkeit, ein Trittbrettfahren, indem die Ausbeutung des Kollektivs durch das Individuum die Idee von Leistung und Gegenleistung ersetzt.

Dieser Prozess wird noch verstärkt, wenn die Vergrößerung beziehungsweise Öffnung von Solidarsystemen politisch erzwungen wird. In ihrem Innern wächst die Ungleichheit zwischen Leistungsfähigen und Leistungsschwachen, zwischen Leistung und Gegenleistung. Es wird zusammengezwungen, was nach sozialer Lage, Herkunft und Leistung nicht zusammengehört. Die Verwandlung von Solidarität in Zwang wäre dabei nicht an sich das Schlimmste, würde sie nicht die Leistungsfähigkeit der Sicherungssysteme herabsetzen. Was als ausgleichende Gerechtigkeit zwischen Arm und Reich gedacht ist, verletzt Leistungsgerechtigkeit. Die Leistungstüchtigen, ihrer Wahlmöglichkeiten und Alternativen beraubt, sinnen auf Auswege, die Leistungsschwachen sehen keinen Ansporn zur Eigen- und Solidarverantwortung. Das System insgesamt entfernt sich noch weiter von den Kontroll-, Ausgleichs- und Lenkungsfunktionen des freien Marktes und lässt sich schließlich nur noch bürokratisch, durch zusätzlichen Zwang steuern. Mit Selbststeuerung hat das immer weniger zu tun.

Überflüssig zu sagen, dass diese Solidarprobleme der sozialen Sicherungssysteme mit Geburtenrückgang erkennbar nichts zu tun haben. Weder sind sie durch den Fall der Geburtenrate verursacht, noch reizen sie zu weniger oder mehr Geburten an.

Privatisierung der sozialen Sicherungssysteme

Angesichts der Probleme, die den sozialen Sicherungssystemen durch ausgediente und überdiente Solidarität entstehen, verwundert es nicht, dass sie ihre Finanzmisere auch in entgegengesetzter

Richtung zu lösen versuchen, nämlich durch private Zusatz-versicherungen. Heute pfeifen es die Spatzen von den Dächern: Die zukünftigen Rentnergenerationen werden monatlich einen kleineren Teil ihres Arbeitseinkommens als Rente zugewiesen be-kommen als die heutigen. Sie werden ja auch länger leben und damit den arbeitenden Generationen länger auf der Tasche liegen. Mit dem Geburtenrückgang hat das kaum etwas zu tun.

Die schrittweise Privatisierung der Alters- und Krankenvor-sorge bedeutet aber eine doppelte und dreifache Entsolidari-sierung. Zum einen ist die Solidargemeinschaft als Ganzes, so groß sie auch geworden sein mag, nur noch für einen Teil der Alters- beziehungsweise Krankenversorgung zuständig. Zum zweiten wird eine der drei Säulen der Solidarität, nämlich die der Arbeitgeber mit ihren Beiträgen, aus der Trägerschaft entlassen. Um diese Entlastung geht es ja gerade. Durch die fallenden Lohn-nebenkosten soll die Arbeit billiger und die Wirtschaft interna-tional konkurrenzfähiger werden. Zum dritten sind bei der pri-vaten Versicherung die Kinder nicht automatisch mitversichert, und die Rentner bleiben ungeschoren. Jede Generation versichert sich sozusagen selbst. Der Solidarvertrag zwischen Generationen wird an dieser Stelle, durch die Privatversicherung, aufgehoben. Wohlgemerkt, nur was die Privatversicherung angeht. Denn für die gesetzliche Versicherung bleibt er erhalten.

Eine andere Art von Solidarität wird durch die privaten Zu-satzversicherungen sogar noch bestärkt. Denn um das private Versicherungssparen auf den Weg zu bringen, zahlt der Staat zu allen Sparverträgen hohe Zulagen und gibt Steuervorteile. Dies ist das Hauptmerkmal der sogenannten Riester-Renten. Sie sollen ein Signal setzen für das private Vorsorgesparen, das damit ganz privat eben nicht mehr ist, sondern eine staatlich vermittelte Soli-darleistung, die der Steuerbürger insgesamt in Anspruch nehmen kann. Aus einem System, das so sehr auf Solidarleistungen einge-stellt ist wie das deutsche, lassen sich die kollektiven Elemente nicht einfach vertreiben, sondern allenfalls verlagern.

Gegenwärtig geht es um eine Verlagerung von den Arbeitnehmern auf die Steuerbürger: Ein größerer Teil der Sozialleistungen
soll über indirekte Steuern, besonders über die Mehrwertsteuer,
finanziert werden, ein geringerer Teil durch die Arbeitnehmer-
beiträge. Dadurch soll die Wirtschaft im internationalen Konkurrenzkampf entlastet werden; was letzten Endes, über deren
Produktivität, Arbeitsplätze und Steuerkraft, doch wieder den
sozialen Sicherungssystemen zugutekommt.

Für die Geburtenrate bedeutet dies allerdings kein grünes Licht,
im Gegenteil: Denn ob die arbeitende Bevölkerung über höhere
Steuern oder über zusätzliche private Alters- und Krankenvor-
sorge zur Kasse gebeten wird – in beiden Fällen schmälert sich ihr
Einkommen und erhöhen sich die Kosten für Kinder.

Ausgleich oder Krieg der Generationen?

Sieht man von besonderen generationsspezifischen Belastungen
ab, dann hat die mittlere Generation, wie bereits dargelegt,
am schwersten zu tragen. Wenn nun unerwartete Belastungen
hinzukommen – wie die Wiedervereinigung – und die zu ver-
sorgenden Älteren länger leben als früher, geraten die sozialen
Sicherungssysteme unter Druck. Bisher haben sie ihm erstaunlich
gut standgehalten. Das Verfahren war denkbar einfach: Beiträge
und Steuern wurden erhöht, die gestiegenen Kosten der Alten und
Kranken auf die mittleren Jahre umgelegt.

Das geht jetzt nicht mehr. Nicht etwa, weil die arbeitende Bevölkerung, wie es oft suggeriert wird, aufbegehrt hätte. Vielmehr
weil die Unternehmen glaubhaft machen können, dass sie sich in
einer global offenen Wirtschaft höhere Löhne und Lohnnebenkosten nicht leisten können. Es zeigen sich hier die zwei Seiten
der Globalisierung für die große Zahl der Menschen in den fort-
geschrittenen Industriegesellschaften: Als Konsumenten können
wir importierte Waren von Südfrüchten bis Hightech-Produkten

so billig erwerben wie nie zuvor; als Arbeitnehmer, besonders der unteren und wenig qualifizierten Lohnklassen, werden unsere Arbeitsplätze in die noch billigeren Lohnländer von Tschechien bis China exportiert und/oder auch im Inland von polnischen, rumänischen, afrikanischen Billigarbeitskräften auskonkurriert. In dieser Lage können wir sowohl als Wirtschaftsbürger wie auch als Mitglieder von sozialen Sicherungssystemen den eigenen Unternehmen schwerlich höhere Löhne, Nebenkosten und Steuern abverlangen – es sei denn, wir wollten sie vertreiben und die Arbeitslosigkeit steigern.

Das Sozialsystem hilft sich anders: Statt, wie bisher, Beiträge zu erhöhen, senkt es nun die Leistungen. Wer krank wird, wird durch Praxisgebühr, Zuzahlungen und verknappte Leistungen zur Kasse gebeten. Erst recht bei den Renten und Pensionen verschieben sich die Lasten von den Leistungsträgern auf die Leistungsempfänger: »Bei der jährlichen Rentenanpassung wird jetzt berücksichtigt, wie viele Rentner auf wie viele Beitragszahler kommen, mehr Rentner bedeuten geringeren Rentenzuwachs, mehr Beitragszahler machen höhere Renten möglich.« So die Bundesregierung im Jahr 2004.[1] Im Klartext: Solange die Zahl der Beschäftigten nicht steigt, wohl aber die der Rentner, haben diese die Kosten des Generationsausgleichs zu tragen. Für die Arbeitslosen gilt Entsprechendes: Wenn sie mehr werden und länger arbeitslos sind, sollen Arbeitslosengeld und -hilfe gekürzt werden. Die Hartz-IV-Reformen weisen in diese Richtung. Dass sie zum Teil entgegengesetzte, also perverse Wirkungen haben, steht auf einem anderen Blatt. Seit dem Sommer 2006 zeigt sich aber auch, dass bereits ein kleinerer wirtschaftlicher Aufschwung mit mehr Beschäftigten und weniger Arbeitslosen die Arbeitslosigkeitsversicherung entlastet.

In der Zusammenschau zeigen sich bereits erste Erklärungen, warum das alarmistische Kampfgeschrei vom Krieg der Generationen und von der Aufkündigung des Generationenvertrags durch die jüngeren Leistungsträger reine Panikmache und von keiner

Kenntnis der tatsächlichen Steuerungs- und Ausgleichsmechanismen sozialer Systeme getrübt ist. Erstens: Die Leistungsträger von heute werden die Leistungsempfänger von morgen sein. Sie wissen es und sie spüren es, auch wenn sie es nicht thematisieren. Sie haben gottlob Besseres zu tun. Und dies kennzeichnet die Vitalität einer tatsächlich alternden Gesellschaft: dass sie ihr Altern im wirtschaftlichen, sozialversicherten, familialen und kulturellen Alltag und in der andauernden Abstimmung der verschiedenen Aufgabensphären aufeinander meistert, ohne viel Aufhebens darum zu machen.

Der intellektuelle Diskurs über das gesellschaftliche Altern ist dagegen abgehoben und kreist um sich selbst. Für die Systeme sozialer Sicherung heißt dies, dass ihre Leistungsträger, entgegen den publizistischen Panikmachern, Beitragserhöhungen schon allein deshalb in Kauf nehmen, weil sie sich älteren Verwandten verbunden fühlen und in deren Rolle als Empfänger hineinwachsen. Identifikatorische und interessenbestimmte Prozesse greifen so stillschweigend ineinander. Dies ist der sozialpsychologische Untergrund für die Akzeptanz von Beitragserhöhungen, mögen sie in der öffentlichen Diskussion noch so sehr verteufelt werden.

Es gibt, zweitens, auch einen ökonomischen Grund. Steigende Beiträge konnten bisher gezahlt werden, da sie durch steigende Arbeitsproduktivität gedeckt waren. Die Arbeit der hochproduktiven Leistungsträger wirft mehr ab, als sie selbst zur Erhaltung ihres Lebensstandards brauchen. Über diesen Mehrwert versorgen sie die Älteren und Kranken, ebenso wie die Arbeitslosen und jungen Gesellschaftsmitglieder mit. Es ist allerdings eine Tatsache, dass dieses Fundament, gerade in der deutschen und in der japanischen Wirtschaft besonders hoch gebaut, im Vergleich zu früheren Jahrzehnten nur noch magerere Steigerungsraten erlaubt. Mit 1 oder 2 Prozent erscheinen sie extrem niedrig gerade im Vergleich zu den 6 bis 10 Prozent, mit denen die Tigerstaaten und andere Nachzüglernationen der Industrialisierung aufwarten. Gleichwohl, es gibt auch im Westen noch Steigerungen, und zwar auf hohem bis sehr hohem Niveau. Die mittlere Generation kann nun der älteren nicht mehr so viel abzugeben wie früher. Ja, hier wird, wie eben gezeigt, noch eine zusätzliche Altersselbstversorgung in Form von privaten Eigenversicherungen zugemutet.

Die Zumutungen treffen aber alle Generationen als Leistungsempfänger: die Alten, die Kranken und Arbeitslosen, auch die älteren Jugendlichen, die, als Bildungshoffnungen bisher verwöhnt und nach wie vor gepriesen, jetzt doch für ihr Studium selbst aufkommen sollen. Und sie treffen die Leistungsträger der mittleren Generation. Wie stark die eine oder andere Gruppe jeweils Federn lassen muss oder sollte, ist ein beliebtes öffentliches Diskussionsthema. Die Höhe der einzelnen Beträge, die dabei ermittelt und gegeneinander aufgerechnet werden, ist zwar wichtig – aber nicht an sich, sondern nur als Diskussionsfutter.

Damit sind wir bei dem entscheidenden dritten Punkt, der die Stabilität der sozialen Sicherungssysteme und den Ausgleich der Generationen gewährleistet: Es ist der öffentliche Streit zwischen den Altersgruppen und ihren jeweiligen Vorsprechern, die je nach Beruf, sozialem Status, Herkunft, ideologischer Orientierung immer auch noch andere Interessen vertreten. Ihren hintergründigen Sinn bezieht die Auseinandersetzung einmal aus der Tatsache, dass die Streitenden sich an gemeinsame Regeln halten, eine gemeinsame Sprache sprechen und sich in einem gemeinsamen nationalen Rahmen auf eine gemeinsame Sache beziehen, nämlich auf die Verteilung der Lasten und Leistungen in den sozialen Sicherungssystemen.

Niemand hat die integrative Funktion des Streits – eine latente, den Streitenden unbewusste Funktion – origineller herausgearbeitet als vor hundert Jahren der geniale Georg Simmel. Entfalten kann der Streit diesen Sinn nur, sofern er im Schlagabtausch die Gemeinsamkeiten hervorholt oder erschafft, die die Menschen hinterrücks zusammenbinden, während sie vorn aufeinander losgehen. Das Verbindende ist dabei zugleich das Mäßigende; wo es fehlt, verläuft der Streit tödlich oder findet überhaupt nicht statt.

In der Auseinandersetzung zwischen den Generationen kommt das Verbindend-Mäßigende schon allein dadurch zustande, dass die Jüngeren sein werden, was die Älteren sind, und die Älteren waren, was die Jüngeren sind.

Dieses existenzielle Band zwischen den Generationen erfährt in den mitteleuropäischen Sozialstaaten, besonders im deutschen und skandinavischen Sprachraum, noch eine besondere Verfestigung. Hier ist der Streit zwischen Arbeit und Kapital, Reich und Arm, Stadt und Land, zwischen Konfessionen und weltanschaulichen Ordnungskonzepten, insbesondere zwischen liberalen und sozialen, progressiven und konservativen, zwischen leistungsbedrohten und auf sozialen Ausgleich bedachten Weltentwürfen institutionalisiert.

Man kann diesen Prozess über mehrere Jahrhunderte zurückverfolgen. Er verlief nicht ohne sozialutopische Fantastereien, Brüche, Gewalt. Aber die Verhandelnden, die nach Beteiligung und Anerkennung Suchenden, die Rechts-, Partei-, Gewerkschafts- und Interessengruppen Bildenden überwogen doch die zersetzenden und dominanzorientierten Elemente. So wuchsen, den formalen Demokratien eher vorausgehend und sie unterfütternd, politische Verhandlungssysteme heran, in denen unterschiedliche Interessen aufeinanderprallten und zugleich doch, rituell die Klingen kreuzend, dabei gegenseitige Abhängigkeiten und eine hintergründige Gemeinsamkeit von Regeln und Werten hervorbrachten.

Das Ganze war und blieb – in Mitteleuropa mehr als in den angelsächsischen Ländern – auf einen vorhandenen, ursprünglich feudalistischen und autoritären Staat fixiert, der sich zum Rechts-, Bildungs-, Sozial- und Demokratiestaat entwickelte. Von einem neokorporatistischen System sprechen die Politikwissenschaftler heute. Welche Namen wir auch immer wählen: Wir finden hier vorgeprägte und bewährte politische Verhandlungsstrukturen, die sich auch neuartiger Konflikte und Probleme annehmen und diese entschärfen.

Bei dem politischen Aushandeln von Beitrags- und Leistungssätzen, Freiräumen und gesetzlichen Zwängen in den Systemen sozialer Sicherung kommt es nicht darauf an, eine allein richtige und quasi endgültige Lösung zu finden – obwohl eine solche etwa als zukunftsweisende Rentenformel von den politischen Akteuren immer wieder als Ideal angemahnt wird und ihnen auch vor Augen zu schweben scheint. Vielmehr kommt es im Gegenteil darauf an, das System flexibel zu halten und immer wieder im Detail, gelegentlich auch in den Grundzügen zu ändern. In Versuchs-Irrtums-Prozessen werden so die Gerechtigkeitsvorstellungen der Generationen von Fall zu Fall gegeneinander austariert; ebenso aber auch Gerechtigkeitsvorstellungen gegenüber Leistungswerten der Systeme hintangestellt und umgekehrt.

Durch Verschiebung der Lasten im Innern wird das System organisierter Solidarität nicht ausgehebelt, sondern im Verfahren von Versuch und Irrtum stabilisiert. Dass dabei eventuell alle Generationen kürzertreten müssen, ist weniger demografischen Faktoren geschuldet als Veränderungen im Leistungsgefüge der Weltwirtschaft. Die westlichen Industrienationen haben ja keinen göttlich verbrieften ökonomischen oder moralischen Anspruch, ihren Vorsprung gegenüber ärmeren und aufstrebenden Gesellschaften auf alle Zeit zu halten. Der Wohlstandsvorsprung der westlichen spätindustriellen Gesellschaften drückt sich statistisch am deutlichsten in der längeren Lebenserwartung der Menschen aus. Um diesen Erfolg an Quantität und Qualität des Lebens bezahlen zu können, wurden die Ansprüche der Rentner in den vergangenen Jahren in verschiedenen Reformanläufen nach und nach um rund ein Drittel gekürzt. Früher wurden bis zu 13 Ausbildungsjahre wie Arbeitsjahre zum Rentenbezug angerechnet; das ist inzwischen gestrichen worden. Korrekturfaktoren sorgen dafür, dass die Renten künftig immer etwas langsamer als die Löhne steigen werden. Der Freiburger Wirtschaftsprofessor Bernd Raffelhüschen fasst diese Anpassungsvorgänge zusammen: »Die Rente ist heute sicher – auf niedrigem Niveau.«[2]

Mehr arbeiten

Der einfachste Mechanismus, das Leistungsniveau der sozialen Sicherungssysteme zu stabilisieren, ja zu erhöhen, wurde bisher noch gar nicht betrachtet. Es ist dies die Lebensarbeitszeit. Für diejenigen, die vor 100 Jahren geboren wurden (und die beiden furchtbaren Weltkriege überlebten), betrug sie rund 50 Jahre. So lange arbeitete mein Vater. Als 14-Jähriger begann er eine Lehre, mit 65 ging er in Rente. In Abendkursen bereitete er sich auf die Meisterprüfung vor. Zeit seines Berufslebens hatte er mit der Wartung von Maschinen zu tun. Mit 74 Jahren starb er. Das war im 19. Jahrhundert, dem Höhepunkt des Industriezeitalters in Deutschland, ein normales Berufsleben. Es umfasste knapp 15 Jahre Kindheit und Jugend, davon acht in der Volksschule, 50 Arbeitsjahre und knapp 10 Jahre im Ruhestand. Zählt man Jugend und Altersjahre zusammen, dann kommt man auf 25. Das ist gerade die Hälfte der 50 Berufsjahre.

Um ein Jahr seines nicht berufstätigen Lebens (vor- und nach-) finanzieren zu können, hat mein Vater also zwei Jahre lang gearbeitet. Er hat dabei allerdings auch für meine Mutter mitverdient, die, wie üblich, als Hausfrau kein eigenes Einkommen hatte. Ihre häusliche muss gleichsam der betrieblichen Arbeitszeit meines Vaters hinzugerechnet werden. Alleinverdiener war er nur auf dem Papier. Tatsächlich beschäftigte die Familie mindestens zwei Vollzeitarbeitskräfte mit mindestens je 48 Stunden pro Woche.

Blicke ich nun zwei Generationen weiter auf meine eigenen Kinder, dann sehe ich, mit einer Mischung aus väterlichem Stolz und Groll, sie werden ihr Studium nun, hoffentlich, bald beendet haben – aber sie gehen auf die 30 zu! Rechnen wir, optimistisch, dass sich gut 30 Berufsjahre anschließen werden, gefolgt von einem nachberuflichen Alter, das in unserer Sicherheits- und Wohlstandgesellschaft auch noch einmal gut und gerne 30 Jahre währen mag, dann stehen in dieser kommenden Generation nur 30 Berufsjahre 60 nicht berufstätigen Jahren gegenüber. Im Vergleich zur Generation ihrer Großeltern werden sich für die Generation meiner Kinder die Zahlenverhältnisse fast umgekehrt haben: Von dem, was sie in einem Berufsjahr erarbeiten, müssen sie zwei weitere Jahre ihres eigenen Lebens vor- und nachsorgen. Kein Wunder, dass nun die Berufstätigkeit der Frauen zur Regel geworden ist. Wer heute nur noch ein Drittel seiner Lebenszeit arbeitet – und nicht mehr, wie in der Generation meines Vaters, zwei Drittel – und dazu als Alleinverdiener noch Frau und Kinder mitversorgen sollte, könnte dies kaum schaffen, es sei denn als Großverdiener.

Fast sieht es so aus, als hätten es die Deutschen in den vergangenen Jahrzehnten darauf angelegt, die Lebensarbeitszeit zu verkürzen – und damit ohne Sinn und Verstand ihren sozialen Sicherungssystemen die finanzielle Grundlage zu entziehen. Nicht genug junge Leute konnten vom Arbeitsleben abgehalten und in die Universitäten gelenkt werden, wo sie dann gar nicht lange genug ihrem Erst-, Zweit- oder Drittstudium frönen konnten. Das alles zum Nulltarif. Zwar platzen die Universitäten aus allen Nähten und forderten – um Legitimationsformeln wie »Bildung ist Bürgerrecht« und »Bildung ist unsere Zukunft« nie verlegen – Steuermittel ohne Ende. Aber einem Qualitätswettbewerb entzogen sie sich ebenso wie die Massen der Studierenden, die es für selbstverständlich hielten, für unbeschränkte Zeit und ohne Studiengebühren studieren zu sollen – unter Anrechnung der Studienzeiten auf ihre später zu erwartenden Renten- und Pensionsbezüge, so als ob sie nicht umsonst studiert, sondern während der Studienzeit ein Berufseinkommen erzielt und davon Beiträge in die Rentenkassen gezahlt hätten.

Auf der anderen Seite überboten sich Sozialpolitiker, Gewerkschaften und staatliche wie private Arbeitgeber darin, Frühverrentungsprogramme und Vorruhestandsregelungen auszuklügeln, um Arbeitnehmer – seien sie nun in sicherer Beamtenstellung, begehrte Facharbeiter oder Arbeitslose – möglichst schnell aus dem

Berufsleben herauszukomplimentieren. Für die Sozialkassen eine doppelte Belastung, denn sie verloren vorzeitig rüstige Beitragszahler und »gewannen«, ebenso vorzeitig, Bezieher von Renten und Pensionen.

Nun soll das Ruder herumgelegt werden. Die Jüngeren sollen früher ins Arbeitsleben herein, die Älteren später hinaus. Beruflich gesehen sollen die mittleren Jahre verlängert, Alter und Jugend sollen kürzer werden. Es soll in der Gesellschaft mehr und längere Leistungen (Leistungszeiten) im Beruf geben und weniger außerberufliche Leistungsempfänger.

Das soll geschehen zugunsten der Systeme sozialer Sicherung. Sie können dies allerdings nicht selbst durchsetzen. Vielmehr sind sie auf die Wirtschaft angewiesen. Kann und will diese die jüngeren Leute aufnehmen und die Älteren behalten? Die Wirtschaft zeigt sich da – wie wir in Kapitel 2 »Die Wirklichkeit der Wirtschaft« schon gesehen haben – hartnäckig sperrig, denn simple Formeln wie »früher in das Berufsleben hinein« und »länger arbeiten« geben zwar Interessen der sozialen Sicherungssysteme wieder – sie werden aber der Komplexität wirtschaftlicher Überlegungen und Alternativen nicht gerecht.

Aufstieg der Produktivität, Fall der Reproduktivität und die Stabilität der Systeme sozialer Sicherung

Wenn Menschen über Gründe und Folgen sprechen, haben sie in der Regel das Nächstliegende vor Augen. Unser Denken bewegt sich in kurzen kausalen Ketten. Die Systeme sozialer Sicherung nehmen zu wenig ein und geben zu viel aus? Dann müssen die Einnahmen erhöht, die Ausgaben gesenkt werden. Was liegt näher, als die Zahl der Einzahler zu erhöhen und die der Empfänger zu verringern! Oder: die Beitragszeiten zu verlängern und die Zeiten empfangener Leistungen zu verkürzen. Dem Denken in kurzen kausalen Ketten folgend setzen wir Ursachen und Wirkungen bei den Systemen sozialer Sicherung selbst an: Sie sollen mehr Jugendliche und mehr Ältere von Leistungsempfängern in Beitragszahler verwandeln. Dies läuft darauf hinaus, die Zeitspanne der mittleren berufstätigen Jahre zu verlängern und die der nutznießenden Jahre vorher und nachher zu verkürzen. Dies alles wird aus der Interessen- und Handlungsperspektive der sozialen Sicherungssysteme selbst gesehen. Als ob die Ursache ihrer Finanzmisere in ihnen selbst läge und die Abhilfe dafür genauso.

Die vorangegangenen Überlegungen haben aber gezeigt, dass der Fall anders liegt. Auch wenn die Systeme sozialer Sicherung sich so oder so steuern und Fehlentwicklungen korrigieren wollen – sie stoßen auf Widerstände ihrer selbst. Es ist die Wirtschaft mit ihrem Leitwert der Produktivitätssteigerung, die sich dagegen sperrt, auf der einen Seite unqualifizierte und wenig produktive Jugendliche zu beschäftigen, auf der anderen Seite Ältere an sich zu binden, die den neuesten Produktivitätsanforderungen nicht mehr gerecht werden. Was die sozialen Sicherungssysteme in den Produktionsprozess integrieren wollen, stößt die Wirtschaft aus.

Der Leitwert der Wirtschaft ist schlicht das Wirtschaften selbst: mit geringerem Aufwand ein besseres Ergebnis erzielen. Sie braucht, trotz erhöhter Produktion, weniger Menschen als früher. Bei denjenigen, die sie braucht, achtet sie auf das günstigste Verhältnis von Aufwand und Ertrag.

Die Industriegesellschaften haben eine Eigendynamik entwickelt, die man abgekürzt als Produktivitätsspirale bezeichnen kann. Sie schraubt sich nach oben ohne Rücksicht auf die Motive und Interessen der Beteiligten. Was immer den Unternehmern an Widrigkeiten zustößt und was sie lauthals beklagen: starke Gewerkschaften, die Lohnsteigerungen durchsetzen, erhöhte Lohnnebenkosten, Arbeitszeitverkürzungen, Steuern und einengende Gesetze – es verwandelt sich, wie vom Zauberstab berührt, in Produktivitätssteigerungen. In diesem Prozess sind Unternehmer Getriebene und Antreiber. Den höheren Kosten versuchen sie durch kostensparende Innovationen zu entkommen. So erwirtschaften schließlich in den hochmodernen Unternehmen der alten wie der neuen Ökonomie kleine Zahlen von hochmotivierten und hochqualifizierten Mitarbeitern ein – wenn auch schwankendes – langfristig immer steigendes Sozialprodukt.

Möglich ist dies nur durch einen großen Komplex von kulturellen Vorleistungen, die nicht die Unternehmer selbst, sondern die historisch gewachsenen gesellschaftlichen Einrichtungen um sie herum erbringen. Auch sie haben sich von den Motiven und Interessen einzelner Menschen oder Gruppen weitgehend unabhängig gemacht. Interessengruppen und Gewerkschaften gehören allerdings dazu, ebenso wie Bildung und Wissenschaft, die Rechtsordnung, die korporatistischen Verhandlungssysteme und der soziale Frieden. Und nicht zuletzt die wachsenden Systeme der sozialen Sicherung. Sie müssen ja das Netz spannen für diejenigen, die aus den »Olympiamannschaften« der Hochleistungsunternehmen herausfallen.

Gäbe es die sozialen Sicherungssysteme als Auffangbecken nicht, könnten die Unternehmenswirtschaft und ihr Leitwert der Produktivität nicht mit gesellschaftlicher Anerkennung rechnen. Wo, wie in den USA, die sozialen Sicherungssysteme traditionell schwach ausgebildet sind und vom Staat wenig gestützt werden, müssen die Unternehmen die soziale Sicherung gleichsam selbst übernehmen. Sie tun dies zwar auch durch eigene Pensionskassen, hauptsächlich aber durch ein liberales System des »Hire-and-fire«. Wer arbeitslos wird, kann, unabhängiger von Alter und Qualifikation als in Europa, eher damit rechnen, andernorts eine zweite Chance zu bekommen. Er wird schneller eingestellt, aber auch schneller wieder entlassen. Das drückt zwar die Löhne, versichert ihm aber weitere Chancen, eingestellt zu werden und seinen Lebensunterhalt selbst zu verdienen. Die niedrigen Löhne und die niedrige Qualifikation sind aber auch die Kehrseite einer – im Vergleich zu Europa und Japan – niedrigen Produktivität. Zum Typus der amerikanischen Systemlösung der Probleme sozialer Sicherheit gehört allerdings auch ein Wertesystem, in dem die

Freiheit und die Chancen, eine Arbeit zu finden – und auch wieder zu verlieren –, höher eingeschätzt werden als die Sicherheit des Arbeitsplatzes, die in Europa den Vorrang hat.

Im europäischen Denken gehören Produktivitätssteigerung, Sicherheitsdenken und gesetzliche Sicherungssysteme zusammen. Das Vorhandensein der Sicherungssysteme gibt den Unternehmen gleichsam ein gutes Gewissen, um über steigende Produktivität Arbeitsplätze zu vernichten. Produktivitätssteigerung beruht auf und wird abgesichert durch Systeme sozialer Sicherung. Andererseits sind Produktivitätssteigerungen auch das Reservoir, aus dem letztlich alle materielle soziale Sicherung der nichtarbeitenden Bevölkerung stammt. Dieselbe Produktivitätssteigerung der Arbeit, die so viele Leute aus dem Arbeitsprozess ausstößt oder heraushält, weil sie bei den hohen Arbeitsqualitätsansprüchen nicht mithalten können, führt dazu, dass wenige, aber besonders qualifizierte Leute ein hohes Leistungsergebnis erzielen. Aus den Erträgen können sie dann auch höhere Beiträge für die sozialen Sicherungssysteme abzweigen und eine größere Zahl von Menschen mitversorgen, die noch nicht oder nicht mehr berufstätig sind. Eine immer größere nichtaktive Bevölkerung kann von einer immer kleineren aktiven Bevölkerung in dem Maße mitversorgt werden, in dem die Produktivität steigt. Nicht die große Zahl der Arbeitenden und des Arbeitsnachwuchses, sondern ihre Produktivität und Solidarität mit der nichtarbeitenden Bevölkerung sind die beiden Pfeiler, auf denen der Sozialstaat ruht.

Es sind genau diese beiden Pfeiler, die das System soziale Sicherung von Kindern unabhängig machen, ja die den Fall der Geburtenrate sogar beschleunigen. Seit es die Systeme sozialer Sicherheit gibt, muss man keine eigene Familie und Kinder haben, um im Notfall und im Alter versorgt zu sein. Das erledigt die breitere Solidargemeinschaft der Versicherten.

Aber ist es nicht besonders kurzsichtig, gar verwerflich, sich am kollektiven Gut der Alterssicherung schadlos zu halten, ohne sich an deren Nachwuchssicherung zu beteiligen, die Kosten Kind von anderen tragen zu lassen? Macht es nicht das Trittbrettfahren zum Programm? Und sind Systeme sozialer Sicherung nicht besonders fahrlässig konstruiert, wenn sie zur Selbstausbeutung einladen?

Die Menschen, die danach handeln, scheinen ähnlich intelligent wie diejenigen, die glauben, dass der Strom aus der Steckdose kommt. Und er kommt aus der Steckdose! So wenig wir dafür ein Elektrizitätswerk im eigenen Haus brauchen, so wenig benötigen wir für die Systeme sozialer Sicherung eigene Kinder. Die Sicherungssysteme haben zumindest drei Möglichkeiten, sich auch ohne eigene Kinder zu stabilisieren: durch Frauen, durch Fremde und durch eine Art künstliche Kinder in Form der Produktivitätssteigerung.

Im Vergleich zu hier geborenen Kindern verfügen erwachsene Frauen und Fremde als neue Beitragszahler für die sozialen Sicherungssysteme über einen unschätzbaren Vorteil: Sie haben ihre Ausbildung – hier oder anderswo – bereits abgeschlossen und können sofort berufstätig werden und in die Sicherungssysteme einzahlen. Kinder können das erst in 20 oder 30 Jahren. So lange liegen nicht nur sie selbst dem Sozial- und Bildungsstaat auf der Tasche. Sie halten auch ihre Mütter davon ab, als Berufstätige voll zu verdienen und in die Sozialkassen einzuzahlen. Kinder werden damit zu Konkurrenten nicht nur für die Wirtschaft, sondern auch für den Sozialstaat. Sie wetteifern mit beiden um die Arbeitskraft und die sozialen Beiträge ihrer Mütter. Denn wie wir schon gesehen haben: Gerade im deutschsprachigen Raum (mehr als in anderen Industrienationen) ziehen sich Frauen, die Mütter werden, aus dem Beruf ganz, teilzeitig oder zeitweilig zurück. Kinder sind der sozialen Sicherungssysteme Feind. Sie schmälern deren Einnahmen. Und sie erheischen Auszahlungen – und konkurrieren insofern auch mit Rentnern und anderen bedürftigen Gruppierungen.

Auch junge und qualifizierte Einwanderer rechnen sich für Wirtschaft und Sozialstaat in der Regel besser als hierzulande geborene Kinder. Letztere müssen hier erzogen, großgezogen, gepflegt, gebildet werden. Für Erstere geschieht das alles in ihrer Herkunftsgesellschaft. Als Berufstätige können sie direkt in die sozialen Sicherungssysteme einzahlen. Hierzulande entfallen die Kosten für Mütter, die keine Mütter werden; für Kinder, die nicht geboren werden; für Jugendliche, die nicht gebildet und erzogen werden müssen.

Zugegeben, es ist nicht ganz einfach, junge Arbeitskräfte aus aller Herren Länder hier einzugliedern. Und auch dies ist mit Kosten verbunden. Aber den Integrationskosten stehen für die aufnehmende Gesellschaft auch Migrationsvorteile gegenüber; denn die Wanderer, die die Schwelle der Gewohnheiten überspringen und in die Fremde gehen, sind in der Regel besonders motiviert, ehrgeizig, beweglich, vorgebildet – kurz: besonders tüchtige Arbeitskräfte. Die Wirtschaft stellt, dies abwägend, Kosten-Nutzen-Kalküle an. Für die Systeme sozialer Sicherung ist dies weniger dringend, denn sie sind an den neuen Mitgliedern weniger als integrierte Kulturwesen denn als Einzahler interessiert.

Für die neu berufstätigen Frauen ebenso wie für die Neueinwanderer gilt: Ihr Reservoir ist nicht unbeschränkt. Es ist aber längerfristig viel größer, als die kurzfristigen Veränderungen in der Berufstätigkeit und in den Wanderungsbewegungen vermuten lassen. Denn hier handelt es sich um Prozesse nicht nur nationaler, sondern internationaler Arbeitsteilung, die erst am Anfang stehen. Sie sind bisher weitgehend mit Tabus belegt. Wir möchten gar nicht darüber nachdenken, dass es innerhalb Deutschlands eine Arbeitsteilung zwischen berufstätigen Frauen ohne Kinder und kinderreichen Müttern ohne Beruf geben könnte.

Ebenso wenig stellen wir uns dem Gedanken, dass die Arbeitsteilung zwischen reproduktiven und produktiven Kulturen zunehmen könnte: In Ägypten, Indien, Vietnam, Brasilien werden die Kinder geboren und großgezogen, von denen ein Teil später in die deutschen sozialen Sicherungssysteme einzahlt. Die deutschen Frauen, die hochproduktiv, aber nicht reproduktiv tätig sind, zahlen in die gleichen Sicherungssysteme ein. Arbeitsteilungen dieser Art sind weniger ungerecht und mechanistisch, als es aus deutscher Perspektive zunächst erscheinen mag. Was die Migranten aus unserer Sicht ihren Heimatländern zunächst an Fähigkeiten entziehen, liefern sie materiell und in Form von sozialen Beziehungen und kulturellen Einflüssen mehr als ausgleichend zurück. Und was den deutschen Frauen an Mutterschaft entgeht, wird mehr als aufgewogen durch andere Entfaltungsmöglichkeiten. Nicht zu vergessen bei alledem: Die Selbststeuerung der sozialen Systeme vollzieht sich überall durch freie Entscheidungen der Individuen und ihrer Angehörigen. Zu diesen Freiheiten gehört es, dass die Individuen auch wieder anders entscheiden und dadurch Trends – wie Fall der Geburtenrate, Berufstätigkeit, Migration – wieder umkehren.

Bleiben wir aber noch einen Augenblick bei dem in Deutschland und anderen Industriestaaten vorherrschenden Trend: dem Fall der Reproduktionsrate bei gleichzeitig steigender Produktivität der Arbeit. Eine intensivere, gebildetere, mit mehr Wissen und Vorwissen angereicherte, besser organisierte, gesündere, mit mehr Kapital und Maschinen ausgestattete, mobilere, motiviertere, zufriedenere, kurz: eine produktivere und leistungsfähigere Arbeit kann mehr Wohlstand für alle schaffen, auch wenn weniger Menschen arbeiten. Je intensiver die Konzentration auf Arbeit und Produktivitätssteigerung, desto weniger Zeit und Muße bleibt für die Aufzucht von Kindern.

Wenige Kinder kosten aber auch wenig. Die Systeme sozialer Sicherung finden so, in einem Verfahren von Versuch und Irrtum ihren Weg: zwischen Verringerung der Kinderzahl einerseits, die durch Produktivitätssteigerungen sowohl verursacht wie auch unschädlich gemacht wird, und wachsendem Einbezug von Frauen und Zuwanderern hoher Qualifikation andererseits. Eine Lücke in den Systemen sozialer Sicherung aufgrund fallender Geburtenraten entsteht nicht. Sie erwächst nur, als rein hypothetisches Konstrukt, in den Köpfen von Alarmisten, die die Flexibilitäten und selbststeuernden Mechanismen im System sozialer Sicherung ignorieren. Sie stürzen sich auf eine Zahl oder Zahlenreihen, entzünden an ihr ein ganzes Feuerwerk der Panik, bauen auf eine intuitive Problemangst und vernebeln die Problemlösungen, die in den Vorgängen selbst enthalten sind.

Ein Beispiel dafür ist der sogenannte Altersquotient, die Zahl der Rentner im Bezug zu Menschen im Erwerbsalter zwischen 20 und 64 Jahren. 1995 hatten in Deutschland vier Erwerbstätige einen Rentner mitzuversorgen, 2010 werden sich nur noch drei Erwerbstätige diese Aufgabe teilen, für 2030 ist prognostiziert, dass zwei Erwerbstätige einen Rentner miternähren müssen. In anderen Ländern ist diese Tendenz ähnlich. Für die Rentenversicherung in den USA wird eine dramatische Verschlechterung des Verhältnisses von Beitragszahlern zu Leistungsempfängern konstatiert: 1950 gab es 16 beitragszahlende Arbeitnehmer je Rentner, heute sind es nur noch 3,3, im Jahr 2031 müssen die Beträge von 2,2 Arbeitnehmern ausreichen, um einen Rentner zu finanzieren.[3] Und das in einem Land, dessen Fertilitätsrate von 2,1 Kindern pro Frau sich auf einer von hiesigen Demografen idealisierten Höhe bewegt!

Nicht die Fertilitätsrate, sondern, unter anderem, die längere Lebensdauer ist also schuld an der »Verschlechterung« des Altersquotienten. Und wenn die Rede und Denkweise von der jetzigen und zukünftigen Verschlechterung richtig ist, dann muss es ja früher besser gewesen sein. 16 Arbeiter hatten nur einen Rentner zu versorgen! Paradiesische Zeiten! Wie viel leichter müssen es die Arbeitenden damals also gehabt haben, wie viel besser muss es ihnen und den Rentnern gegangen sein! War es wirklich so? Die Frage stellen heißt, sie verneinen. Die Realeinkommen aus Arbeit und Renten waren viel niedriger als heute. Obwohl der Altersquotient damals so viel günstiger war!

Die Wohlstandssteigerung für alle ist also mit einer Verschlechterung des Altersquotienten einhergegangen. Mit anderen Worten: Die Verschlechterung des Altersquotienten kann so schlecht nicht sein. Sie dient sogar der Wohlstandssteigerung. Zumindest

enthält sie im Kern eine Erklärung dafür: Es ist die Produktivitätssteigerung in Verbindung mit produktiven Einwanderern und
produktiver Frauenerwerbstätigkeit. Diese Faktoren sichern, in
flexibler selbststeuernder Abstimmung aufeinander, die Leistungsfähigkeit der sozialen Sicherungssysteme. Die langfristig sinkende
Geburtenrate trägt zu deren Entlastung bei. Weit entfernt davon,
das Problem der sozialen Sicherungssysteme darzustellen, ist sie
vielmehr Teil der Problemlösung.

Auch andere Aspekte der Problemlösung werden in der aktuellen
Diskussion nahezu ausgeblendet. Dazu gehört, dass Rentner – wie
alle Konsumenten – trotz Rentenkürzungen ihren Lebensstan-
dard kaum zu senken brauchen, sofern sie billige Waren und
Pflegeleistungen aus Niedriglohnländern kaufen können; deren
Preise sind hierzulande oft deshalb so sensationell niedrig, weil
ihre Herstellung und Bereitstellung wegen des hiesigen hohen Pro-
duktivitäts- und Lohnniveaus ins Ausland verlagert wurde.

Übersehen wird in der Diskussion auch meist, dass Rentner
für die sozialen Sicherungssysteme und die darin einzahlenden
Berufstätigen nicht nur eine Belastung sind. Die meisten Leute,
die offiziell im Ruhestand sind, sind so ruhig nicht. Sie legen die
Hände nicht in den Schoß. Was sie zur gesellschaftlichen Wohl-
standsproduktion und zur Entlastung der Berufstätigen beitragen,
ist schwer zu ermessen, aber beträchtlich. Es reicht von Nach-
barschaftshilfe mit fließenden Übergängen zur Schwarzarbeit
über häusliche Pflegeleistung und Unterstützung der Pflegenden
bis hin zur handwerklichen und gärtnerischen Eigenproduktion.
Manchmal zieht es die jungen Alten als »Ärzte ohne Grenzen«,
Ingenieure oder Managementberater bis nach China. Hauptsächlich aber fließen die wohlstandssteigernden Leistungsströme
innerhalb derselben Familie von den jungen Alten zu ihren schon
erwachsenen Kindern – die Großmutter kümmert sich um die En-
kelkinder und erleichtert damit der Tochter oder Schwiegertochter
die Berufstätigkeit – oder in die andere Richtung, zwischen den
jungen Alten und ihren ganz alten Eltern.

Kapitel 4

Auslaufmodell Familie?

Die Vorstellung, dass der Geburtenrückgang die Familie schwächt, ja sie gar dem Untergang weiht, hat unterschiedliche Wurzeln. Die eine entspringt der biologistischen und quantitativen Prägung unseres Denkens. Wo viele Lebewesen sind und sich vermehren, dort vermuten wir Erfolg und die Stärkung ihrer Art oder der von ihnen getragenen Institutionen. Wo Lebewesen weniger werden, erwarten wir Schwächung und Misserfolg.

Dieser »Darwinismus« ist der Vorstellungswelt von Menschen tief eingegraben. Er ist sozialen Ursprungs und war längst vorhanden, bevor Darwin ihn evolutionstheoretisch auf den Begriff brachte. Dass große und wachsende Familien stärker und besser seien als kleine und schrumpfende, ist sozusagen ein sozialdarwinistischer Urinstinkt, der scheinbar keiner weiteren Begründung bedarf. Die Bestandserhaltung einer Art oder einer Institution wird unwillkürlich an der Zahl ihrer Mitglieder gemessen.

Aus diesem Grund ist die Zahl von 2,1 Kindern pro Frau oder Paar in der gegenwärtigen Diskussion um den Geburtenrückgang zu einem Richtwert geworden. Werde der Wert erreicht, so heißt es, bliebe nicht nur die Bevölkerung einer ganzen Gesellschaft, sondern auch die Familie stabil. Eine biologische Größe bekommt magischen Charakter. Sie wird zum Symbol der Bestandserhaltung. Haben Familien nur ein Kind oder gar keines, wittern wir Gefahren: die Vergrößerung familialer Risiken, die Schwächung familialer Gemeinschaftlichkeit, schließlich ein Aussterben der Familie selbst. Als statistisches Fanal des Unheils gelten die (wie gezeigt unkorrekten) 40 Prozent der Akademikerinnen, die angeblich heute in Deutschland kinderlos bleiben. Eine Zahl, die in keiner einschlägigen Diskussion fehlen darf. Sie scheint persönliches und kollektives Unglück an sich auszudrücken.

Fast automatisch schlussfolgern wir: Nicht nur die kinderlosen Frauen werden ohne Familie sterben – ihre Familien sterben mit ihnen. Wenn es keine Kinder gibt, existieren auch keine Familien mehr. Sie hören einfach auf zu bestehen. Und am ehesten und häufigsten enden ausgerechnet die Familien im Nichts, die durch Bildung, Beruf und sozialen Status der Frauen die besten Voraussetzungen für einen erfolgreichen Nachwuchs böten! Der Fall der Geburtenrate reißt dort, wo er den Nullpunkt erreicht, ganze Familien mit sich, und auch wenn wir es nicht öffentlich auszusprechen wagen, so denken wir es doch: Es sind sogar die Familien der Bildungselite, der gesellschaftlichen Hoffnungsträger! Haben Familien nur ein Kind, verschiebt sich das Risiko allenfalls um ein oder zwei Generationen. Hier geht dem Ende der Familie ihr Schrumpfen voraus. Das Band, an dem sie sich in die Zukunft hangelt, wird immer dünner und droht zu zerreißen, wenn dem Einzelkind etwas zustößt oder es selbst kein Kind mehr bekommt.

Die Logik, nach der der Geburtenrückgang den Fluss des Lebens durch die Generationenfolge der Familien hindurch allmählich versiegen lässt, scheint unumstößlich. Aber es scheint nur so, denn die Logik der Demografie ist keine Sozio-Logik. Die Sozio-Logik folgt anderen Regeln, unter ihnen das Gesetz der Erhaltung. Selbsterhaltung der Familie trotz Verkleinerung durch Scheidung und Geburtenrückgang bis zum Nullpunkt: Das ist die Geschichte, die in diesem Kapitel erzählt wird.

Wie alle sozialen Systeme ist auch die Familie kein starres Gebilde. Die Mechanismen der Selbsterhaltung wirken nicht darauf hin, dass sie so bleibt, wie sie war. Im Gegenteil: Selbsterhaltung eines Systems bedeutet immer auch, dass es sich verwandelt. Es ändert Aspekte, Strukturen, Teile, Ausdrucksformen, Gedanken – um im innersten Kern seines Selbst identisch zu bleiben, ja um dieses Selbst noch schärfer zu profilieren und zu steigern.

Verwandlung als Bewahrung, Gewinnung von Identität: Das bedeutet nicht nur ein Ändern und Neugliedern im Innern, sondern auch ein Ausgliedern (und, wie sich später zeigen wird, ein Eingliedern).

Der Niedergang der Familie?

Andere Sozialsysteme haben der Familie wichtige Funktionen, etwa das Wirtschaften und die soziale Sicherung, abgenommen. Was sie von der Familie nachfragen und brauchen, sind nicht Kinder, sondern intensive Arbeitskraft der jungen Frauen und Männer als produktive Wertschöpfer und als Beitragszahler. Unter diesen Umständen wird es für Familien immer schwerer, auch noch Nachwuchs zu liefern. Nicht genug damit, dass die Leitwerte von Außen – höchste Produktivität und Vorsorgeleistungen für alle Lebenslagen – Kräfte binden und sie aus der Familie herausziehen. Selbst der ureigenste Leitwert der Familie, die Liebe, arbeitet auf Verkleinerung der Familie hin! Was liegt näher, als den Niedergang der Familie zu konstatieren und, je nach gestalterischem Temperament, zu resignieren oder zum Gegensteuern aufzurufen?

Meine Frage und Haltung dazu sind anders. Ich frage, ob die erörterten und viele andere wohlbekannte Entwicklungen tatsächlich einen Niedergang anzeigen und nicht womöglich etwas ganz anderes. Und meine Haltung ist die des Vertrauens in die Abwehr- und Selbststeuerungskräfte, wenn man will: in die Heilungskräfte der Familie. Zwar halten sich – und das nicht erst seit heute – die Analytiker, Kritiker, Fürsprecher und Förderer für klüger als die Familie selbst und wollen ihr den rechten Weg weisen. Die Familie als soziales System aber ist intelligenter und bestandskräftiger als wir alle zusammen. Wie lange gibt es jeden von uns? Und wie lange gibt es die Familie? Na also. Prüfen wir der Reihe nach, wie es um den Niedergang der Familie steht und was sie selbst dagegen tut.

Mit »Niedergang der Familie« kann manches gemeint sein: der Zusammenbruch von Reputation, Macht und Leistung; Verlust von Funktionen; Verkleinerung, insbesondere durch Geburtenrückgang; damit zusammenhängend weiteres Funktionsversagen; und schließlich, am Ende aller Schrumpfung, das Aussterben.

Familien in der Dekadenz

Dass hochangesehene und einflussreiche Familien ihre gesellschaftliche Stellung und Wertschätzung verlieren, ist ein beliebtes Thema der Literatur und eine gesellschaftliche Realität. Thomas Manns *Buddenbrooks* stehen dafür und die Familie Mann selbst, aus der in der dritten Generation nach dem literarisch-bildungbürgerlichen Zauberer kein prominentes Glanzlicht mehr scheint.

Die Gründe für den Statusverlust berühmter Familien sind vielfältig. Es kann ein geschäftliches Scheitern vorliegen, ein Ungenügen angesichts der Leistungsdynamik der modernen Welt, wie in vielen Unternehmerfamilien nachgezeichnet. Es kann in Krankheit begründet sein. Es kann mit politischer Konkurrenz, mit Machtkämpfen und Meuchelmord zu tun haben wie bei den Kennedys und vielen Herrscherdynastien älterer Zeit.

In Zeiten, die für Dekadenz-Beschwörungen anfällig sind, vermutet man hinter dem Macht- und Reputationsverfall einer Familie meist eine innere Erschlaffung, eine biogenetische, seelische, soziale Aufweichung. Es hat offenbar etwas Verführerisches, sich den Aufstieg und Zerfall von Familien nach dem Bild des individuellen Werdens und Sterbens vorzustellen.

Dabei lässt sich der Sachverhalt auch prosaisch-schlicht sehen: Liegt eine ungewöhnliche Häufung von Talenten und Leistungen in einer Familiengeneration vor, mag diese sich vielleicht noch einmal steigern, lässt sich aber unmöglich auf außergewöhnlicher Höhe halten. Zwangsläufig sinken in den folgenden Generationen die Leistungen einer Familie wieder in den Bereich des Durchschnittlichen und Unauffälligen hinab, ohne dass damit ein geheimnisvolles inneres Siechtum, eine Dekadenz oder gar Gesetzmäßigkeit gegeben wäre. Oft erscheinen die nachfolgenden Generationen nur im Vergleich zu einer oder zwei herausragenden Vorgängern als schwächlich, sind es aber nicht im Vergleich zu anderen, »normalen« Familien.

Natürlich können auch Pest und Cholera, Kriege und innere Zerwürfnisse die kommenden Generationen schwächen und Unfruchtbarkeit sie dezimieren. Mit dem säkularen Fall der Geburtenrate hat der Zerfall einzelner Familien aber nichts zu tun. Er betrifft gerade große Familien in Zeiten, in denen große Familien üblich sind. Der Abstiegsbewegung einer Familie entspricht der Aufstieg von anderen. Was für die einzelne Familie als Niedergang oder Dekadenz interpretiert werden mag, zeugt von Vitalität für »die Familie« als kollektive Erscheinung. Denn so wie das gesellschaftliche System der Wirtschaft sich aus vielen Unternehmen und Haushalten zusammensetzt, so besteht auch die Familie als gesellschaftliches System aus einer Vielzahl der Einzelfamilien. Wenn man eine biologistische Analogie nicht scheut, kann man sagen, dass eine bestimmte Familie hohen Ansehens das Feld für andere räumt, so wie im Organismus Zellen ständig durch andere ersetzt werden.

Diese Art von Niedergang jeder Familie ist vorprogrammiert, auch dann, wenn es ihr gelingt, über viele Generationen hinweg einen hohen sozialen Status zu halten und praktisch eine Dynastie zu bilden. Irgendwann – meist schon in der zweiten oder dritten Generation – werden es die Nachgeborenen nicht mehr vermögen, den Ruhm ihrer Vorfahren aus eigener Kraft zu erneuern oder gar zu mehren. Nicht der Rückgang der Geburten ist daran schuld. Im Gegenteil, die politischen ebenso wie die ökonomischen und künstlerischen Dynastien, die sich auf einen berühmten Namen zurückführen – die Bismarcks, Hohenzollerns, Krupps, Thyssens, Manns, Weizsäckers –, haben in der Regel eine weit verzweigte Nachkommenschaft. Sie sterben nicht aus, sondern treten einfach in einen meist unausgesprochenen Ruhmwettbewerb mit anderen, aufsteigenden Familien ein.

Der Verlust von Funktionen

Aus der Familie ausgelagert werden zunächst nicht so sehr Personen, sondern Aufgaben oder Funktionen. Der Familienclan in Stammesgesellschaften und das frühmittelalterliche »Ganze Haus« (oikos)[1] waren Familientypen, die im doppelten Sinne als groß bezeichnet werden können: Sie umfassten zahlreiche Personen, neben Angeheirateten und Angenommenen auch Gesinde; und sie übernahmen viele, tendenziell alle überlebenswichtigen Aufgaben. Sie stellten damit nicht nur den Kern der Gesellschaft, sondern je eigene Gesellschaften im Kleinen dar. Über Jahrhunderte hinweg vollzog sich dann, in Europa beginnend, ein Prozess, den Soziologen als funktionale Differenzierung bezeichnen: Nach und nach gliederten sich Aufgaben zugleich auf und aus der großen Familie aus. Die Produktion von Gütern, der Schutz vor Gewalt, die Vorsorge für Alter und Krankheit, die Anbetung Gottes, die Vermittlung des Wissens und der Werte, die Erforschung des Unbekannten bildeten je eigene Lebenssphären der Wirtschaft, der Politik, der sozialen Sicherungssysteme, der Religion, der Bildung und der Wissenschaft. Aus Sicht der Familie handelt es sich um einen Verlust von Funktionen. Und der Prozess führt bis in die Gegenwart und darüber hinaus. Auch die Aufgaben, die der Familie heute noch undelegierbar scheinen – das gemeinsame Haushalten, die exklusive Sexualität, Geburt und Aufziehen von Kindern –, können ihr verloren gehen und weitergegeben werden. Dem fortschreitenden Rückgang der Aufträge entspricht ein Schwinden von Mitgliedern.

Doch der Verlust von Funktionen hat mit der Größe der Familie und der Geburtenzahl nichts zu tun. Das Wort Verlust enthält eine Entwertung, die dem Vorgang nicht angemessen ist. Es handelt sich nämlich um eine Auslagerung von Aufgaben und Leistungen. Die Familien, die dies konkret betreiben, versprechen sich davon einen Vorteil. Und im Ergebnis zeigt sich: Der Verlust ist ein Gewinn – nicht nur für die Mitglieder einer einzelnen Familie, sondern für viele Familien zugleich. Es handelt sich um einen Fortschritt gesellschaftlicher Arbeitsteilung; um eine Sammlung und Neuverteilung der Kräfte.

Konkret: Wenn jemand die Familie verlässt, um in der Manufaktur, in der Fabrik, in der Bank, im Krankenhaus oder in der Universität zu arbeiten, so entwickelt er dort, mit den Angehörigen anderer Familien zusammentreffend, eine Produktivität, die er im Rahmen der eigenen Familie nie erreichen könnte. Nicht anders ist es mit dem Zugewinn an Bildung in Schulen, Internaten, Universitäten; da kann eine einzelne Familie noch so sehr beweisen, dass sie ihre Kinder zuhause ebenso gut oder besser unterrichten kann – in der Summe ist dies der Familie nicht möglich und bleibt deshalb ein sektiererisches Unterfangen. Ebenso die Vorsorge für Alter und Krankheit: Eine einzelne Familie kann dies niemals (abgesehen von einigen äußerst wohlhabenden Ausnahmen) so gut leisten wie eine überfamiliale versicherte Gemeinschaft.

Auch die Pflege von Kranken, Wöchnerinnen, Alten: Sie mag in der einzelnen Familie warmherziger und persönlicher sein, erreicht aber nie den Grad von Kompetenz und Risikobegrenzung im Notfall, den das Krankenhaus, die Spezialklinik oder das Pflegeheim bieten kann. Die ausgelagerten Funktionen werden im breiteren Rahmen von professionalisierten Spezialsystemen besser erfüllt als in der Familie. Am besten aber gelingt dies im Zusammenwirken von Professionalität und Familialität, und das hat sich in den modernen Gesellschaften eingespielt. Hier belagern nicht mehr, wie in den armen Ländern der Welt, ganze Familien die Krankenzimmer, um für den Kranken zu kochen, zu waschen, Tag und Nacht Wache zu halten. Im modernen Krankenhaus ergänzen die Angehörigen die professionelle Pflege, indem sie besondere Leckereien, Lektüre oder frische Wäsche bringen. Da es aber, wegen der Teilung der Funktionen, nicht nötig ist, dass die Familie die Körperpflege des Kranken übernimmt, kann sie ihm schlicht die Hand halten – und ihm dabei umso näher kommen. Die Auslagerung beziehungsweise der Verlust von Funktionen ist also für die Familie auch in dieser Hinsicht ein Gewinn: Sie kann, gemäß ihrem Leitwert, ihre verbleibende Kernfunktion der liebevollen Zuwendung umso ungestörter und intensiver erfüllen.

Dieser ganze Prozess zieht, ausgehend von einzelnen Pionieren, immer mehr Familien in sich hinein. Darwinistisch kann man es auch so ausdrücken: Die Familien, die in den Prozess einstimmen, haben einen Selektions- oder evolutionären Vorteil. Deshalb folgen ihm so viele Familien. Deshalb hat er sich zur dominanten Lebensform moderner Gesellschaften entwickelt. Deshalb kann man verallgemeinernd sagen, dass nicht mehr Familie x oder Familie y, sondern »die« Familie durch die Auslagerung von Funktionen und die Konzentration auf den Leitwert Liebe gekennzeichnet ist.

Die Verkleinerung der Familie und der Geburtenrückgang hängen mit diesen Entwicklungen zunächst nicht zusammen. Sie gelten für große wie für kleine Familien. Allerdings lässt sich nicht leugnen, dass Familien, die nur noch ein Minimum an Personen umfassen, auf die Ausgliederung von Funktionen quasi angewiesen sind. Gleichwohl ist es erstaunlich, wie viele Zusatzfunktionen auch die heute vorherrschende Klein- und Kleinstfamilie tatsächlich noch übernimmt, und dies auch, wenn alle erwachsenen Mitglieder berufstätig sind. Rund 90 Prozent aller pflegebedürftigen Personen werden zuhause gepflegt. Immer noch wird vorwiegend zuhause gekocht und gegessen; wo dies während der Arbeitswoche nicht möglich ist, nehmen gemeinsame Mahlzeiten am Wochenende und an Feiertagen rituellen Charakter an. Und auch wenn die Familienmitglieder außerhäusliche Berufe haben, wird in deutschen Häusern, Gärten und Wohnungen erstaunlich viel handwerklich selbst gerichtet.[2]

Die große multifunktionale Familie – das mittelalterliche »Ganze Haus« – und die zahlenstarke Reputationsfamilie – die Manns – hatten, wenn sie mit sich selbst beschäftigt waren, eine umfangreiche Aufgabenliste: Sie kümmerten sich um das gesellschaftliche Ansehen, Statuserhalt, politischen Einfluss, ökonomischen Erfolg, vorteilhafte Ehearrangements, innere Eintracht, Kontinuität in der Zeit ... Die Liebe kam erst an letzter Stelle. Wenn sie überhaupt eine Rolle spielte, dann wurde sie, wie im Falle Thomas Manns, aus der Familie ausgegliedert in ein Reich der Fantasie und (literarischer oder institutionalisierter) Abenteuer. Wenn es sie tatsächlich gab: Denn der Reputations- und Funktionsverlust, weit entfernt davon, die Familie im Inneren zu erschüttern, lässt die Liebe als Kernfunktion und Leitwert der Familie erst ans Licht treten.

Was die Familie gewinnt: Liebe

Reduziert sich die Familie durch ihren Funktionsverlust auf eine Restkategorie? Löst sie sich als Institution gar vollständig auf? Oder gibt es etwas Bleibendes, etwas sich neu Bildendes, in dem die Familie ihre Aufgabe und ihren Halt findet? Das ihr Überleben sichert?

Diese Kernfunktion existiert bereits. Es ist eine Art Leitstrahl, entstanden ohne Plan, ohne Politik, ohne Philosophie, ohne Religion: Er gehört ins Reich der Werte, schwer fassbar und doch unverwüstlich. Wie der Leitwert der Wirtschaft die Effizienz ist und der Leitwert der Politik die Macht, so besteht der Leitwert der modernen Familie in der Liebe. Liebe und nichts sonst. Nicht Kranken- und Altenpflege, nicht die Versicherung für schlechte Zeiten, das gemeinsame Haushalten, die Produktion und auch nicht die Reproduktion, weder als Sex noch als Zeugung oder als

Fortpflanzung. Zwar werden alle diese Aufgaben in der Familie noch immer erbracht; ja sie scheinen sogar zum Gründungsvertrag der Familie zu gehören. Aber die Familie besteht und erhält sich auch ohne sie, ohne Sex, ohne Kinder, ohne gemeinsamen Haushalt und ohne die Pflege der Alten und Kranken. Für Letztere gibt es Kliniken und Krankenhäuser; die Familienmitglieder wohnen nicht selten an unterschiedlichen Orten und essen für sich alleine oder in Kantinen und Restaurants; Sex findet oft außer Haus oder, bei älteren Ehepaaren, gar nicht mehr statt. Und doch, die Familie bleibt.

Was sie im Innersten zusammenhält, ist vielleicht nicht mehr als »nur« eine Idee oder ein Ideal; man mag es auch »nur« als Macht der Gewohnheit, schnöden Kompromiss, praktische Nützlichkeitserwägungen ansehen. Auf alles das trifft merkwürdigerweise, in emphatischer Überhöhung wie in praktischer Erniedrigung, der Begriff der Liebe zu. Im Terminus »Liebe«, der so vieles umgreift und doch mit einem einzigen Wort auskommt, laufen die von vielen geteilten moralischen Vorstellungen einer festen und verlässlichen Bindung zusammen. »Nur« eine Vorstellung also, eine Art Schimäre, eine Illusion?

In gewisser Weise haben alle sozialen Bindungen und Institutionen ihr Pendant in einer Vorstellungs- und Erwartungswelt. Und doch existieren sie nicht nur durch sie. Sie haben vielmehr ihren sozialen Urgrund in elementaren Bindungen, die bereits existierten, bevor die Menschen sie mit ihren kulturell geprägten Begriffen belegten und in Vorstellungen wandelten.

So auch die Liebe. Das Wort ist einfach. Die Sache ist komplex. Sie ist zunächst die Bindung zwischen Eltern und Kindern. Sie muss verlässlich sein, weil sonst die Neugeborenen nicht überleben würden. Zum andern handelt es sich um eine Bindung zwischen zwei erwachsenen Menschen. Ihre Verlässlichkeit ist problematisch. Latent enthält sie Unstetes, nämlich Leidenschaft und Gewalt. Ohne diese Elemente würde es nicht zur Zeugung kommen. Zeugung impliziert ja, aus heutiger Sicht, eine unerhörte

Annäherung. Eine Verletzung der leiblichen und privaten Sphäre des anderen, deren Charakter als Gewaltakt nur durch eine innige Übereinstimmung der beiden aufgehoben und in Liebe verwandelt werden kann.

Auf den beiden sozialen Elementarbindungen – vertikal zwischen den Generationen, horizontal zwischen den Geschlechtern – baut alles auf, was wir heute unter Liebe und Familie verstehen. In einer eher konservativen Sicht müssen beide Bindungen zusammenkommen und institutionalisiert sein – als legitime Eltern-Kind-Beziehung und als Ehe –, damit von Familie gesprochen werden kann. Fehlen Kinder oder fehlt ein Ehepartner, dann wird, nicht ohne Herabsetzung, von unvollständiger Familie gesprochen.

Vorstellungen von Familie sind immer normativer, moralischer Art. Sie lassen sich aber nicht auf einen bestimmten Typus oder eine bestimmte Größe von Familie festlegen. Seit sich die Liebe zum Leitwert der Familie herausbildet – kein Kind soll ohne Liebe großgezogen, keine Ehe ohne Liebe geschlossen werden –, ist Familie dort, wo Liebe ist. Also auch in der Mutter-Kind- oder Vater-Kind-Bindung ohne Ehe; ebenso in der liebevollen Partnerbindung ohne Kinder. Familie ist da, wo Liebe ist: als verlässliche, innige, ausschließliche und sozial anerkannte Bindung. Über den Drang nach sozialer Anerkennung beziehungsweise Normalität kommt allerdings doch ein Idealtypus der Familie – mit Kindern und Eheschließung – wieder zur Geltung: Indem sie Kinder haben und verheiratet sein wollen, streben Homosexuelle in diese Normalität – und sind doch am weitesten davon entfernt.

Nur 13 Prozent der vom Allensbacher Institut für Demoskopie 2004 befragten Deutschen zwischen 18 und 44 Jahren verstehen auch gleichgeschlechtliche feste Lebensgemeinschaften als Familie. Aber kaum mehr, nämlich nur 16 Prozent, dehnen den Familienbegriff auf unverheiratet zusammenlebende Paare ohne Kinder aus. Auch durch Heirat wird das kinderlose Paar nur für 23 Prozent zu einer Familie. Erst Kinder begründen eine Familie: mit alleinerziehendem Elternteil für 41 Prozent der Befragten, mit unverheiratet zusammenlebenden Eltern für 62 Prozent, mit verheirateten Eltern für 91 Prozent. Die Zahlen zeigen, dass auch im modernen Verständnis die Liebe zwischen Generationen (als Herkunftsbindung) stärker familienbildend wahrgenommen wird denn die Liebe des Paares (als Wahlbindung). Aber erst die Kombination von Elternschaft und Ehe kann damit rechnen, von (fast) allen als Familie anerkannt zu werden.

Erst heute, da die Familie in den Augen vieler von Funktionsverlust, Mitgliederschwund und Unvollständigkeit bedroht ist, wird ihr bleibendes soziales Grundgerüst in den generativen und geschlechtlichen Bindungen erkennbar. Sogleich löst sich die Familie von diesem Grundgerüst und den daran gebundenen Personen ebenso wie von der Vielzahl ihrer Funktionen und wird ganz auf eine einzige Sache zugeschnitten und von ihr gehalten: die Liebe. Sie ersetzt sozusagen die verschiedenen Funktionen, indem sie das, was von ihnen bleibt, zu einer einzigen zuspitzt. Sie ersetzt auch die Personen und die ihnen zugeschriebenen Rollen. Denn alles können Familien ausgleichen: einen andersgeschlechtlichen Partner durch einen gleichgeschlechtlichen; ein selbst gezeugtes Kind durch ein angenommenes; getötete Eltern, die, zum Beispiel nach den Massakern in Ruanda und Burundi, von ihren eigenen Kindern und Nichten und Neffen ersetzt werden, die sogenannten Kinderfamilien; Väter, deren Rolle nach Trennung, Scheidung oder Kriegstod von ihren Frauen mit übernommen wird ...

Alles können Familien ersetzen: Personen, Rollen, Funktionen, nur eines nicht, die Liebe. Familiale Liebe kann nicht durch ein Geldgeschäft abgelöst werden, ebenso wenig durch religiöse Begeisterung, durch wirtschaftliche Leistung, durch politische Macht oder wissenschaftlichen Forscherdrang. Wer heute einen Partner heiraten würde, weil dieser reich, mächtig, wissenschaftlich innovativ oder religiös inbrünstig ist, »und hätte der Liebe nicht«, dem würde gerade in modernen Gesellschaften die geballte Verachtung seiner Mitmenschen ins Gesicht schlagen.

Natürlich wissen wir, dass im komplexen Leben die Familie

nicht nur aus Liebe, sondern auch aus Interessen und Intrigen, Vermögen und Vererbung, Machtstreben und Entzweiung besteht. Und wir wissen, dass wir nicht nur aus Liebe lieben, sondern auch aus Schutzbedürfnis, Wohlleben, Not, Bewunderung von Erfolg, Machtteilhaben und Ähnlichem. Zumindest mischen sich solche Werte dem Leitwert der Liebe in der Regel bei. Die Liebe ganz rein zu sehen, wäre Romantik. Und doch ist Romantisierung zulässig und hat einen realen Kern: die Liebesbindung, die bleibt, wenn alle anderen Bindungsgründe wegfallen. In der Vorstellung einer unverbrüchlichen Liebe wird diese Idee immer wieder aufgerufen. Und sie ist zu einer kollektiven Vorstellung, zu einer allgemein anerkannten Norm geworden, gegen die niemand ungestraft verstoßen darf. Die Liebe zum eigenen Kind und die Liebesehe, aus der das Kind der Liebe hervorgehen soll – das sind die soziomoralischen Fundamente der modernen Familie, die sich im Leitwert der Liebe verdichten.

Man kann auch sagen, dass es die Familie selbst ist, die diesen Leitwert hervorbringt und ihn beständig formt. In bestimmten Zeiten und soziohistorischen Konstellationen scheint sie dabei aber besondere Fortschritte zu erzielen, zumindest rückblickend, im Auge des forschenden Betrachters. So hat der Sozialhistoriker Edward Shorter für die europäische Familie eine »Erwärmung des emotionalen Binnenklimas« konstatiert, die vor rund 300 Jahren einsetzte.[3] Gemeint ist eine besondere Gefühlshaftigkeit und Aufwertung der Beziehung zwischen den Ehegatten wie zwischen Eltern und Kindern. Sie geht einher mit einer deutlicheren Grenzziehung zwischen dem Innenleben der Familie und ihrer Außenwelt; diese kann nun weniger als früher einsehen und sozial kontrollieren, was in der Familie geschieht.

Die Familie wird kleiner

Entscheidend für die innerfamiliäre Gefühlssteigerung oder Liebe ist aber darüber hinaus, dass die Familien kleiner werden und dass ihre Mitglieder länger zusammenleben. Auf diese quantitativen Veränderungen hinzuweisen, um damit Gefühlssteigerungen, um die Familienliebe zu erklären, wird, zumindest in Deutschland, als Ärgernis empfunden und abgelehnt. So hat Barbara Beyus in ihrer Geschichte der deutschen Familie[4] sich über den Historiker Edward Shorter und dessen Buch *Die Geburt der modernen Familie*[5] empört, weil dieser die Qualität der Liebe auf die Quantitäten der beteiligten Personen und ihre Lebensdauer zurückführe:

> »Weil es um Menschen geht, müssen wir uns auch endlich frei machen von der Vorstellung, Geschichte – in ein Koordinatensystem gebannt – sei eine aufsteigende Linie von einfachen primitiven Formen zu komplizierten Systemen; Aufstieg des Geistes von den Niederungen in die Höhe. Es ist verblüffend, wie oft dieses Modell von denen für die Vergangenheit aufgestellt wird, die es in der Gegenwart heftig bekämpfen. Nur ein Beispiel: Die meisten Soziologen, aber auch ein Historiker wie Edward Shorter (›Die Geburt der modernen Familie‹) stimmen darin überein, dass sich Gefühle zwischen Eltern und Kindern erst in den letzten dreihundert Jahren entwickelt haben. Die Logik dieser Zeitgenossen: Kinder waren nur Arbeitskräfte, und vor allem entwickelt man keine Gefühle zu Wesen, von denen man weiß, dass sie höchstwahrscheinlich nicht lange leben werden. Stellt man diese These vom Kopf auf die Füße, dann bedeutet das: Unsere Zuneigung ist abhängig vom Fortschritt der Medizin. Ich liebe einen Menschen nur, wenn ich vorher weiß, dass er gesund ist. Was für ein Materialismus der Gefühle! Zudem ein Blick in die Vergangenheit, der nur die Maßstäbe der Gegenwart gelten lässt und deshalb unfähig ist, die Menschen einer anderen Zeit zu verstehen.«[6]

Es ist die Liebe, in deren Namen hier die Empörung erfolgt. Darin kommt die normative Überhöhung der Liebe zum Ausdruck. Wie kann man nur etwas qualitativ so Hochwertiges und Einzigartiges durch schnöde Zahlen erklären wollen! Je tiefer moralische und normative Gefühle kulturell in uns verwurzelt sind, desto mehr pochen sie auf ihren absoluten Wert und desto mehr sperren sie sich dagegen, von sozialen Konstellationen, etwa ausgedrückt in schlichten Zahlenrelationen, abhängig zu sein.

Aber sie sind es. Gefühle sind abhängig von der Zahl der Menschen, von denen sie erwidert und mit denen sie geteilt werden, sie sind auch abhängig von der Länge der Zeit, die die jeweilige Beziehung dauert. Sie sind ursprünglich nicht Zustände im Menschen, sondern Beziehungen zwischen Menschen. Je dauerhafter Menschen über die Prägephase zwischen Eltern und Kindern oder über sexuelle Anziehung hinaus zusammen sind, desto wahrscheinlicher kann sich zwischen ihnen das Gefühl emphatischer Innerlichkeit, Ausschließlichkeit, Einzigartigkeit, Unendlichkeit, kurz: gesteigerter Verbindlichkeit entwickeln, das wir Liebe nennen. Familiarität als gegenseitiges Vertrautsein und die daraus wachsende Liebe haben also durchaus mit der Verlängerung der Zusammenlebenszeit, also auch mit der individuellen Lebenszeit zu tun. Auch wenn Liebe als familiales Gefühl auf die Dauer eine eigene innere Gegenbewegung hervorbringt – als Ablösung der Kinder von den Eltern und, zwischen den Geschlechtern, als eine Art Abnutzung –, bleibt Familiarität auch in der Ambivalenz eine starke Gefühlrealität.

Geteiltes Leid, halbes Leid; geteilte Freude, doppelte Freude. Gefühle steigern sich in der Übereinstimmung. Sie stiften so, als geteilte Gefühle, Trost und Halt, wenn die Zeiten schlecht sind; und, wenn die Dinge gut stehen, schenken sie die Antriebskraft, die aus der Freude kommt.

Wie erklärt sich die Steigerung der Gefühle in Gemeinschaft? Da Gefühle in den Beziehungen zwischen Menschen liegen, bildet in einer Familie, wie in anderen Gruppen auch, jede Beziehung ein Wir-Gefühl heraus (durchaus nicht nur positiv, sondern auch als Mischung aus Anziehung und Abstoßung, als Spannung aus Liebe und Hass). Aber das Familien-Gefühl ist weit mehr als die Summe der paarweisen Wir-Gefühle. In ihm verbinden sich nicht nur die Verbundenheiten zwischen Frau und Mann, Mutter und Vater, Mutter und Kind A, Mutter und Kind B et cetera, sondern auch die gemeinsame Verbundenheit von Vater und Mutter mit einem Kind, mit zwei Kindern, mit drei Kindern; es gibt auch Gefühlsübereinstimmung aller Kinder gegen die Eltern oder gegen ein Elternteil und den Zusammenhalt beider Eltern und eines Kindes gegen die anderen Kinder oder aller Familienmitglieder gegen ein Mitglied; schließlich gibt es das Wir-Gefühl der ganzen Familie gegen den Rest der Welt.

Auch im Kleinen besteht die Familie aus kaum noch überschaubaren Verstrebungen von Beziehungen oder Gefühlen. Mit jedem neuen Mitglied wird die Liebes- und Konfliktarchitektur der Familie komplexer und weniger einsehbar. Das gilt für die eigene Familie, aber natürlich auch für die der anderen. Oft wissen wir nicht genau, wer dazugehört. Ja, die Mitglieder selbst scheinen mal einen engeren, mal einen weiteren Familienbegriff zu haben. So mag ein Mann aus Tansania mal von seinen drei, im nächsten Augenblick von seinen acht Kindern sprechen. Und beides ist, unserer Verblüffung zum Trotz, richtig und logisch. Durch Nachfragen können wir es erfahren: Zum einen handelt es sich um drei leibliche Kinder; zum anderen um die fünf Kinder seiner Schwester, für die der Schwester-Bruder in traditionalen Gesellschaften oft eine wichtigere Rolle spielt als der leibliche Vater. Alle acht Kinder sind vertraut und verbunden. Alle gehören sie zu einer Familie. In jedem Falle aber entsteht die besondere Steigerung des Zusammenhaltes nach dem elementaren Sozialgesetz: geteilte Liebe ist doppelte und dreifache, ist gestärkte Liebe. Das geliebte Wesen meines geliebten Wesens ist mein geliebtes Wesen.

Mit Blick in frühere Zeiten des Ganzen Hauses – aber auch durchaus zurückreichend zur vorzeitlichen Urhorde – können wir davon ausgehen, dass sich Gemeinschaftsgefühle mittlerer Intensität auf eine Gruppengröße von 10 bis 30 Personen eingepegelt haben. Aus dieser empirischen Ahnung ebenso wie aus der soziologischen Überlegung von der gegenseitigen Bestärkung geteilter Wir-Gefühle innerhalb derselben Familie ergibt sich die geläufige Vorstellung, dass die große Familie liebevoller ist, mehr Halt gibt und mehr Macht entfaltet als die kleinere.

Was liegt näher, als aus der Nostalgie und aus der Soziologie heraus für größere Familien zu plädieren? Allerdings, der Zusammenhang zwischen Zahl der Familienmitglieder und Stärke des Gemeinschaftsgefühls ist so einfach nicht. Die Vergrößerung der Familie, wie jeder Gruppe, hat ihren Preis. Mit ihr wachsen nicht nur Liebe, Halt und Macht, sondern auch Gegenbewegungen: Es bilden sich im Innern vorübergehende oder feste Gefühls- und Interessenkoalitionen, Parteiungen, Entzweiungen, Zerwürfnisse, Eifersüchte, offene Streitereien und verdeckte Konflikte. Sie können den Zusammenhalt und die Macht einer großen Familie schwächen, ja zerstören.[7]

Dass die große Familie liebevoller und stärker sei als die kleine, ist eine Legende, eine Romantisierung alter und anderer Zeiten. Je größer die Familie, desto höher das Risiko, dass sie sich von innen heraus schwächt. Es wird zum Beispiel immer schwieriger, ein Erbe zu verteilen. Das Risiko steigt noch einmal, wenn die Gefahr von außen fehlt oder sich abschwächt. Drohen keine konkurrierenden Familien und keine Feinde und erscheint der Staat nicht als Gegner, sondern als Freund und Förderer der Familie, entfällt der äußere Druck, der eine Familie über innere Streitpunkte hinweg zusammenschweißt. Die moderne Familie, in immer freundlicherem Umfeld, braucht, um sich zu behaupten, weder einig noch groß zu sein, erst recht nicht mächtig im politischen Sinne.

Es ist aber nicht nur das Risiko innerer Konflikte, das die Familie von innen heraus schwächt. Auch ohne Streit und Konflikt gibt es eine Entkräftung von Gemeinschaft durch Vergrößerung. Sie geht unweigerlich einher mit dem eben beschriebenen Prozess der Stärkung durch Vergrößerung, sie ist die immer mitlaufende Gegenbewegung zu diesem Prozess. Denn je mehr Gefühle sich durch hinzukommende und verkettende Beziehungen überlagern und stärken, desto weniger können die einzelnen Beziehungen hingebungsvoll und intensiv, dazu noch, wie in der Familie normativ gefordert, gleich stark gelebt werden. Mit der Ausdehnung der Gefühle auf immer mehr Menschen, ob nun innerhalb der Familie, eines Unternehmens, eines Volkes oder gar der Menschheit, können nicht mehr alle Beziehungen hoch gefühlsgeladen und gleichermaßen gefühlvoll gelebt werden. Es stellen sich vielmehr spontan unterschiedlich starke Gefühlsbindungen ein mit einer Präferenz für nächste Verwandte oder für einen Lieblingssohn, von Thomas Mann in seinem biblischen Roman *Joseph und seine Brüder* beschrieben.

Man kann von einem Gesetz der Ausdünnung der Liebe durch ihre Ausdehnung sprechen. Das Christentum hat dieses elementare Sozialgesetz mit seiner Forderung nach Nächsten- und allgemeiner Menschenliebe auszuhebeln versucht. Vergeblich, wie Sigmund Freud (in *Das Unbehagen in der Kultur*) mit beißendem Spott konstatiert und Helmuth Plessner 1924 in seiner berühmten Streitschrift *Grenzen der Gemeinschaft* analysiert hat:

> Lieben kann man nur Individuelles, das in konkreter Gestalt dasteht, und erst durch das Individuelle hindurch das Allgemeine ... Den gewöhnlichen Menschen, wenn er überhaupt bei Vaterlandsliebe, Menschenliebe, Nächstenliebe etwas Echtes empfindet, nicht nur Traditionelles dabei im Kopf hat, erfüllt ... [dabei] nicht volle, bindende, steigernde Liebe ... Je größer der Abstand zwischen den Trägern der geforderten Liebesbeziehung ist, je ungreifbarer der Gegenstand wird, desto schwerer kommt es zu wirklicher Liebe und damit zu wirklicher Gemeinschaft.[8]

Den Gedanken in die andere Richtung weiterspinnend kann man sagen: Je näher und greifbarer die Liebenden einander sind, je ausschließlicher sich ihre Liebe versteht und je deutlicher sie sich nach außen abgrenzen, desto größer die Wahrscheinlichkeit, dass sich die Liebe besonders innig und (in einer wenig klaren, aber jedermann verständlichen Metaphorik) tief entfaltet. Dies ist der Fall in der Klein- und Kleinstfamilie. Sie ist der Ort, an dem sich der Leitwert der Familie in höchster Konzentration auf ein Minimum von Beziehungen und in höchster Exklusivität zu höchster Form und Reinheit steigert.

Aber was ist das Minimum an Beziehungen in der Liebesfamilie? Erinnern wir uns: Die Verkettung der Liebe zwischen den Geschlechtern mit der Liebe zwischen den Generationen ist das konstitutive Merkmal der modernen »vollständigen« Kleinfamilie. Daraus leitet sich ein Minimum von sechs Sozialbeziehungen ab: zwischen Frau und Mann, zwischen Mutter und Kind, zwischen Vater und Kind, zwischen den Eltern als Einheit und dem Kind, zwischen Mutter und Kind als Einheit und dem Vater, zwischen Vater und Kind als Einheit und der Mutter; und letztlich zwischen allen dreien als Einheit und der Außenwelt. Kommt ein zweites Kind hinzu, erhöht sich die Zahl der Beziehungen entsprechend.

Die Liebe in ihrer Tendenz, sich als reinste und ausschließliche Beziehung zwischen nur zwei Personen zu steigern, neigt aber nun dazu, sich von einer vier- oder dreiköpfigen Zwei-Generationen-Familie zurückzuziehen und auf die noch kleinere und exklusivere Paarfamilie oder Eltern-ein-Kind-Familie zu konzentrieren und kaprizieren. Sie scheint dabei die Verkettung von Geschlechterliebe und generationsübergreifender Liebe aufzulösen. Die Kette bricht.

Machen wir uns diesen scheinbar selbstdestruktiven Steigerungsprozess der Liebe noch einmal klar: Die Liebe zum Kind kann nur entstehen, wenn Kinder geboren und gezeugt, Frau und Mann also sexuell-erotisch voneinander angezogen werden. Die Liebe zum Kind ist also auf die Liebe im Paar angewiesen.

Die Liebe im Paar ist aber auf die Liebe zwischen den Generationen angewiesen. Sie kann nicht im Paar selbst entstehen, sondern nur in einem Paar, das ihm vorangeht. Und sie kann nur weiter gegeben werden als Liebe zwischen Eltern und Kindern. Elternliebe und Paarliebe, die wieder zur Elternliebe wird, hängen untrennbar zusammen. Obwohl Sigmund Freud uns dafür die Augen geöffnet hat, erkennen wir die erotischen Elemente dieser Liebe bis heute nicht an. Selbst wenn wir annehmen, es gäbe sie nicht: Wie sonst sollten wir die Zärtlichkeit, Hingabe, Leidenschaft, latente Gewalt und Zurücknahme, kurz: alles was in die sexuelle Liebe eingeht, lernen, wenn nicht, in sublimierter Form, von den Eltern? Und wir lernen beileibe nicht in der direkten Weitergabe allein, sondern auch mittelbar durch die gegenseitige Liebe der Eltern und anderer, die uns nahestehen. So erleben wir in dem, was wir als unsere eigene, individuelle Paarliebe verstehen, die Vor-Lieben und Vor-Leiden von Generationen – und tragen sie weiter.

Wenn die Liebe nun, in ihrem irrationalen Steigerungsbegehren, die Verkettung der geschlechtlichen und der generativen Dimension nicht halten, nicht beides zugleich haben kann, welche wird sie aufgeben? Die geschlechtliche Paarbeziehung spielt in der modernen, individualistischen Welt eine einzigartige Rolle. Denn der Wunsch nach beständiger harmonischer Partnerschaft formt und steigert sich erst in den Individualitäten. Gelegenheiten für Beziehungen aller Art vervielfältigen sich. Aber in der Fülle unserer Beziehungen spiegeln wir uns immer nur mit Teilen unserer selbst, als »Rollenträger«, niemals ungeteilt als Individuum. In der Vielfalt der Bindungen, der wir unsere Individualität verdanken, droht diese sich zu verlieren. Das begründet das unstillbare Bestreben, die Mannigfaltigkeit in einer einzigen Bindung aufzuheben, die *alles* in sich vereint.[9] Arzt, Therapeut, Pastor, guter Freund: Mit ihnen können wir auch Sexuell-Intimes besprechen – aber nicht sexuell-intim, sondern sachlich. Vater und Mutter mögen uns alles geben, insbesondere Geborgenheit – aber vor der letzten Intimität steht das Inzesttabu. Bleibt alleine die erotische Paarbeziehung, in der alles Sinnlich-Intime und Sachliche seinen Platz hat. So soll es zumindest sein. Dennoch ist auch in dieser Beziehung nicht alles sagbar und nicht alles erlaubt. Die Totalität der sozialen Welt in einer einzigen Beziehung vereinen zu wollen, darin liegt ein unheilbar romantisches Moment und eine Überforderung. Gleichwohl: Die erotische und dauerhafte Partnerschaft ist die *einzige* Sozialbeziehung, an der der Traum von der Ganzheit der sozialen Welt Halt findet. In ihm erträumt sich das Allgemeinste als das Individuellste, als die einzigartige Beziehung zwischen Liebenden.

So sehr die Liebe nach Einzigartigkeit und Unteilbarkeit, nach Individualisierung sucht, so sehr strebt die Individualisierung nach Liebe. Und doch steht sie ihr im Wege: Je mehr wir unsere Persönlichkeit als einzigartige, mit niemand sonst geteilte empfinden, desto mehr verlangen wir nach Ergänzung durch das, was wir nicht sein können. Je mehr aber auch das geliebte Gegenüber einzigartig sein soll und will, desto unmöglicher wird es, aus beiden Individuen ein einzigartig übereinstimmendes Ganzes zu machen. Georg Simmel sah deshalb in der erotischen Liebe »die reinste Tragik: Sie entzündet sich nur an der Individualität und zerbricht an der Unüberwindlichkeit der Individualität.«[10]

Da wir die Ehe heute auf erotischer Liebe bauen, die Liebe aber eine tragische Bindung ist, ist Tragik in Ehe und Familie eingeschlossen. Je mehr wir nach lebenslanger – also immer längerer – Liebe und Leidenschaft verlangen, je mehr wir unsere Ansprüche an Harmonie steigern, desto sicherer sind Scheitern und Scheidung vorprogrammiert.

Welch eine Torheit der Moderne, Familie als dauerhafte Bindung auf ein Gefühl mit tragisch eingebautem Verfallsdatum gründen zu wollen! Alle vormodernen Gesellschaften einschließlich unserer eigenen sind mit ihren interessenmäßig arrangierten, gebotenen und verbotenen Heiraten bei der Familiengründung vernunftgemäßer verfahren. Wie kommt es zu diesem Rationalitätsverlust ausgerechnet in der Moderne, die sich so viel auf ihre Rationalität zugutehält? Dahinter steht das individualistische Verlangen nach einer Ganzheitsbeziehung, die alle anderen Beziehungen in sich aufheben und daher auch das Erotisch-Sexuelle enthalten muss. Alle anderen sozialen Beziehungen einschließlich der zwischen Eltern und Kindern enthalten diese Komponente nicht oder dürfen sie nicht enthalten. Die Liebe des Paares wird somit zum Pars pro Toto des sozialen Lebens, zur einzigen Sozialbindung, in der alle anderen enthalten sein können und sollen.

Dies ist der Grund, weshalb die Liebe, wenn sie ihre höchste Steigerung in der ausschließenden Zweierbeziehung sucht, beim Paar beginnt und beim Paar endet und nicht etwa bei der Mutter-Kind-Bindung. Wenn das Paar aber vergeht oder auseinandergeht, dann klammern sich der oder die verbleibenden Teile mit umso größerer Liebe an das gemeinsame Kind. Es ist nicht nur das, was einem vom anderen bleibt, sondern auch das, was von einem selbst bleibt.

So vergänglich die Liebe des Paares, so unvergänglich die zwischen Eltern und Kind. Dies ist keine Bindung der freien Wahl, sondern, wenn die Zeugung erst erfolgt ist, eine Schicksalsbindung für beide Generationen. Sie ist viel früher in uns verankert als die Bindung des Paares. Sie ist unvermeidbar. Sie ist nicht abwählbar; jeder gelegentliche Versuch dazu ist gesellschaftlich geächtet und kann schwerlich ganz gelingen. Denn die Liebe zwischen Eltern und Kind hat prägenden Charakter; für das Kind ohnehin, von Anfang an, unausweichlich. Für die Eltern naturgemäß später einsetzend; aber dann doch, abhängig von Dauer, Dichte und Ausschließlichkeit der Interaktion, unter dem Protektorat des Leitwerts der Liebe und oft als dessen letzte reale Zuflucht sich steigernd.

Wie in anderen Lebenssphären ist es auch in der Familie: Die Steigerungsmotorik, die die moderne Gesellschaft (früher hätte man gesagt: der Kapitalismus) ihnen eingegeben hat, kristallisiert ihre jeweiligen Leitwerte mit einer Zuspitzung heraus, die zur Überspitzung und Übersteigerung neigt. Dramatisch gesprochen: Liebe als Leitwert frisst ihren eigenen Nährboden, die Familie. Sie verstößt Menschen, die sich doch selbst als liebende und liebesleidende verstehen.

Dieses Argument klingt nun seinerseits überspitzt. Familie über einen Leitwert, ein Ideal zu verstehen, verkennt zugegebenermaßen die Realität der Familie, ihr Alltagsleben. Aber Leitwerte sind auch eine soziale Realität, und zwar eine mächtige, ja übermächtige. Ihre Übermacht rührt aus ihrer Überpersönlichkeit, sie sind überpersönlich, insofern sie kollektiv, das heißt von vielen geteilt und getragen werden. Den Alltag können wir persönlich planen und gestalten. Die Werte, die uns dabei leiten, nicht. Sie sind uns kollektiv vorgegeben, ob uns das gefällt oder nicht.

In jedem Paar gibt es von Anfang an kollektive Fantasien, oder nüchterner: eine sozial geprägte Vorstellung von einem innigen, verständnisvoll-harmonischen Zusammenleben, von der Liebe also. In den Niederungen des Alltags wird diese Wertvorstellung, die ja eine kollektive ist – wer würde sie nicht teilen? –, individuell enttäuscht. Zwei Reaktionen sind denkbar: Entweder schleift das Paar sein Idealbild an der schnöden Alltagsrealität ab; damit lockert es seine Bindung an den Leitwert der Liebe. Oder es hält diesen kollektiven Wert als verbindlich hoch und löst die eigene individuelle Bindung als unzulänglich auf. Dass Trennungen und Scheidungen zunehmen, ist das Werk eines erhöhten und langlebigeren Liebesanspruchs. Bevor es sein hohes Ideal der Liebe in niedrigem Liebesalltag verschleißt, kappt manches Paar die handfeste Bindung um des Liebesideals willen.

Das mag dann, jeden für sich, in eine neue Bindung führen – und lässt dabei, durch die Erfahrung früheren Scheiterns, doch federn. Der Stabilität der zweiten (oder dritten) Bindung kommt das in der Regel zugute. Aber gerade auch, wenn es – gebranntes Kind scheut das Feuer – nicht zu einer erneuten Bindung kommt und die Getrennten jeder für sich weiterleben, tut das dem Leitwert der Liebe keinen Abbruch. Im Gegenteil: Das Paar hat seine individuelle Bindung auf dem Altar einer kollektiven Vorstellung von Harmonie und Liebe geopfert, das kollektive Liebesideal ist als Sieger über die individuelle Liebesbindung daraus hervorgegangen.

Ein Pyrrhussieg? Wahrscheinlicher ist, dass die Liebe als kollektiver Wert aus der ihr nicht gerecht gewordenen und an ihr zerbrochenen individuellen Liebe nur umso reiner hervortritt. Die brüchig gewordenen Bindungen an einen Menschen aus Fleisch und Blut verschwinden nicht aus der Welt und bleiben auch nicht als reines Negativum, sondern verwandeln sich in Bindungen an eine Idee, also in reine Wertbindungen, die von einem größeren Kollektiv geteilt werden.

Das ist keine metaphysische Spekulation. Es lässt sich empirisch nachprüfen, sofern man Liebende ungetrennt, getrennt und später über die Geschichte ihrer eigenen Liebe und über die Liebe im Allgemeinen als Ideal sprechen lässt; natürlich auch über die Frage, welche Bedeutung die Liebe für ihre eigene Familie und die Familie im Allgemeinen hat und ob man sich eine Familiengründung ohne Liebe vorstellen kann. Solche Fragen, die doch an Vorgänge rühren, die uns allen vertraut und manchmal lebensentscheidend sind, werden in der Soziologie merkwürdigerweise nicht gestellt. Forschung stagniert, weil ihr Fragen und Hypothesen fehlen. So müssen wir uns mit einigen Daten behelfen, die wie Brosamen von anderen Forschungstischen fallen.[11]

Die Familie wird größer

Was aber wird aus der Liebe, wenn immer weniger Kinder geboren und die Familien deshalb stetig kleiner werden?

Betrachten wir zunächst nur die Wirkung der größeren und der kleineren Zahlen. Zwei Tendenzen arbeiten hier gegeneinander. Auf der einen Seite wird, wenn statt acht oder sechs Personen nur vier oder drei zur Familie gehören, das Netzwerk der Liebesbindungen und damit die »Gesamtliebe« in der Familie kleiner. Andererseits kann gerade durch die Verringerung der Personen – genauso wie durch den Verlust von Funktionen – jede einzelne Liebesbindung exklusiver und intensiver werden. Dies wird den Beteiligten nicht bewusst, sofern die Verkleinerung der Familie durch Geburtenrückgang verursacht ist. Von einem Verlust kann man dann nur abstrakt, im Vergleich zu vorangegangenen Generationen, sprechen. Ein direktes schmerzhaftes Verlusterlebnis fehlt. Erst wenn dieses – durch Tod oder Verlassenwerden – hinzukommt, äußert sich die Intensität der Liebe und wird bewusst: in der Intensität von Trauer.

Es ist die Kombination von drei Tendenzen, die dazu führt, dass die moderne Familie mit einem Minimum an Kindern auskommt:

die Auslagerung und Effizienzsteigerung von Aufgaben; damit verbunden die Verringerung von Lebensrisiken und Verlängerung des individuellen Lebens; und, mit beidem zusammenhängend, die liebevolle und liebessteigernde Konzentration der Familienbindungen auf wenige Menschen, die eine immer länger werdende Lebensspanne miteinander teilen. Auch mit zwei Kindern oder nur einem enthält die Familie beides: die Liebe zwischen Mann und Frau und die zwischen Eltern und Kindern. Mehr braucht sie nicht, um sich als emphatisch gesteigerte Liebesgemeinschaft zu erhalten und fortzudauern.

Was aber geschieht, wenn die Zahl der Kinder in einer Familie auf null sinkt? Logischerweise geht dabei ein wichtiger Typus der Liebe, die Liebe zwischen den Generationen, in die Zukunft hinein verloren. Daraus folgt zum einen: Die Liebe zwischen den Generationen wendet sich zurück zu den Eltern, solange diese leben; und/oder sie verwandelt sich in eine Paarliebe und kann in der äußersten und exklusiven Konzentration auf den Partner/ die Partnerin noch eine emphatische Steigerung finden. Dies hat seinen Preis darin, dass die Kleinstfamilie zu bestehen aufhört, wenn eine der beiden letzten Personen, die sie noch halten, stirbt.

So weit die Logik. Die Sozio-Logik führt auf ganz andere Wege. Als empirische Wissenschaft fragt sie zunächst nach den Beziehungen und Institutionen, so wie die Menschen selbst sie verstehen. Dadurch beschert sie uns eine erste große Überraschung. Entgegen unseren Vorurteilen, logischen Ableitungen und den Statistiken, die angesichts von Trennungen, Scheidungen und Geburtenrückgang allesamt auf eine Verkleinerung der Familie hinauslaufen, wird die Familie nicht kleiner, sondern größer!

Wie ist das zu erklären? Und wie lässt es sich mit der These vereinbaren, dass immer mehr Familien mangels eigener Kinder einfach zu bestehen aufhören? Tatsächlich gehören diese beiden scheinbar widersprüchlichen Entwicklungen zusammen. Denn, so paradox es klingt: Auf ihre Verkleinerung antwortet die Familie mit Vergrößerung. Die *Erweiterung der Familie durch Verwand-*

tenwahl ist einer von drei Mechanismen der Selbsterhaltung. Die beiden anderen Mechanismen sind die *Verringerung der Zahl der Kernfamilien* und die *Erhöhung familialer Qualität*. Betrachten wir die drei Mechanismen im Einzelnen.

Beginnen wir mit der *Erweiterung durch Verwandtenwahl*. Einzelgänger und Paare ohne Kinder, gerade wenn sie selbst Einzelkinder sind, also keine Geschwister mehr haben, stehen natürlich in der Gefahr, besonders im Alter allein zu bleiben und ihre Familie um sich herum zu verlieren, bevor sie selbst, sterbend, nicht nur unter ihre persönliche, sondern auch unter eine Familiengeschichte den Schlussstrich ziehen. So lange sind sie aber immer noch Bestandteil einer Herkunftsfamilie mit Cousins, Großneffen und anderen entfernteren Verwandten sowie hinzugewählten Vertrauten, die sie zu ihrer Familie »machen«.

Denn wer zur Familie gehört, entscheiden nicht Biologen, Demografen und Statistiker aufgrund vorgefasster Kriterien, sondern die Beteiligten selbst, indem sie sich gegenseitig Liebe, Intimität und Halt schenken, also die zentralen Familienfunktionen erfüllen. Mit der gegenseitigen Wahl als Ehepartner entsteht eine institutionalisierte Wahlverwandtschaft, die so entscheidend ist, dass oft von »Familiengründung« gesprochen wird. Es gibt aber auch Wahlverwandtschaften, die weniger dramatisch den Aspekt der Wahl betonen. Stattdessen nehmen sie vorhandene, nicht gewählte Verwandtschaftsbeziehungen zum Anlass, um die eine oder andere durch einen oft unbetonten, nicht ritualisierten Wahlakt zu erhöhen. »Onkel Richard gehört bei uns zur Familie«, heißt es dann, oder: »Mit Müllers mache ich so viel zusammen, und wir verstehen uns so gut – die haben mich quasi adoptiert!«

Im Abstand von 50 Jahren wiederholte das Allensbacher Institut für Demoskopie die Frage: »Wen rechnen Sie zu Ihrer Familie?« Es zeigt sich: Aufs halbe Jahrhundert gesehen gehen Ehegatten der Familie verloren – die Nennungen fallen von 70 auf 58 Prozent; das mag auf eine größere Zahl von Trennungen und Scheidungen und auf einen zunehmenden Anteil von älteren verwitweten Personen zurückzuführen sein. Dagegen werden Eltern, Großeltern, Urgroßeltern, Onkel und Tanten und andere Verwandte heute häufiger zur Familie gezählt als damals. Auch Alleinstehende und Menschen ohne Kinder können, sich an Verwandte und Freunde anschließend, ihre Familie »machen«. Es fehlen leider Daten, um diese Wahlverwandtschaften konkret zu ermitteln. Genauer wissen wir allerdings, dass wegen der zunehmenden Langlebigkeit sich auch Familien in die Länge dehnen und im Schnitt mehr Generationen umfassen als früher. Während damals nur wenige Menschen ihre Großeltern kennen lernten, werden es heute immer mehr, die auch ihre Urgroßeltern noch miterleben. Man spricht von »Bohnenstangenfamilien«. Die Erweiterung der Familie vollzieht sich also in erster Linie in die Länge, aber auch, durch Zuwahl, in die Breite, obwohl die Zahl der Geschwister abnimmt.

Man muss nicht in ein und demselben Haushalt wohnen, um zur Familie zu gehören. Heute ziehen es insbesondere ältere Menschen vor, nicht zu dicht mit erwachsenen Kindern und deren Kernfamilie zusammenzuleben. Als familiale Verbundenheit auf Distanz kann man das bezeichnen. Den familialen Gefühlen tut es wenig Abbruch. Trotz der zunehmenden Zahl von Ein-Personen-Haushalten fühlen sich heute nicht mehr Menschen einsam als früher.[12]

Die Zahl der Familien sinkt

An dieser Stelle steht nicht im Vordergrund, was Kinderlosigkeit für den Einzelnen, sondern was sie für die Familie bedeutet. Menschen, die kinderlos bleiben, sterben als Individuen aus. Sofern sie keine Geschwister haben, hört die Kernfamilie ihrer Eltern auf zu existieren. Aber weitere Zweige der Herkunftsfamilie überdauern, und es werden immer mehr, je weiter man die Herkunftslinie zurückverfolgt. Daneben gibt es noch die Familien, mit denen eine Wahlverwandtschaft besteht.

Wie sich statistisch zeigt, verteilt sich der Geburtenrückgang nicht gleichmäßig auf alle Familientypen. Die sinkende Geburtenrate verringert die Zahl der Zwei-Kinder-Familien kaum, erhöht aber die Zahl der kinderlosen Paare und Frauen. Nur in Bezug auf deren Familienzweig kann man von Aussterben sprechen, die anderen Zweige blühen weiter. Was der sich fortsetzende Geburtenrückgang heute und in Zukunft bewirkt, ist also eine *Verringerung der Zahl der Kernfamilien*. Die Gesamtheit der Familien, also »die« Familie bleibt erhalten, reduziert nur um eine gewisse Zahl von Familienzweigen. Aus der Verringerung der Zahl der Familien zu schließen, »die« Familie sterbe aus, ist genauso abwegig wie der Schluss, die Zehntausende von Unternehmen, die jährlich durch Konkurs, Übernahme oder Fusion verschwinden, bedeuteten das Ende der Unternehmenswirtschaft.

Das Gegenteil ist richtig: Die Unternehmen, die übrig bleiben, sind die erfolgreicheren, insofern die »besseren«. Man mag darüber streiten, welches Erfolgskriterium in der Unternehmenswirtschaft das wichtigere ist: das verdiente Geld, die Rendite, der Profit einerseits oder das Verhältnis von Aufwand und Ertrag, die Wirtschaftlichkeit, die Produktivität, insbesondere die Produktivität der Arbeit andererseits. Das erste ist eher kurzfristig, das zweite eher nachhaltig, auf lange Sicht konzipiert. Das erste scheint sich mehr nach außen hin, am Markt zu bilden, das zweite eher ins Unternehmen hinein. In jedem Fall wird der Erfolg im Vergleich gemessen, sei es in direkter Konkurrenz, in der sich die Unternehmen aufeinander beziehen müssen, sei es durch wissenschaftliche Kennziffern oder andere Vergleichsmaßstäbe. Ob nun dem kurzfristigen, am Markt erzielten Gewinn eine größere Bedeutung zugemessen wird oder der sachlichen, langfristigen, innerbetrieblichen Produktivitätssteigerung: Das eine geht in der Marktwirtschaft nicht ohne das andere; in beiden Größen steckt ein Verhältnis von Aufwand und Ertrag. Beide sind Ausfluss einer Denkweise und eines Leitwerts der Wirtschaftlichkeit. Der Ausleseprozess: das Ent- und Bestehen einer Reihe von Unternehmen und das Scheitern von anderen, macht die Wirtschaft wirtschaftlicher. Die Quantität der Unternehmen verwandelt sich in Qualität. Und es ist die Qualität der Unternehmen, die den Bestand der Wirtschaft sichert: sowohl im Vergleich und in der Konkurrenz einer Volks- oder Staatswirtschaft mit anderen als auch im Vergleich der Wirtschaft mit anderen Systemen wie Religion, Politik, soziale Sicherung, Familie.

Es mag befremdlich sein, Ausleseprozesse im System Familie analog zu betrachten zu denjenigen im System Wirtschaft. Einzelne Familien stehen ja in modernen Gesellschaften weder in direkter Auseinandersetzung miteinander noch in einem Konkurrenzkampf um die Gunst eines Dritten. Gleichwohl kann man sagen, dass die moderne (oder europäische) Einzelfamilie als Typus in Konkurrenz steht etwa mit der arabischen Familie, und zwar hinsichtlich des Punktes, welche der unterschiedlichen Leitwerte, Größenordnungen und inneren Ordnungen auf Dauer Bestand haben werden. Ebenso spannend ist auch die Frage, wie sich die Familie als Lebenssphäre oder Funktionssystem insgesamt in der Auseinandersetzung mit anderen Lebenssphären – Wirtschaft, Politik et cetera – behaupten kann; alle diese Lebenssphären konkurrieren ja um die Energien der einzelnen Menschen ebenso wie um die der Gesellschaft. Mit Blick auf die Familien anderer Kulturen ebenso wie mit Blick auf andere Lebenssphären innerhalb der eigenen Kultur steht »die« Familie als ein System, das die einzelnen Familien übergreift, also in einem Bestandskampf. In ihm scheitern einzelne Familien, und diese Verringerung der Familienzahl insgesamt lässt die beständigeren übrig und sichert so den Bestand des Familiensystems als ein Ganzes.

Diesen Vorgang können wir, analog zur Wirtschaft, als einen Übergang von Quantität zu Qualität bezeichnen. Einen Wertakzent nicht scheuend, kann man von *Qualitätserhöhung* sprechen. Das ist der dritte Mechanismus der Selbsterhaltung des Systems. Wie er die Wirtschaft wirtschaftlicher macht, so macht er die Familie familialer. »Familiale Qualitätssteigerung«: ein merkwürdiger

Begriff, der den Verdacht nach eingebauten Vorwegwertungen nahelegt. Es ist deshalb notwendig, genauer zu umschreiben, was mit Qualitätserhöhung gemeint ist: zum einen eine verstärkte Konzentration auf Liebe und emotionalen Halt als zentrale Funktionen der Familie; zum anderen Konzentration auf wenige Personen mit intensiven Gefühlsbeziehungen; drittens Konzentration auf diejenigen, die trotz steigender Widerstände beziehungsweise verlockender Alternativen »Familiengründer« werden.

Familien, die alle »niederen« Aufgaben des Zusammenlebens wie die Produktion von Gütern, die finanzielle Versorgung in Alter und Krankheit, Pflegedienste, Zubereitung und Einnahme von Mahlzeiten, aber auch Ausbildung, Beten, Sport, manchmal auch die Sexualität an andere Lebenssphären abgegeben haben und sich ganz auf Liebe, Verständnis und seelische Unterstützung der Angehörigen spezialisieren, können es in dieser Hinsicht zu ungeheurer Intensität bringen, die immer noch steigerungsfähig erscheint. Andererseits wachsen aber auch die Risiken dieser Spezialisierung: Wenn die steigenden Ansprüche an die letzte verbliebene Kernfunktion nicht erfüllt werden – was wegen der Steigerung selbst, der Verlängerung der individuellen Lebenszeiten und der chronischen Instabilität jeder auf Emotionen basierenden Beziehung wahrscheinlich ist –, droht der Familie ganz und gar der Boden entzogen zu werden. Zu erhalten ist sie dann nur durch besondere Anstrengungen der Familienangehörigen; durch Rückgriff auf die früheren Familienfunktionen, die zwar heute eher abgewertet sind, aber als gemeinsames Wohnen, Steuersparen, Auftreten in der Öffentlichkeit und/oder im Freundeskreis eine enorme praktische Haltbarkeitswirkung bewahren können; oder durch Trennung und Scheidung.

Sie haben richtig gelesen: Trennung oder Scheidung demonstrieren zwar das offizielle Scheitern oder Ende einer Kernfamilie. Inoffiziell oder untergründig bleiben aber Bindungen – und seien es Bindungen des Hasses – bestehen. Wichtiger ist aber, ob Trennung und Scheidung zum Trotz die zentralen Leitwerte der Familie in den Köpfen ihrer Mitglieder Bestand haben. Das scheint vielfach der Fall zu sein. Mit der Scheidung wird ja die Idee und Wunschvorstellung einer liebevollen Familie nicht an sich aufgegeben. Es wird nur ihr Scheitern im konkreten Falle eingestanden. Das Scheitern kann aber gerade dadurch mitverursacht sein, dass die familialen Leitwerte in den gegenseitigen Ansprüchen der Familienangehörigen fest verankert sind – so fest, dass ihre individuellen und gemeinsamen Anstrengungen, sie zu verwirklichen, vergeblich sind.

Nimmt man hinzu, dass eine gewaltige Kulturindustrie der Romane, Filme, Schlager den Leitwert der Liebe unablässig, im Positiven wie im Negativen, weiterbearbeitet und -trägt, dann wird verständlich, dass wir Ehe und Familie als Ideal- und Wunschvorstellung für einen zweiten, dritten, vierten Versuch aufrechterhalten, auch wenn der erste Anlauf praktisch gescheitert ist. Ob wir ledig bleiben oder uns wiederverheiraten, ob wir uns kritisch zur eigenen und zur Familie im Allgemeinen äußern oder nicht, das Liebesideal scheint uns unausrottbar verinnerlicht. Es hat die ganze Stärke kulturell tief gewachsener Wurzeln.

Mit subtileren Methoden als der Umfrageforschung wäre es vielleicht möglich, genauer zu erforschen, ob die Fülle des erfahrenen und beobachteten Scheiterns in eigenen und fremden Familien nicht doch das Ideal untergräbt. Einstweilen weisen die Statistiken des Wiederverheiratens für diejenigen, die dazu aufgrund ihres Alters und ihrer Lebensumstände noch eine Chance haben, eher darauf hin, dass die Liebe ihre familienbildende Leitfunktion auch durch praktisches Scheitern hindurch erhält, ja bestärkt.

Das gilt auch für die Geburt von Kindern. Wiederverheiratete als Eltern in Stieffamilien bekommen tendenziell sogar mehr Kinder als solche in ungeschiedenen Ehen, wie die amerikanische Soziologin Elizabeth Thomson herausfand. Für verschiedene europäische Länder wies sie nach: Geschiedene mit Kindern wollen mit ihrem neuen Partner noch weitere Kinder bekommen, auf die sie sonst verzichtet hätten. Offenbar, sagt die Soziologin, sei es ein Grundbedürfnis, auch mit dem neuen Partner wieder eine »richtige Familie« zu gründen. Es scheint fast so, als ob mehr Familienformen auch zu mehr Familien führen – und nicht zu weniger.[13]

Wenn die Familie mehr und mehr ausschließlich auf Liebe baut und ihre traditionellen Aufgaben außer Haus gibt, wo sie zu Kristallisationspunkten eigenständiger Lebenssphären wie Schule, Erwerbsarbeit, Vereinsleben, Politik und weiterem werden, entsteht für die Familienmitglieder ein Sog, an allen diesen anderen Lebensbereichen zu partizipieren. Diese Strömung erfasst alle erwachsenen Mitglieder der Familie. Wer nicht überall dazugehören und mitmachen kann, gilt als »unvollständig«. Partizipationsrechte und -möglichkeiten in allen Lebenssphären werden zu einem Persönlichkeitswert.

Die Erfüllung dieses Wertes obliegt nicht nur dem Einzelnen. Sie wird auch zum Qualitätsmaßstab moderner Gesellschaft und zum Ziel umfassender Gesellschaftspolitik. Der siebte Familienbericht aus dem Jahr 2006[14], den die Bundesregierung mit dem großen Aufwand einer Sachverständigenkommission in Auftrag gegeben hat, ist getragen von einem Partizipationspathos. Hintergründig und unreflektiert wird damit der Funktionsverlust der Familie zu einer Art Modernitätsnorm erhoben. Sie zieht die Norm der Partizipation – besonders, aber nicht nur zugunsten der Frauen – nach sich. Alles, was diese Norm verletzt, versetzt uns in Empörung: erzwungene Arbeitslosigkeit, ungleiche Bildungschancen, ungleiche Ansprüche von Berufstätigen und Nichtberufstätigen an die Rentenversicherung, ungleiche Karrierechancen, ungleiche Verteilung der Hausarbeit auf Mann und Frau und so weiter. Es sind solche Partizipationsforderungen und der darin steckende Gerechtigkeitsanspruch, die den Funktionsverlust der Familie vorantreiben und gleichsam zur offiziellen Politik erheben, obwohl dieselbe Politik nach wie vor die Familie als Keimzelle der Gesellschaft preist und in ihrem Familienbericht zustimmend dokumentiert, wie reichhaltig und vielgestaltig die

Aufgaben sind, die die Familie tatsächlich (noch) erledigt – ihrem fortschreitenden Funktionsverlust zum Trotz.

Dem Risiko, dass die Familie sich durch den Rückzug auf eine einzige Kernfunktion destabilisiert, wirken zwei Prozesse entgegen. Den einen kennzeichnet die fortdauernde, sich gegenseitig unterstützende Zusammenarbeit zwischen Familie und anderen Lebenssphären. Man kann auch von einer Reservefunktion der Familie sprechen. Der andere lässt sich als Refamilialisierung von Funktionen (Aufgaben) bezeichnen.

Auch wenn ihr (fast) alle Aufgaben verloren zu gehen scheinen, so bleibt der Familie doch etwas von allen: Sie produziert, sie konsumiert, sie kocht, wäscht und putzt, sie erzieht, sie bildet, sie heilt, sie pflegt. So hilft sie den Unternehmen, den Gärtnereien, den Reinigungsbetrieben, den Wäschereien, den Restaurants, den Schulen und Universitäten, den Krankenhäusern, Pflegestationen, Versicherungen, ja, sie führt oft erst zu ihnen hin: Sportvereinen, politischen Parteien, Religionsgemeinschaften werden die meisten Mitglieder nach wie vor durch die Familie zugeführt; man wird quasi über die Familie in sie hineingeboren. Ohne die Vorleistungen und Zusatzleistungen der Familien wären die Institutionen, die die ursprünglich familialen Aufgaben übernommen haben, hoffnungslos überfordert und kaum effizient.

So wie die Familie den Kindergärten, Krankenhäusern, Betrieben hilft, so helfen diese umgekehrt den Familien. Sie rufen von der Familie etwas ab, was man nicht als Liebe bezeichnen kann, sondern als nützliche Hilfsleistungen, Motivationen, Verbindungen: Hilfe bei Hausaufgaben, Krankenbesuche, Fahrdienste, Pflege, Stellenvermittlungen und so weiter. Die Familie, der dadurch Funktionen abgefordert werden, die eigentlich von anderen, spezialisierten Funktionsbereichen erledigt werden sollten, stabilisiert sich auf diese Weise nicht nur durch Liebe, sondern auch durch Nützlichkeit. Da es sich dabei allerdings um eine von Liebe berührte und getönte Nützlichkeit handelt, stellt sie einen Kitt besonderer Art dar, die für die reinen Funktionssysteme unerreichbar ist.

Merkwürdigerweise wird diese besondere Zusammenarbeit zwischen Familie und anderen Institutionen, die sowohl die eine wie die anderen kräftigt, in der öffentlichen Diskussion als etwas Negatives, Anstößiges dargestellt. Als dürfe die Familie den aus ihr ausgegliederten Institutionen nicht helfen, weil nicht alle Familien gleichermaßen ihren Mitgliedern, besonders ihren Kindern, nützen können: Nicht alle haben gebildete Eltern, einen Bücherschrank, die Möglichkeiten für eine zeitaufwändige und liebevolle Pflege und hilfreiche Verbindungen zu befreundeten Personalchefs. (In der Sprache Pierre Bourdieus: Nicht alle verfügen über kulturelles und soziales Kapital.) Eine abstrakte Konzeption von Chancengleichheit und sozialer Gerechtigkeit möchte deshalb die funktionale Spezialisierung so weit treiben, dass Familien rigoros von Schulen, Unternehmen, politischen Parteien getrennt werden. Gelänge das, dann würden die verschiedenen Leistungsbereiche der Gesellschaft geschwächt; zuallererst die Familie, die, aller Nützlichkeiten enthoben, nur noch auf Liebe gestellt wäre.

Es dient der Stabilisierung der Familie, dass sie von allen Aufgaben, die sie der reinen Fortschrittslehre funktionaler Differenzierung gemäß eigentlich abgeben müsste, ein Stückchen behält. Diese Einsicht weiterführend, kann man vermuten, dass die Familie sich stärkt, sofern sie bereits ausgegliederte Aufgaben in den familialen Rahmen zurückholt. Der amerikanische Demograf Phillip Longman vermutet, dass eine Krise der Sozialversicherungen wie von selbst dazu führt, dass Familien für ihre Sicherung bei Krankheit, Arbeitslosigkeit und Alter stärker selbst aufkommen müssen, dadurch an Bedeutung gewinnen und auch wieder mehr Kinder bekommen. Er argumentiert aus einem amerikanischen Erfahrungszusammenhang, in dem die familial-private Solidarität seit jeher ein größeres Gewicht hat als die sozialstaatliche. Obwohl der Grundgedanke konsequent ist – Familien nehmen an Bedeutung zu, wenn sie zusätzliche Funktionen wieder aufnehmen können –, ist es höchst zweifelhaft, ob sich das Rad wieder zurückdrehen lässt. Für Amerika gilt wie für Europa: Die Risiken der Existenz sind nicht dadurch leichter zu tragen, dass sie auf kleinste Einheiten, die Familien übergehen, und die Familien können auch nicht, wenn sie die Strategie der Risikominderung verfolgen, kurzfristig ihre Kinderzahlen erhöhen. Selbst wenn dies möglich wäre, würde es die Familien noch mehr belasten als bisher.

Qualität und Risiken der Kleinstfamilie

Qualität und Risiken einer Familie steigern sich nicht nur durch die Auslagerung von Aufgaben, bis schließlich als Kernaufgabe die Liebe übrig bleibt, sondern auch durch den Rückgang der Kinderzahl. Kinder werden zu einer Rarität. Sie erlangen eine besondere Bedeutung. Genau besehen ist es aber nicht (nur) der Wert des Individuums, der steigt, sondern der Wert der Bindungen zwischen den Familienmitgliedern. Es handelt sich um Wertsteigerung durch Singularität und Exklusivität. Ist die Bindung zwischen Mann und Frau ohnehin eine exklusive, so wird es die zwischen Eltern und Kindern noch mehr, je weniger Kinder da sind. Haben die Eltern nur ein Kind, so ist die Kind-Eltern-Beziehung eine einzigartige – mag sie noch so viele Elemente enthalten, die in allen Eltern-Kind-Beziehungen, in denen ein und derselben Kultur oder desselben sozialen Milieus gleich sind.

Haben die Eltern einen Sohn und eine Tochter, dann ist die Sohnesbeziehung einzigartig, die Tochterbeziehung aber auch, die Beziehung zwischen Schwester und Bruder ebenso. Kommt ein zweiter Sohn hinzu, dann gibt es zusätzlich eine einzigartige Beziehung zwischen den Brüdern und so weiter. Unterscheidet man noch einmal zwischen Mutter und Vater, dann vermehren sich die einzigartigen Beziehungen zwischen den Generationen. Mit der Vermehrung der innerfamilialen Bindungen entsteht und verfestigt sich ein Netz. Seine Haltekraft beruht auf der Fülle der Fäden (Bindungen). Die Wahrscheinlichkeit, dass jeder einzelne Faden besonders innig-intensiv und haltbar ist, nimmt allerdings mit der Zahl der Fäden ab. Je weniger Personen und Bindungen, desto mehr liegt die Intensität und Haltekraft bei den einzelnen Bindungen und weniger bei dem Netzwerk, das ja mangels Masse nur klein sein kann.

Die Kleinstfamilie mit nur drei Personen enthält besonders starke Einzelbindungen. So gesehen ist ihre Bestandskraft hoch. Andererseits ist sie aber auch besonders gefährdet, weil durch den Verlust schon eines einzigen Familienmitglieds die Familie an den Rand der Auflösung gerät. Auch eine zweiköpfige Familie kann weiterbestehen, indem sie dem verlorenen Familienmitglied einen besonderen Platz einräumt und es symbolisch am Familienleben weiter teilnehmen lässt. Dies kann aber auch zu einer besonderen Belastung führen. So verspüren es Eltern, die das einzige Kind verloren haben; ähnlich Vater und Kind, wenn die Mutter gestorben ist oder Kind und Mutter nach dem Tod des Vaters. Das Risiko des vorzeitigen Todes ist zwar in der modernen Gesellschaft statistisch gesehen geringer geworden. Aber eine Beunruhigung, Beängstigung und Schwankung wird die auf ein quantitatives Minimum reduzierte Familie eher aufweisen als die größere Familie. Die Steigerung der emotionalen Intensität führt, in der Kleinstfamilie, zu einer Qualität, die in hohem Maße als prekär empfunden wird.

Die Verkleinerung der Familie durch vorzeitigen Tod ist seltener geworden. Trennungen und Scheidungen treten dem gegenüber in den Vordergrund. Dabei zerreißt nun der Zusammenhang zwischen Verkleinerung und Qualitätssteigerung vollends. Denn mögen sich die Eltern auch in aller Vernunft und Rücksichtnahme einvernehmlich trennen, das Kind, das sich als Teil von beiden empfindet und die Eltern als ein Ganzes verkörpert und zum Teil seiner selbst macht, wird durch das Zerreißen des Ganzen im Inneren selbst zerrissen. Aus einem Ungeteilten – Individuum – wird es zu etwas Geteiltem. Und dies nicht aufgrund eigener Entwicklung und Entscheidung, sondern durch die Entscheidung der Eltern, auf die es keinen Einfluss hat. Die Liebe der Eltern, die es als etwas Einheitliches und Ganzheitliches empfindet und erwidert – Familienliebe eben –, kehrt sich plötzlich um zu etwas Fremdem, bedrohlich Trennendem.

Im Streit der Eltern um das Sorge- und Erziehungsrecht für das Kind kommt dies nur unzulänglich zum Ausdruck. Die Eltern interpretieren den Kampf ums Kind als Ausdruck ihrer je individuellen Liebe. Tatsächlich werden sie aber in dem Machtkampf ums Kind zu fremden Mächten für das Kind, die die Liebe zum Kind ebenso wie die Liebe des Kindes zu den Eltern zerstören. Liebe verwandelt sich in Macht; Familienliebe in Machtbestrebungen der Individuen.

Das Kind kann diesen familialen Transformationsprozess von Liebe in Macht nur als Ohnmacht erleben. Das, was wir gemeinhin auch in intakten Familien als Macht der Eltern gegenüber dem Kind bezeichnen, ist ja eine Konstruktion, die wir aus der Erwachsenenwelt in die Familie übertragen. In der Familie als einer Ganzheit wird Macht aufgehoben durch Liebe – oder sagen wir besser: durch die Macht der Gefühle. Denn die Gefühlsintensität der Bindungen, die wir als Liebe bezeichnen, wächst nicht ohne Gegenbewegungen und Gegenwertungen, also nicht ohne Ambivalenzen. In der Familie gibt es Liebe und Hass – und ein weites Feld dazwischen. Doch auch die ambivalenten, von Zorn und Ablehnung durchsetzten Familiengefühle haben eine bindende und erhaltende Kraft. Um die Selbsterhaltung dieser Kraft und der Institution Familie geht es hier – nicht um das Wohl und Weh des Einzelnen. Kinder können durch die Scheidung der Eltern um einen Teil ihres individuellen Glücks und ihrer frühen Identität gebracht werden. Das bedeutet aber nicht, das die Familie als Institution gefährdet sei.

Um die Halte- und Stabilisierungskräfte der Institution geht es uns noch immer. Werden sie in der Verkleinerung der Familie durch Scheidungen und Geburtenrückgang nicht aufgezehrt? Prüfen wir die Bewegungen, die dem entgegenwirken.

Die Kinder selbst werden oft als das berühmte schwächste Glied in der Kette bezeichnet. Ob sie es tatsächlich sind, ist fraglich. Ihre Lebens- und Erhaltungskraft wächst. Sie lässt sich, so schmerzlich die ersten Brüche durch Trennung und Scheidung auch sein mögen, in der Regel nicht brechen. Dass die Erhaltungsmechanismen, auch wenn man sie schlicht als individuelle Kräfte des Kindes interpretiert, nicht bewusst sind und nicht bewusstwillentlich eingesetzt werden, tut ihnen keinen Abbruch. In der Trennung, in der das Kind sich nicht mehr ohne weiteres mit beiden Eltern in eins setzen kann, identifiziert es sich mit der Person, die ihm im Augenblick am wichtigsten und nächsten ist. Später schlägt die Identifikation meist um. Es wird der Elternteil und die Übereinstimmung gesucht, die man zunächst verloren, vermisst, verdrängt oder abgelehnt hat. Das Kind führt, früher oder später, auf diese Weise wieder als Familie zusammen, was ihm zunächst vorenthalten und/oder zerrissen wurde.

Da dieser Mechanismus des unbewussten und ungewollten Familienerhalts allmählich ins öffentliche und auch juristische Bewusstsein tritt, gibt es seit einigen Jahrzehnten die Tendenz, ihn schon frühzeitig und absichtsvoll ins Spiel zu bringen: als Strategie des gemeinsamen Sorgerechts und der familiengerichtlichen Konfliktmoderation. Es ist erstaunlich, welche Erfolge mit der scheinbar paradoxen Strategie des »Familienerhalts durch Familientrennung« erzielt werden können, wenn sie mit Nachdruck und Sensibilität verfolgt wird. Einzelne Familienrichter, wie Jürgen Rudolph in Cochem, haben sich damit einen Namen gemacht. Man weiß nicht recht, ob die Soziologie mit ihren begrenzten Einsichten diesem lebenspraktischen Prozess hinterher- oder voranläuft, wenn sie die Scheidung nicht mehr als Zerstörung und Ende einer Familie, sondern als einen lang dauernden Prozess auffasst, in dem trennende und erhaltende Elemente zugleich wirken.

Familien sind zäh; zäher als steigende Scheidungsraten glauben lassen. Eine Familie aufzulösen ist der Versuch, ihre Probleme zu lösen. Was immer sich dabei tatsächlich löst oder verhärtet – das Ende der Familie bedeutet es nicht. Sie verändert ihren rechtlichen Status, verwandelt sich, entspannt oder verkrampft sich erneut, taucht unter, ist aber, den Anstrengungen aller Beteiligten zum Trotz, nicht unterzukriegen.

Trennung und Scheidung sind Wahlakte der Partner, so wie es ihre Entschlüsse, zusammenzuziehen oder zu heiraten, waren. Die freie Partnerwahl ebenso wie die Freiheit, sich zu trennen, ist für moderne Gesellschaften ein hoher Wert. Gerade im Wahlakt der Trennung versteckt sich aber in der Regel ein Element des Ungewählten und der Unfreiheit. Gemeint ist damit nicht, dass die Gatten gleichsam schicksalhaft dem Lauf der Dinge ausgeliefert waren. Es geht vielmehr um den handfesten und elementar-soziologischen Tatbestand der Freiheitseinschränkung durch Zweisamkeit selbst. Der eine will die Trennung, die andere nicht. Oder die eine will die Trennung entschiedener als der andere. Es mag sich daraus im Laufe der Zeit eine Art Konsens einschleifen, sodass man erklärt, sich »einvernehmlich« zu trennen. Aber bei aller Gleichberechtigung und Rücksichtsrhetorik: Das ist oft das Ergebnis einer schmerzlichen Anpassung des/der einen aufgrund der Einsicht, dass ihm/ihr die Freiheit der Wahl genommen wurde – durch die Freiheit des/der anderen.

Ob die Trennung nun einvernehmlich ist oder nicht: Sie ist ein Akt der Wahl. Was die Familie dann unterschwellig gegen die Wahlentscheidung beider aufrechterhält, ist eine gemeinsame Familien- beziehungsweise Partnerschaftsgeschichte. Was man miteinander erlebt hat, im Schönen wie im Schlimmen, bindet. Es ist durch die Familiengründung in freier Wahl eine gemeinsame Herkunft gegründet worden. Eine Wahlbindung hat sich in eine Herkunftsbindung verwandelt. Die versuchte Auflösung dieser zur Herkunftsbindung gewordenen Wahlbindung durch einen erneuten Wahlakt schmerzt, weil jetzt Herkunft gegen Wahl steht.

Die Familie stabilisiert sich selbst

Der Konflikt zwischen Herkunftsbindung und Wahlentscheidung vertieft und verschärft sich, wenn Kinder da sind. Durch gemeinsame Kinder hat sich das Paar eine personifizierte gemeinsame Zukunft geschaffen. Aus der Sicht der Kinder ist dies eine Herkunftsbindung, in die sie hineingeboren wurden. Sie war nicht wählbar und wird es nie sein. Dass man seine Eltern »gut« oder »schlecht« gewählt habe, bleibt eine ewige, unaufhebbare Ironie. Die Geburt von Kindern verschafft einer Familie also Zukunftsbindungen, die zugleich Herkunftsbindungen sind. Sie setzen die bestehenden Bindungen zu vorangegangenen Generationen fort.

Es ist gerade dieser nicht gewählte Teil der Familienbindungen, die Bindung zwischen den Generationen, der die Familie erhält, wenn die durch Partnerwahl entstandene Familie von denselben Partnern wieder abgewählt wird. Denn wohin wenden sich Mann und Frau, wenn sie sich als Paar trennen? Manchmal gibt es bereits eine neue Bindung und diese wartet ihrerseits nur darauf, gewählt zu werden. Das ist jedoch eher die Ausnahme als die Regel.

Um das Vakuum zu füllen, wendet man sich vielmehr an Geschwister, Cousins und Cousinen, Eltern, Tanten, Onkel, Großeltern, kurz: an nicht gewählte Herkunftsbindungen. Auch wenn wir uns mit den Eltern zerstritten, mit Geschwistern auseinandergelebt haben: Die Bindungen sind altvertraut, im Ruhe- oder Wartestand, und lassen sich in der Regel wieder aktivieren. Selbst wenn ganz neue Bindungen freier Wahl verfügbar wären, haben Herkunftsbindungen ihnen gegenüber den Qualitätsvorsprung des Schon-da-Seins, der vorgängigen, nicht gewählten, nicht wählbaren, aber deshalb auch nicht abwählbaren Zugehörigkeit. Noch stärker trifft dies gegenüber den eigenen Kindern zu. Deswegen wird bei Trennungen über diese Eltern-Kind-Bindungen besonders heftig gestritten.

Während die Eltern ihre Wahlbindung aus freien Stücken lösen, kämpfen sie erbittert um die Bindung zum Kind. (Wir wissen allerdings nicht, wie viele die Partnerschaft aufrechterhalten, gerade um sich selbst und dem Kind diesen Kampf zu ersparen.) Die Bindung zwischen den Generationen, als Herkunftsbindung zurück zu den Eltern und voran zu eigenen Kindern, scheint umso wichtiger zu werden, je unwichtiger dem Paar die Bindung seiner eigenen Wahl wird. Die aufgegebenen Wahlbindungen verwandeln sich in Herkunftsbindungen und stärken diese.

Dieser Prozess verläuft entgegengesetzt zu den Vorurteilen einer Individualisierungstheorie, die die moderne Sozialwelt auf einer Einbahnstraße von Herkunfts- zu Wahlbindungen wähnt. In Trennungen und Scheidungen schlägt dieser Prozess um. Er treibt Wahlbindungen aus den Familien heraus und verstärkt und verlängert stattdessen Herkunftsbindungen. Verlängern ist das treffende Wort. Denn durch steigende Langlebigkeit wird Familie mehr und mehr über vier Generationen hinweg erlebt. Von den erwähnten »Bohnenstangenfamilien« sprechen die einen. Das Bild einer auf dem Kopf stehenden Tanne ist für die Zukunft vielleicht noch treffender: Acht Urgroßeltern, vier Großeltern, zwei Eltern, ein Kind. So zieht sich die Familie in die Länge und, nach hinten gewandt, in die Breite. Das Bild ist – noch – idealtypisch überzeichnet. Die Wirklichkeit ist ihm aber auf den Fersen.

Die empirischen Untersuchungen zeigen enge Verbindungen zwischen den Generationen. Entgegen den Vorurteilen von der zerfallenden und verstreuten Familie sind Familienbande eher wichtiger und dichter als noch vor einem halben Jahrhundert. Ältere Menschen fühlen sich weniger einsam.[15] 90 Prozent von ihnen wohnen nicht mehr als zwei Stunden von ihren erwachsenen Kindern entfernt, 70 Prozent stehen mit ihnen mehrmals pro Woche in Kontakt.[16]

Die gegenseitigen Hilfsnetze sind engmaschig. Die Älteren unterstützen die Jüngeren eher durch Geschenke, finanziell, auch beim Hausbau und bei der Hausarbeit, bei der Versorgung der Kinder. Besonders in Notfällen können sich viele berufstätige Mütter darauf verlassen, dass die Großeltern einspringen. Umgekehrt hilft die mittlere und jüngere Generation den Älteren im Krankheits- und Pflegefall, aber auch bei besonderen Unternehmungen. Man berät sich im Alltag. Man feiert gemeinsam. Man zankt sich – selten. Man geht Konflikten aus dem Weg. Der Wohlstand macht's möglich: Man kann in der Nähe leben, verbunden auf kurze Distanz, ohne in derselben Wohnung oder demselben Haus zu dicht zusammengepresst zu sein. Erst mit höherer Bildung und prestigeträchtigen Berufen vergrößert sich die Wohnentfernung zwischen den Generationen und damit die Entfremdung. Das geläufige Muster wird aber doch durch räumliche und soziale Nähe bei getrennten Haushalten bestimmt. So bleiben die Herkunftsfamilien als Liebes- und Unterstützungsverbände bestehen, auch wenn die Haushalte sich voneinander lösen, kleiner werden und vermehren.

Dass Familien ohne eigenen leiblichen Nachwuchs auf entferntere Herkunftsbindungen zurückgreifen und sich auf Seitenzweige verlagern, ist verständlich, wenn auch zu wenig beachtet. Familiale Erhaltungsbestrebungen (Reparatur- und Regenerationsmechanismen) gehen aber über geborene Herkunftsbindungen weit hinaus. Sie bedienen sich der Kooptation, also der Zuwahl. Familien verfügen dabei über viele Arten und Möglichkeiten. Die Wahlen können formal-rituell oder informal sein. Die daraus sich ergebenden Bindungen können sich auf einen bestimmten Zweck, etwa Hausarbeit und Pflege, beschränken oder unbestimmt-freundschaftlich sein. Sie können locker bleiben oder sich verfestigen. Sie dauern oft nur kurze Zeit, manchmal aber sogar länger als die individuellen Leben. Sie kommen und gehen mit der sprichwörtlichen Flüchtigkeit moderner Beziehungen, oder sie verwandeln sich, durch Beständigkeit und Wichtigkeit, unversehens in Herkunftsbindungen eigener Art. Nicht selten sind sie unverbrüchlicher als die Bindungen, in die man hineingeboren wird.

Im Vergleich zu biologisch geborenen, kann man von sozial geborenen oder gewachsenen Herkunftsbindungen sprechen. Die

ersten binden von Beginn an schicksalhaft, die zweiten durch
individuelle Entscheidungen, die allerdings meist nicht auf einen
Schlag erfolgen, sondern sich als unmerkliche Folge früherer
Entscheidungen und laufender Umstände ergeben. Die ersten
erfassen die Menschen unbewusst; die zweiten werden bewusst
herbeigeführt. Die ersten sind den Individuen vorbestimmt; bei
den zweiten bestimmen sie mit. Bei den ersten sind die Menschen
Knechte; bei den zweiten fühlen sie sich frei. Sobald wir uns frei
fühlen, versuchen wir auch unsere geborenen Bindungen durch
eigene Entscheidungsmacht zu lenken, ja zu ändern – *corriger
la fortune*; aber zugleich gewinnen auch die frei gewählten Entscheidungen eine Art Schicksals- oder Herkunftsmacht über uns.

Unser Thema, daran muss erinnert werden, ist an dieser Stelle
allerdings nicht der Mensch in seiner Gebundenheit und Wahlfreiheit, sondern die Familie. Wie nützt sie die Mechanismen der
freien Wahl, um sich auch dann zu erhalten, wenn sie als Kernfamilie immer kleiner wird und der Nachwuchs ganz ausbleibt?

Zuwahl durch Patchwork (wider Willen)

Bei einer Scheidung kann man davon ausgehen, dass die Eheleute
die von ihnen selbst gegründete Familie auflösen wollen. Auch
wenn der Wille zunächst nur auf einer Seite besteht, die andere
muss, nach Lage des Rechts und zeitgenössischer moralischer Vorstellungen, früher oder später einwilligen. Die Familie allerdings,
die mehr ist als der Wille der beiden Gründer, setzt sich zur Wehr.
Sie bedient sich der Kinder, die beide Eltern behalten wollen,
auch wenn die Erfüllung dieses Wunsches auf schmerzhafte Be-
suchskontakte reduziert wird. Die Familie bedient sich ferner der
Gerichte, die die Bindungsbedürfnisse der Kinder wahren oder
die Erhaltung familialer Funktionen durch ein gemeinsames Sor-
gerecht stärken.

Die Familie bedient sich schließlich auch kultureller Hintergrundströmungen, die im Wandel begriffen sind. So verwandelt sich die Regel: »Wenn schon Trennung, dann muss sie klar und strikt sein!« in die Regel: »Kooperation im Konflikt ist besser und muss zugunsten der Kinder den Geschiedenen zugemutet werden.« Eine solche Regel würde nicht auf Verständnis stoßen, stünden dahinter nicht kulturelle Erfahrungen und Erwartungen einer moderaten Gefühlslage. Erst auf dieser Basis kann den Beteiligten ein Management der Emotionen angesonnen werden, das Liebe und Hass in ihrer zerstörerischen Wucht herabstimmen und in Freundschaft und rationale Zweckbündnisse überführen soll.

Sofern dies den getrennten und eventuell erneut verheirateten Erwachsenen gelingt, können Kinder aus zwei »befreundeten« und/oder »kooperierenden« Familien für sich selbst gleichsam eine neue Familie zusammensetzen. Haben sie aus beiden Teilfamilien noch Geschwister, so ergibt sich eine typische Patchwork-Situation: mit Halb- und Stiefgeschwistern, mit Vater und Stiefvater, mit Mutter und Stiefmutter. Das bedeutet erweiterte Verwandtschaft. Wie andere Verwandtschaft ist sie von den Kindern zwar nicht gewählt. Sie verheißt aber, in diesem größeren Rahmen, gemäß individuellen Vorlieben oder Abneigungen, auch mehr Möglichkeiten zu Bindungen nach eigener Wahl. So wird denn auch die große Patchwork-Familie, zudem versehen mit dem Schmelz des Neuen, in Talkshows als bereichernd und erheiternd dargestellt.

Man muss nicht die Distanz des Wissenschaftlers einnehmen, um angesichts solcher Selbstdarstellungen nicht auch einen Hauch soziologischer Skepsis zu verspüren. Intuitiv weiß jeder: Mit der Vergrößerung und Wählbarkeit von Bindungen geht ihre Einzigartigkeit und Unverbrüchlichkeit verloren – und damit eine besondere Qualität. Ein Vater ist eben doch mehr als zwei Väter – im Guten wie allerdings auch im Schlechten. (Man spricht von der »Enge« einer Beziehung – das zeigt den Doppelcharakter, der dahinterliegt.)

Die Familie als System fragt allerdings nicht nach gut und

schlecht. Zwar wohnt ihr eine Tendenz zur »Qualitätssteigerung« als Verengung und Intensivierung sozialer Bindungen inne. Den Risiken und Folgen dieser Steigerung – Verlust von Mitgliedern und Nachfolgern durch Scheidung und Geburtenrückgang – steuert sie allerdings gegen. Droht sie durch Trennung in kleinste Teile zu zerfallen, die – auf sich gestellt – ihre familialen Funktionen nicht mehr erfüllen können und, wie Alleinerziehende mit Kindern, oft sichtbar verarmen, dann setzen Mechanismen der Selbststabilisierung ein. Der Wertkonflikt zwischen Qualität und Stabilität oder: zwischen Liebesideal und Erhalt der Familie wird von den Familienmitgliedern als ihr individueller Konflikt empfunden und übersetzt sich für sie in die Frage: Was soll ich tun?

Die Patchwork-Familie bietet ein Lösungsmuster an. Sie ist zwar darauf angewiesen, dass die Einzelnen kooperieren, besteht und funktioniert aber nicht durch sie allein. Dies ist einer der Wege zur Selbststabilisierung von Familie, die einen vagen Konsens der Beteiligten und ihres sozialen Umfelds voraussetzen. Der Ausgang dieser Wege ist ungewiss. Wir probieren sie aus, indem wir sie begehen. Wie andere Versuchs-Irrtums-Prozesse auch können sie sich zu sozialen Institutionen verfestigen oder schnell wieder verschwinden.

Das wissenschaftlich geschaffene Kind

Nach heute gängigem Vorverständnis ist es die gewonnene Wahlfreiheit der Individuen, die für den Fall der Geburtenrate verantwortlich ist. Wohlstand, Bildung, Gleichberechtigung, Pille machen es möglich. Was aus dieser Sicht übersehen wird: Hinter den Freiheiten stehen steigende Ansprüche sozialer Systeme. Anders gesagt: Freiheiten verwandeln sich in soziomoralische Zwänge von guter Bildung, eigenem Einkommen, selbst gewähltem Beruf und verantwortlicher, harmonischer Partnerschaft.

Die Zwänge laufen zusammen zu der unabweisbaren Erwar-

tung, dies alles unter einem Hut zu vereinen und einen eigenen
Ansehensstatus zu gewinnen – und verwandeln sich unversehens
von sozialen in biologische Zwänge (gar von sozialen Schwierigkeiten in biologische Unmöglichkeiten). Die Zeugungsfähigkeit
junger Männer ist nach einschlägigen medizinischen Untersuchungen geringer als in früheren Generationen.[17] Für Frauen
nimmt die Fruchtbarkeit nach dem 30. Lebensjahr rapide ab. Wie
weit diese biologischen Tatbestände bereits gesellschaftlich durch-
formt sind, lässt sich schwer festmachen. Auf jeden Fall wirken sie
in Verbindung mit gesellschaftlichen Tendenzen zu später Heirat
und aufgeschobener Elternschaft als Geburtenunterbindungs-
gründe – und zwar gegen den Kinderwunsch der Betroffenen.

Geschätzte 15 bis 20 Prozent der Paare, die dem Anschein
nach die Freiheit haben, Kinder zu bekommen, haben diesen Freiraum tatsächlich nicht. Sie selbst erfahren dies oft erst spät und
schmerzlich.[18] In immer mehr Fällen beginnt dann ein verzwei-
felter Versuchs-Irrtums-Prozess, die sozial-biologischen Zwänge
doch noch zu durchbrechen und die (verloren gegangene oder nie
gehabte) Freiheit zum Kind zu erkämpfen. Der entscheidende Verbündete in diesem Kampf ist die moderne Reproduktionsmedizin,
die, beginnend mit Hormongaben über die In-vitro-Fertilisation
bis hin zur umstrittenen Embryo-Adoption ein immer größeres
Repertoire entfaltet,[19] um mit wissenschaftlicher Kunst Kinder
zur Welt zu bringen, die es ohne sie nicht gäbe. Immerhin sind
in Deutschland laut Statistik in den vergangenen Jahren bereits
85 000 Kinder durch künstliche Befruchtung entstanden.[20] Wie
groß die weiteren wissenschaftlichen Möglichkeiten sind, kann
man nur ahnen. Sie hinken in jedem Fall den reproduktiven Bedürfnissen der Familien hinterher. Nicht ein Zuviel, sondern ein
Zuwenig an faktischer Freiheit begrenzt hier die Geburtenzahl.

Die Anstrengungen, Kosten und Enttäuschungen, die die betroffenen Paare auf sich nehmen, um gegen ein Amalgam von
sozialen und naturhaften Widerständen doch noch Kinder zu bekommen, strafen diejenigen Lügen, die den Fall der Geburtenrate

auf Lust zur Selbstentfaltung, Bequemlichkeit und Dekadenz des modernen Menschen zurückführen wollen. Wenn es nun genau umgekehrt wäre: Wenn die Anforderungen in den verschiedenen Lebenssphären, für die die Anstrengungen zur künstlichen Zeugung beispielhaft stehen, die Geburten, die sie erleichtern sollen, letztlich verhindern? Das lässt sich mit besonderem Recht für die Anstrengungen von Geburten- und Familienpolitik schlechthin fragen. Sie kann hier und da kurzfristig Anreize zum Kinderkriegen schaffen, den säkularen Fall der Geburtenrate aber nicht aufhalten. Ihre Anstrengung ist doppelt verfehlt: als Bemühung an sich und als der Versuch einer Lebenssphäre – der Politik – einer anderen, nämlich der Familie, ihre Ziele und Mittel aufzuzwingen. Dass dies unter der Devise geschieht, die Familie zu »unterstützen«, macht die Sache nicht besser. Im Gegenteil, die somit zum Sozialfall erklärte Familie glaubt am Ende selbst daran, der Unterstützung zu bedürfen, und schwankt zwischen Larmoyanz und trotziger Forderungshaltung, statt sich auf ihre eigene Kraft zu besinnen. Da kann noch so viel vom Wert der Familie getönt werden, die Betonung selbst enthält eine Entwertung, die bevormundende und die subventionierende Attitüde des Staates enthalten eine zweite und dritte.

Selbsterhalt durch Adoption

In seltsamem Kontrast zum offiziösen Bild der Familie als eines schwächelnden Opfers stehen auch die Anstrengungen von – meist kinderlosen – Paaren, dem drohenden Absterben ihres Familienzweigs durch Adoption zuvorzukommen. Im Begehren, sich ein nicht leibliches Kind zuzuwählen, und in der Adoption selbst zeigen sich Kraft und Wille einer Familie, sich auch dann fortzusetzen, wenn eigene Kinder nicht geboren werden (können). Hingegen wird in der Not oder in dem Wunsch, ein Kind auf- beziehungsweise zur Adoption freizugeben, eine Schwäche von

Familie deutlich. Die unglücklichen Umstände, die dazu geführt haben, sind vielfältig: Tod, Krankheit, sozialer Ausschluss, materielles Elend – und sie lassen sich nicht allein bei der Mutter oder dem Vater festschreiben.

Im Spannungsfeld zwischen Kinder annehmenden und Kinder aufgebenden Familien sind nun, für geburtenarme Länder wie die Bundesrepublik, zwei Entwicklungen bemerkenswert. Zum einen steigt die Nachfrage nach Adoptivkindern, während das Angebot sinkt. Daraus kann, auch ohne Detailuntersuchungen, schlicht geschlossen werden: Im Verhältnis zueinander werden starke Familien mehr, schwache weniger. Kein Wunder, dass sich Paare mit Adoptionswunsch an ärmere und kinderreichere Gesellschaften wie Indien oder Bolivien wenden. Dort müssten Familien, nach den Kriterien Geburtenzahlen und Größe, stärker sein als in Europa. Das Adoptionsgeschehen legt aber den Schluss nahe, dass es genau umgekehrt ist. Die Stärke einer Familie bemisst sich eben nicht nach Größe und Zahl der Geburten, also nach Quantitäten, sondern nach Qualitäten.

Die zweite Entwicklung kann als »Annäherung der Adoption an die Geburt« beschrieben werden. Ältere Kinder gelten als schwer vermittelbar. Adoptiveltern suchen junge Kinder, möglichst im Babyalter.[21] Einerseits steigt damit das Risiko, dass das angenommene Kind (noch) unerkannte Schäden und Schwächen mit sich trägt. Andererseits steigt die Chance der Eltern, das Kind sozial zu prägen – je früher, desto besser. Die Tendenz zur Adoption der Kinder im frühesten Alter spricht also sowohl für den Mut zum Risiko als auch für den Glauben an die eigene familial-soziale Prägekraft. Sofern die adoptierten Kinder aus anderen Kulturen stammen, impliziert dies ein Vertrauen in die zusätzliche Prägekraft der familienübergreifenden eigenen Kultur.

Auch dies lässt die Annahme zu, dass adoptierende Familien, obwohl in der Regel besonders klein, ein starkes Selbstvertrauen in die eigene Erhaltungsfähigkeit haben. Ferner kann man schließen, dass Gesellschaften mit steigenden Zahlen an zugewählten

Kindern im Vergleich zu Gesellschaften, die Kinder abgeben, die stärkeren Familien haben.

Dabei darf allerdings nicht vergessen werden, dass Stabilisierung von Familien durch zugewählte Kinder im Vergleich zu selbst geborenen Kindern nach wie vor ein Randgeschehen ist.[22] Über den Erfolg lässt sich ohnehin wenig sagen, da der Prozentsatz gescheiterter Adoptionsfamilien zum Prozentsatz gescheiterter Normalfamilien in Beziehung gesetzt werden müsste.

Entgegen ihrem eigenen Selbstverständnis als frei und verstandesmäßig konstituiert, scheinen die modern-europäischen Gesellschaften den biologischen Reproduktionsmechanismen eine besondere, ja steigende Bedeutung zuzumessen. Die Genforschung an sich ebenso wie ihre Anwendung in Vaterschafts-, Gesundheits- und anderen Tests weisen in diese Richtung. Unterstrichen wird dies aber auch durch den enormen gesetzlichen und sozialpolitischen Verfahrens- und Kontrollapparat, mit dem Adoptionen hierzulande staatlich eingebunden und eher unterbunden als gefördert werden.

Das Geschehen rund um Adoption und Fortpflanzungsmedizin spielt sich meist unbemerkt in den abgedunkelten Zonen von Intimität und Scham ab, geschützt durch ärztliche, behördliche, familiale Schweigepflichten. Gelegentlich wird es grell ans Licht gezogen. Meist geht es dabei um Misserfolge, Missbrauch, Einzelschicksale. Die Bedeutung für die Selbsterhaltung von Familien in Zeiten des Geburtenrückgangs wird dabei weder für die Gegenwart noch für die Zukunft erkannt.

Selbsterhalt durch Homosexuellenfamilien

Homosexuelle, ob männlich oder weiblich, können bisher mit gleichgeschlechtlichen Partnern keine Ehe eingehen und auch keine Kinder bekommen. Tatsächlich aber sind nicht wenige von ihnen verheiratet (gewesen) und haben leibliche Kinder – dies allerdings als normal-heterosexuelle, zugleich verborgen-bisexuelle Partner und Eltern.

So löst sich ein Widerspruch auf: durch Erklärung. Er verliert aber auch in der sozialen Wirklichkeit an Bedeutung. Denn diese ändert sich: Was zunächst verboten, dann verpönt war, wird zusehends anerkannt und als normal betrachtet. Aber Normalisierung hat ihre eigene zwingende Logik: Sozio-Logik, dialektische Logik. Aus Verbot wird Gebot. Würde aus verbotener Liebe nur ungebundene Sexualität, bliebe ihre Anerkennung auf halbem Wege stecken. Der ganze Weg bedeutet: Aus verbotener Liebe wird gebotene Liebe.

Und umgekehrt: Aus Gebot wird Verbot. War es bisher geboten, verbotene Liebe zu verheimlichen, so ist es heute geächtet, aus gebotener Liebe einen Hehl zu machen. Zwar steht es Homosexuellen wie Heterosexuellen nach wie vor frei, eine Liebe im Verborgenen zu lassen. Als neuerdings Befreite empfinden sie allerdings auch eine dreifache moralische Verpflichtung, Liebe zu bekennen: gegenüber dem Wert der Freiheit, denn die Befreiung musste ja für etwas gut sein, gegenüber der Solidargemeinschaft der Homosexuellen und gegenüber dem Wert der Liebe selbst.

Denn unter deren Leitstrahl sind sie nun geraten. Er ist zugleich ein Bannstrahl. Was für Heterosexuelle bereits galt, wird nun auch zur neuen Normalität der Homosexuellen: Sie gibt Lüste und Leidenschaften frei – und bannt sie unter den Leitwert der Liebe. Die Liebe erlaubt Leidenschaft – und soll vor ihr schützen. Weil sie davor schützt, erlaubt sie sie. Das – nicht notwendig ausgesprochene, aber einklagbare – Liebesbekenntnis ist der Preis für die soziale Befreiung der Lüste.

Jede Befreiung weckt auch Angst vor der Freiheit. Homosexuelle spüren das und bekommen es zu spüren. Es ist die Angst vor dem, was die Gesellschaft in der – vorwiegend männlichen – Homosexualität sah und wähnte, als sie noch Untergrundsexualität, aber bereits auf dem Weg in die Gesellschaft war: Zügellosigkeit, Bindungslosigkeit, Promiskuität, Pädophilie, Gewalt.

Wo Verbote diese Angst nicht mehr dämpfen und die ostentativ freie Liebe – symbolisiert in den Christopher-Street-Paraden – sie eher schürt, ist Bindungsliebe gefragt. Konsequent ist deshalb die Forderung von Homosexuellen, als Homosexuelle Familien gründen zu können. Konsequent ist sie auch als Abschluss eines Prozesses, in dem eine Minderheit in die Normalität strebt. (Dass diese Normalität, aller Liberalität zum Trotz, vor der homosexuellen Minderheit doch immer zurückweicht und letztlich unerreichbar bleibt, verleiht soziologischen Vorgängen wie diesen eine ironisch-tragische Tönung.) Konsequent und normal ist bei alledem auch, dass allgemeine Werte wie Gleichberechtigung und Familie in Anspruch genommen werden, um besondere Gruppenvorteile zu erlangen; Homosexuelle präsentieren sich damit als – fast – normale Interessengruppe. Konsequent ist die Forderung nach der homosexuellen Familie schließlich, weil Homosexuellen nun, nach gesellschaftlicher Anerkennung mit implizitem Offenbarungszwang, der Weg in die normal-heterosexuelle Ehe versperrt ist. Es ist gerade das Postulat der Liebesehe, das Homosexuellen eine heterosexuelle Ehe verbietet – bei Strafe des Täuschungs- oder Heucheleivorwurfs. Diese Vorwürfe können besonders bei bisexuellen Partnern verfehlt sein – perfiderweise führen sie jedoch in eine zermürbende Rechtfertigungsmaschinerie und lassen sich letzten Endes nicht entkräften.

Aus der Perspektive des Familiensystems lässt sich sagen: Es wurde, durch die sexuelle Befreiung, seiner verdeckt homosexuellen erwachsenen Mitglieder beraubt. Nun versucht es diese zu neuen Konditionen in aller Offenheit wieder einzugliedern. Die offizielle Homosexuellenfamilie ist einer der Stabilisierungsmechanismen, die das Familiensystem fortwährend erfindet, um andernfalls vom Aussterben bedrohte Familienzweige weitersprießen zu lassen. Die fortschreitende Fertilitätsmedizin und ein erweitertes Adoptionsrecht verhelfen auch Homosexuellenfamilien zu Kindern. Bei allen Bedenken, dass diese nicht in gewohnten Rollenmustern aufwachsen und besonderen Spannungen ausgesetzt sind, können sie ihrerseits, erwachsen werdend, durchaus Familien nach altgewohntem Muster bilden.

Die hier angedeuteten Entwicklungen sind erst in Ansätzen zu erkennen. Mögen sie unseren konservativen Prägungen zutiefst zuwiderlaufen: Das System der Familie, das – wie alle sozialen Systeme – mehr ist als die moralischen Empfindungen seiner Mitglieder, fragt nicht danach. In seinem robusten Drang, sich selbst zu erhalten, geht es auch über Schädigungen und Genugtuungen hinweg, die einzelne Personen oder Gruppen davontragen. Wir können vermuten, dass in sozialen Systemen eine List der kollektiven Vernunft waltet, die unserer individuellen Vernunft schwer zugänglich ist.

Selbststabilisierung durch die Freundesfamilie

Ellen, eine Frau von 44 Jahren, ist seit ihrer Schulzeit befreundet mit Helga. Die Freundschaft blieb erhalten, als Helga vor mehr als 20 Jahren Gerd kennen lernte und einige Zeit später heiratete. Das Ehepaar bekam zwei Töchter. Ellen und ihr Freund Ulrich nahmen Anteil. Man verbrachte viel Zeit zusammen, fuhr auch gemeinsam in den Urlaub. Oft hüteten Ellen und Ulrich die Kinder. Als diese größer wurden, erkrankte die älteste Tochter an Magersucht. Ellen, kinderlos und inzwischen von Ulrich getrennt, kümmerte sich um die Heranwachsende und entwickelte eine enge Bindung zu ihr. Die beiden verstanden sich bald besser als Mutter und Tochter. Auch nachdem sich das Mutter-Tochter-Verhältnis wieder entspannt hatte, war Ellen weiterhin eine Vertraute der Tochter, und obwohl Ellen Helga und Gerd ebenso wie die Kinder inzwischen nicht mehr so häufig trifft, bleibt sie doch »Teil der Familie«.

In einer Gesellschaft von 20 bis 30 Millionen Familien wissen wir nicht, wie viele davon – auch – solche Freundesfamilien sind.

Anders als die normale Familie wohnen, essen, putzen sie nicht täglich gemeinsam. Das zusätzliche Familienmitglied wurde weder hineingeboren, noch in einem feierlichen oder gar gesetzlichen Akt hinzugewählt. Es ist der Familie vielmehr durch unzählige kleine und unbewusste, manchmal einseitige, meist gegenseitige Wahlakte zugewachsen. Es »passt« in die Familienfunktionen. Man hilft und unterstützt sich wechselseitig. Aber auch die Kernfunktion der Familie, Verständnis und vertrauensvolle gegenseitige Zuwendung, »ergibt« sich, weil sie, meist ohne viel Aufhebens, erfüllt wird.

Es ist die Verwandtschaft zwischen Liebe und Freundschaft, die die Freundesfamilie zwanglos, als »unbemerkte Institution« zwischen den Institutionen entstehen und auch dauerhaft bestehen lässt.

Aber Freundschaft ist nicht Liebe. Es fehlt ihr der leidenschaftliche Zug der erotischen, der geborene Charakter der Eltern-Kind-Liebe. Stattdessen hat Freundschaft eine Verlässlichkeit, die der erotischen Liebe, und eine Ebenbürtigkeit, die der Liebe zwischen den Generationen mangelt.

Und Freundschaft ist nicht Familie. Freundschaft ist, auf den ersten Blick, weniger komplex. Anders als die Familie ist sie nicht vertikal und horizontal, sondern nur horizontal angelegt. Und sie fasst nicht Elemente der Geburt und der Wahl zusammen, sondern beruht auf Wahl allein. Im Vergleich zur Familie verkörpert Freundschaft den Wert der Gleichheit und Gleichzeitigkeit in reinerer Form, und ebenso den Wert der Freiheit. Der freiere Charakter der Freundschaft wird noch dadurch betont, dass es für sie, anders als für die Familie, keine rechtliche Institutionalisierung gibt (und wohl auch nie geben wird). Freundschaft ist der historisch jüngere Typus sozialer Bindung. Aus dem diffusen Gemenge aller Bindungen hat sie sich später herausdifferenziert.

Andererseits sind Freundschaft und Familie sich ähnlich in der Vertrautheit, Verlässlichkeit und Vielstrahligkeit der Bindungen.

Sie sind nicht auf einen einzelnen Zweck (wenn überhaupt) aus-
gerichtet und gerade deshalb für viele Zwecke einsetzbar, in
Notlagen und im Überschwang des Glücks. Die Intimität von
Freundschaft und Familie bildet Schutzräume für verletzliche
Gefühle und Mitteilungen, die ohne diese Sicherheit Beteiligte
und Außenstehende in Gefahr bringen würden.

Wegen dieser Ähnlichkeit sind die Grenzen zwischen Familie
und Freundschaft durchlässig. Familienmitglieder können
Freunde werden. Wir hören es allerdings mit Stirnrunzeln, leisem
Zweifel: »Meine Mutter ist meine beste Freundin« oder, nach
einer Trennung: »Wir sind Freunde geblieben.«

Andererseits können Freunde zur Familie werden. Ellen »gehört
zur Familie«. Auch bei dieser Formulierung mögen Vorbehalte
auftauchen, ein innerstes leises Sträuben. Es rührt daher, dass
wir die feinen Differenzen zwischen Familie und Freundschaft
idealtypisch verinnerlicht haben. Allerdings, die Familie als die
ältere, umfassendere und robustere Lebenssphäre fragt im Notfall
mangels eigenen Nachwuchses oder wegen funktionaler Schwach-
stellen nicht nach den feinen Unterschieden. Zur Selbsterhaltung
und -stärkung verleibt sie sich Freundschaft ein, und manchmal
zerstört sie sie dabei.

Diffusion der Lebenssphären kann allerdings auch zur Zerstörung der Familie führen: Wie viele alleinstehende Frauen
werden von Ehefrauen als Bedrohung empfunden! Für Ehemän-
ner und Familienfreunde gilt Entsprechendes, wenn auch, wie es
scheint, in geringerem Maße. Und tatsächlich können derartige
Grenzüberschreitungen zwischen Familie und Freundschaft
eine bestehende Familie sprengen. Sieht man auf die Folgen, so
sind sie meistens für alle Beteiligten schmerzlich und für Be-
obachter moralisch empörend. Trotzdem, für die Familie selbst
ist der Schaden am geringsten. Er führt, kühl gesprochen, oft
nur zum Austausch einer Person. Die Familie selbst aber bleibt,
wenn auch mit Wunden und Narben, manchmal sogar bestärkt,
bestehen.

Selbsterhalt durch die Zweckfamilie

Eine andere Wegsuche führt über die Zweckfamilie. So kann man diejenigen Familien nennen, die für bestimmte Aufgaben Personen hinzuwählen, ja auf legalen und illegalen Arbeitsmärkten einkaufen. Man zögert, hier von erweiterter Familie zu sprechen. Putzhilfen, Haushälterinnen, Nachhilfelehrer, Au-pair-Mädchen, Kinderfrauen, Alten- und KrankenpflegerInnen sind ja zunächst alles andere als Familienmitglieder. Die Grenzen zwischen Familie und ihren bezahlten Helfern und Arbeitskräften werden von allen Beteiligten sehr deutlich gezogen und vor allem bei Grenzverletzungen, etwa unangebrachten Vertraulichkeiten, sehr fein empfunden. Gleichwohl gibt es Übergänge und Einfallstore, durch die es die von Familien bezahlten Arbeitskräfte aus den kühl berechneten Marktbeziehungen heraus und in die Wärme des familialen, nicht zweckgebundenen Austauschs hineinzieht.

Eine 70-jährige Unternehmerin, Witwe, kinderlos, war nach ihrer Pensionierung zufällig durch gemeinsame Bekannte zur Vermögens- und steuerlichen Beraterin einer Schauspielerfamilie geworden. Sie machte sich als Ordnerin des Chaos bald unentbehrlich. Nach einiger Zeit wurde sie zum unverzichtbaren Familienmitglied ernannt. Einer jungen polnischen Frau, von einem höheren Beamten zunächst illegal für die Pflege seines bettlägerigen Vaters angeheuert, erging es ähnlich.

Es ist die Intimität und relative Abgeschlossenheit des familialen Raumes, die hinzugezogene Zweckbeziehungen unwillkürlich unter einen Familialisierungsdruck setzt. Wie weit die Umwandlung von Marktbeziehungen in Familienbindungen in modernen Gesellschaften verbreitet ist, wissen wir nicht. Diese Transformation ist, im Gegensatz zum umgekehrten Prozess, bisher nicht Gegenstand der Sozialforschung. Auch Forscher folgen mit ihren Fragen gängigen Vorurteilen. Zu denen gehört es, die Familie als Opfer zu sehen, die von anderen Lebenssphären ausgesaugt wird. Die Frage nach der aktiven Selbstbehauptung der Familie, nach ihren Eingriffen und Übergriffen in andere Funktionsbereiche stellt sich da erst gar nicht.

Dabei böte gerade die Schwarzarbeit, deren Umfang weithin beklagt wird, Anlass, darüber nachzudenken. Die Bedingungen der Umwandlung von Arbeitsbeziehungen in Familienbindungen stehen umso günstiger, je teurer und bürokratisierter offizielle Arbeit ist und je größer der Anreiz, auszuweichen auf illegale Arbeit, die an sich schon ein gegenseitiges Vertrauen voraussetzt und fördert; je länger das Arbeitsverhältnis dauert; je ausschließlicher es sich auf nur eine Familie bezieht und in deren Wohnung stattfindet (keine Putzstelle unter vielen anderen); je besser man sich riechen und ausstehen kann; je größer das gegenseitig gewachsene Vertrauen und Verständnis; je weniger der/die Arbeitende an eine eigene Familie gebunden ist ...

Allerdings: Die Arbeit wird mit Geld bezahlt. Jedoch steht der finanzielle Charakter der Familialisierung der Beziehungen kaum entgegen, werden doch auch leibliche Familienangehörige – nicht nur in der traditionellen Hausfrauenehe – finanziell unterhalten und unterstützt.

Das Verschwinden von Familien und die Stärkung der Familie

Bei allen Mechanismen und Strategien, mit denen die einzelnen Familien sich dagegen wehren, dass sie zu stark schrumpfen und schließlich ihre zentrale Funktion der liebevollen Zuwendung nicht mehr erfüllen können: Es kann doch nicht ausbleiben, dass Menschen keine Nachkommen mehr haben. Es stirbt dann ein Zweig ihrer Familie mit ihnen. Waren sie selbst schon Einzelkinder, stirbt ihre elterliche Familie mit ihnen. Waren die Eltern bereits Einzelkinder, sterben die großelterlichen Familien aus. Und so fort: Je weiter die Familien im Rückblick nur auf Einzelkinder gebaut sind, desto mehr Familienzweige oder Kleinstfamilien verlöschen, wenn das letzte Einzelkind selbst kein Kind mehr bekommt. Mit dem Anstieg der Einzelkinder steigt also auch das Risiko, dass immer mehr einzelne Familien aufhören zu existieren.

Diese Risikoleiter ist allerdings eine hypothetische Konstruktion. Empirisch liegen die Dinge anders. Obwohl eine Fertilitätsrate von 1,4 Kindern pro Frau zu der Vermutung einlädt, die Gesellschaft pflanze sich nur noch durch Einzelkinder, also mit hohem familialen Aussterberisiko fort, ist dies faktisch nicht der Fall. Die Durchschnittszahl von einem Kind pro Paar oder Frau kommt nämlich dadurch zustande, dass mehr Frauen als bisher gar keine Kinder gebären, dass weniger Frauen drei und mehr Kinder und die meisten Paare beziehungsweise Frauen wie bisher zwei Kinder bekommen. Die moderne Gesellschaft und »ihre« Familie pflanzt sich also vorwiegend über die Zwei-Kinder-Familie fort. Mit anderen Worten: die Zwei-Kinder-Familie ist – und bleibt vermutlich – das dominante Muster, während größere und kleinere Familien seltener werden. Das Familiensterben vollzieht sich über die Verringerung der großen Familien und über das Anwachsen der Familien ohne Kind.

Wichtig ist, dass bei diesen quantitativen Überlegungen zwischen den einzelnen, individuellen Familien und »der« Familie oder dem Familiensystem als Summe und gedankliche Zusammenfassung der einzelnen Familien unterschieden wird. Der Fall der Geburtenrate führt dazu, dass die einzelnen Familien kleiner werden, dass aber die kleinsten Familien, nämlich die ohne Kinder, als Einzelfamilien auch aussterben. Kinderlose Familien werden zugleich mehr und sterben aus. Sie können sich nicht aus sich selbst heraus vermehren.

Die Verkleinerung der Einzelfamilien zeigt sich allerdings statistisch nur, wenn man von vornherein Familien statistisch definiert als Paare oder Alleinerziehende mit mindestens einem Kind. Die verschiedenen Vergrößerungs- und Zuwahlstrategien der Familien, die im Vorangegangenen erörtert wurden, führen allerdings dazu, dass wir als einzelne Personen unsere gefühlte Familie als größer definieren. Soziologische, reale Familien sind also in der Regel größer als statistisch definierte Familien.

Betrachtet man nun die Summe der Familien als das System der Familie oder als »die« Familie der Gesellschaft, dann unterliegt sie bei etwa gleicher Bevölkerungszahl zwei entgegengesetzten Tendenzen der Veränderung. Einerseits bewirkt die Verkleinerung der statistischen Einzelfamilien, dass »die« Familie sich nun in mehrere Einheiten beziehungsweise Einzelfamilien untergliedert. Andererseits wirkt das Aussterben von Einzelfamilien beziehungsweise Familienzweigen in die entgegengesetzte Richtung. Erst recht führt die soziologische Vergrößerung von Familien dazu, dass »die« Familie sich nun aus weniger und größeren Einheiten zusammensetzt.

Statistiken, die das Letztere überprüfen, also die Zahl der soziologischen oder sozial realen Familien feststellen würden, gibt es verständlicherweise nicht. Jedoch zeigt der jüngste Mikrozensus, dass auch die Zahl der statistischen Familien in den letzten zehn Jahren leicht zurückgegangen ist, obwohl die Zahl der Haushalte anstieg. Dies mag, mit aller Vorsicht, so interpretiert werden, dass der Geburtenrückgang über steigende Kinderlosigkeit – und nicht nur über Verringerung kinderreicher Familien – erste Wirkung zeigt. Die Alarmisten unter den Demografen mögen hier ein »Familiensterben« heraufziehen sehen.

Schauen wir genauer hin. Wer zunächst tatsächlich ausstirbt, sind die kinderlosen Frauen selbst als Individuen, mitsamt ihren Genen, persönlichen Vorzügen und Schwächen sowie den soziokulturellen Prägungen, deren Träger sie sind. Mitsamt auch ihren Männern, so sie mit welchen verbunden sind und so diese anderwärts keine Kinder haben. Vom Aussterben betroffen ist also zunächst eine Zahl von Singles und Partnerschaften beziehungsweise Kleinstfamilien. Vom Verlöschen betroffen sind allerdings im gleichen Zug auch die Elternfamilien der Kinderlosen, sofern diese je nur ein Kind haben, aber auch wenn sie mehrere Kinder haben, die alle ihrerseits kinderlos bleiben. Kein Wunder, dass diese Eltern, die aufgrund eigener »Vorleistung« gern Großeltern geworden wären, ihr eigenes Aussterben in der übernächsten Generation als schmerzlich empfinden. Möglich ist auch, dass die Großeltern und Ur-Großeltern der Kinderlosen ebenfalls aussterben. Aber dies wird unwahrscheinlicher, je weiter man in der Ahnenreihe zurückgeht. Denn da finden sich alsbald Geschwister, Cousins und Cousinen, die Kinder haben, und meist mehr als eins.

Was als Aussterben der Familie dramatisiert wird, ist also das Verlöschen einzelner Familienzweige, während andere sich in die Breite und in die Tiefe verzweigen. Was der sich fortsetzende Geburtenrückgang, insbesondere die Kinderlosigkeit einer großen Zahl von gebildeten Frauen, bewirkt, ist also eine *Verringerung der Zahl der Kernfamilien*, wie sie sich im Mikrozensus bereits abzeichnet. Auch die statistisch nicht erfassbaren, aber soziologisch realen selbst definierten Familien, die ja in der Regel größer sind, werden weniger. Die Familie als gesellschaftliches Gesamtsystem, das alle einzelnen Familien umfasst, wird dadurch kaum berührt. Nur die Binnengliederung verändert sich. Sie enthält weniger, aber vermutlich größere Realfamilien.[23]

Die »bessere« Familie

Das Scheitern oder Sterben Einzelner sichert den Bestand des Ganzen. Das trifft nicht nur auf individuelle Familien und die Familie als System oder für individuelle Unternehmen und das System der Unternehmenswirtschaft zu. Es gilt auch für individuelle Wirtschaftssysteme, etwa sozialistische Planwirtschaften und die Weltwirtschaft. Es gilt auch für individuelle Religionsgemeinschaften und die Religion insgesamt; für (absteigende) Fußballmannschaften und die Fußballliga insgesamt. Es gilt schließlich auch für Menschen, die als Individuen sterben müssen, und den Bestand der Menschheit insgesamt.

Für Familien ebenso wie für die anderen Lebenssphären ist allerdings zu prüfen, ob die Bestandserhaltung des Ganzen durch das Scheitern Einzelner die *Qualität* des Ganzen erhöht. Aus den Untertönen der öffentlichen Meinung, die allerdings durch politische Korrektheit in Schach gehalten werden, ist eher das Gegenteil zu vernehmen: Ausgerechnet die intelligentesten, gebildetsten, strebsamsten, tüchtigsten, modernsten Frauen bleiben zu einem großen Teil ohne Nachkommen. Ob es gesagt wird oder unausgesprochen mitklingt, die Vorstellung liegt in der Luft, dass der genetische Pool und die soziokulturellen Fähigkeiten der Gesellschaft ungenutzt bleiben, ja dass es auch noch »die Falschen«, nämlich die sozial Schwachen sind, die die ohnehin wenigen Kinder der Gesellschaft bekommen. Dass dies der Qualität der Gesellschaft und der Familie nicht guttun könne, liegt als unthematisierter Schleier über einer Diskussion, die ohnehin von Tabus umstellt ist.

Nur in den Tiefen des Internets – und allein schon deshalb dubios – gibt es gelegentlich Stellungnahmen, in denen der Gesellschaft die Missachtung ihrer Intelligenzpotenziale vorgerechnet und der qualitative Niedergang geweissagt wird. Seriösere Diskussionsbeiträge sind in diesen Punkten weniger explizit.

Was entgeht dem Familiensystem dadurch, dass die beruflich, politisch, freizeitlich und anderweitig erfolgreichen Menschen, kurz dass ein Teil der gesellschaftlichen Elite auf Familiengründung verzichtet? Ist es tatsächlich so, dass dann »die besten Kinder« nicht geboren, die besten potenziellen Eltern nicht Eltern werden? Das wäre dann der Fall, wenn die klügsten, gebildetsten und in anderen Lebenssphären erfolgreichsten Frauen und Männer auch die besten Eltern wären und die besten Kinder hätten. Anders formuliert: wenn der Erfolg im Bildungssystem, im Beruf, in der Politik et cetera auch höchste Qualität im Familiensystem erwarten ließe. Noch einmal etwas anders ausgedrückt: Das träfe zu, wenn diejenigen, die die Leitwerte der wirtschaftlichen Effizienz, der Bildungsklugheit, politischen Machterwerbs am besten verwirklichen, auch die Gewähr dafür böten, den Leitwert der Familie, nämlich das liebe- und rücksichtsvolle gegenseitige Verständnis am besten in die Tat umzusetzen.

Unser individualistisches Vorverständnis führt uns in der Tat zu dieser Annahme. Wir neigen dazu, einer Person positive Eigenschaften zuzuschreiben und sie dann für alle Lebensbereiche als gut geeignet anzusehen; oder schlechte Eigenschaften, die sie überall, in der Familie, in der Wirtschaft, der Politik, im religiösen Leben disqualifizieren würden.

Diese Annahme ist aber, gelinde gesagt, unbewiesen und widerspricht auch den Lebenserfahrungen. Ein führender Politiker ist deshalb nicht zugleich ein guter Familienvater; die Zahl seiner Scheidungen liefert dafür noch einen zusätzlichen Beleg. Für einen Wirtschaftsführer gilt das ebenso. Für einen Kirchenfürsten liegt es ohnehin auf der Hand. Selbst für Mutter Teresa, den Prototyp karitativer Mütterlichkeit, ist es fraglich, ob sie, verheiratet, eine gute Mutter gewesen wäre. Natürlich wäre es töricht anzunehmen, dass Akademikerinnen schlechtere Mütter und Ehefrauen seien als Nichtakademikerinnen. Das wissen wir einfach nicht. Was man aber sagen kann, ist, dass die nicht verheirateten und/oder kinderlosen Frauen und Männer, sofern sie nicht biologisch unfruchtbar sind, die hohen Opportunitätskosten von Ehe und Kindern scheuen oder dass ihnen andere Lebensmöglichkeiten, -genüsse oder -pflichten wichtiger sind. Im Vergleich zur eigenen Familie liegen ihre Präferenzen bei der Bildung, der Karriere, dem Spaß, oder sie geben hochangesehenen politischen, ehrenamtlichen, religiösen und karitativen Engagements den Vorrang.

Früher hinderten Armut, Not und Verbote junge Leute daran, eine eigene Familie zu gründen. Die Hindernisse, die sich ihnen heute in den Weg stellen, wenn sie daran denken, zu heiraten und Kinder zu bekommen, sind anderer Art. Sie lassen sich in drei Punkten zusammenfassen. Kinder kosten mehr als je zuvor. Sie müssen ja den Ansprüchen und Standards ihrer Umgebung gemäß ernährt, gekleidet, erzogen, unterhalten und gebildet werden.

Vielleicht sind den zukünftigen Eltern diese Kosten gleichgültig. Vielleicht sind sie unbefangen genug, sie sich nicht auszumalen. Aber diese Unschuld können sie sich nicht bewahren. Denn da gibt es die »fürsorglichen« Demografen, Statistiker, Sozial- und Familienpolitiker, die ihnen auf Heller und Pfennig und im Brustton der Empörung vorrechnen, was es heute kostet, ein Kind großzuziehen. Die Summen liegen insgesamt zwischen 300 000 und 500 000 Euro.

Je gebildeter und informierter junge Menschen sind, desto weniger können sie sich solchen unerbetenen Informationen entziehen; desto höher sind besonders die Bildungsansprüche, die sie von sich aus an ihre Kinder stellen; desto höher die entsprechenden Investitionssummen, die sie veranschlagen; desto wahrscheinlicher, dass ein ursprünglich ganz sentimental-naiver Kinderwunsch ökonomisiert und aus Kostengründen, in denen ja durchaus Vorsicht und Verantwortung, also hochmoralische Elemente mitschwingen, zurückgestellt wird. Mehr Information und Wissen führt so dazu, dass man weniger oder gar keine Kinder bekommt. Und diejenigen, die als Familien- und Bevölkerungspolitiker über die Kosten und Leistungen von Familien informieren und dadurch zur Geburtensteigerung beitragen wollen, erreichen das Gegenteil.

Die simplen monetären Kostenrechnungen des Kinderkriegens führen geradewegs zu einem anderen Kinderverhinderungsargument und verstärken dieses noch: die Opportunitätskosten. Gemeint sind die Gelegenheiten, auf die man verzichtet, wenn man sich Kinder leistet: eine Forschungsarbeit, die einen Tag und Nacht fesselt und in Anspruch nimmt; der Ruhm und die Aufstiegschancen, die daraus folgen können; eine Vollzeitberufstätigkeit, die nicht nur auf der Karriereleiter nach oben, sondern auch im Alltag auf Dienstreisen, zu Tagungen im Schlosshotel, zum abendlichen Umtrunk mit interessanten Kollegen, zu Fortbildungsseminaren führt; ein Engagement in der Politik; ein Fitness- und Wellness-Programm, dass rundum in Form hält; von den berühmten Weltreisen, Kurz- und Langurlauben, spontan wahrgenommenen Highlights des kulturellen und gesellschaftlichen Leben ganz zu schweigen. All das steht kaum zur Debatte, wenn es ohnehin außerhalb der eigenen Möglichkeiten liegt. Von denen aber, denen kraft Bildung und Einkommen viele Möglichkeiten offen stehen, wird es als vermeidbarer Verzicht wahrgenommen und führt dazu, dass eine Familiengründung vermieden wird. Zumindest führt es zu einem Aufschub, der sich unversehens und ungewollt zur Verunmöglichung des Kinderkriegens auswachsen kann.

Die Bandbreite der Opportunitätskosten ist damit bei weitem nicht ausgeschöpft. Junge Leute haben heute, je höher ihre Bildung und je größer ihre Beweglichkeit ist, umso mehr Optionen, potenziellen Partnern zu begegnen. Allein das Kennenlernen selbst ebenso wie das »Offenlassen und Weitersuchen«, das eine hintergründige und erhebende Hoffnung enthält, stellen Chancen und Gelegenheiten dar, auf die man ungern einfach verzichtet. Sie können deshalb den Opportunitätskosten zugeschlagen werden, die eine feste Partnerbindung für lange Zeit oder gar dauerhaft vereiteln.

Und schließlich sind es die steigenden Ansprüche an die Individualität des Partners ebenso wie an das Zusammenpassen oder Miteinander-Harmonieren, an seine Vortrefflichkeit ebenso wie an sein liebevolles Sich-Hingeben oder Nachgeben, die sich der Familienbildung in den Weg stellen. »Der Richtige« oder »die Richtige« muss gefunden werden. Das ist die Aufgabe. Keine Eltern reden da herein, keine Gruppenzwänge, erst recht keine Vorgesetzten, Fürsten oder Kirchenfürsten. Je freier wir aber sind, den Richtigen oder die Richtige zu bestimmen, desto schwieriger wird die Aufgabe. Denn in der Logik der Steigerungen, auch der Steigerungen der Liebe, liegt immer die Möglichkeit eines noch Richtigeren oder noch Besseren. So verwundert es nicht, dass in einer jüngeren Umfrage zu Gründen der Kinderlosigkeit 44 Prozent der Befragten angaben, sie hätten keinen geeigneten Partner.[24]

Allein in dieser Antwortvorgabe verstecken sich eine Reihe von fragwürdigen Suggestionen: Es könne den oder die Richtige geben; ob jemand der/die Richtige oder Falsche sei, läge an ihm/ihr und nicht an mir; es handele sich um eine Frage nach individuellen Eigenschaften und nicht nach gegenseitiger und gemeinsamer Einstimmung.

Nimmt man diese drei Faktorenbündel zusammen, die sich wie Barrieren vor jungen Leuten – und besonders vor den gebildeten und erfolgsträchtigen unter ihnen – auftürmen, wenn es darum geht, eine eigene Familie zu gründen, dann ließe sich mit Fug und Recht schlussfolgern: Familienneugründungen kann es eigentlich gar nicht mehr geben. Die Widerstände sind zu groß. Es grenzt ans Wunderbare, dass Menschen trotzdem noch heiraten und Kinder bekommen. Was ist es, das ihnen über die Hindernisse hinweghilft?

Sehen wir (zunächst) einmal von denjenigen ab, die, am unteren Ende der sozialen Statusskala, als Bedürftige kalkulieren. Für sie mögen Kindergeld und kinderbezogene Sozialleistungen die Kosten sogar aufwiegen: Denn Eltern, die in ihre Kinder so wenig wie möglich investieren – grob gesprochen: die sie vernachlässigen –, können bei reichlichen staatlichen Subventionen für ihre Familie beziehungsweise für sich selbst sogar noch einen finanziellen Gewinn daraus erzielen.

Betrachten wir dagegen die Eltern, die ungeachtet staatlicher Subventionen Kinder bekommen – und dies dürfte die große Mehrheit sein –, dann lässt sich zweierlei vermuten: Entweder sie sind finanziell so gutgestellt und erfolgreich, dass sie nach den finanziellen Kosten von Kindern nicht zu fragen brauchen; und/oder die Liebe zueinander und zu den Kindern, die sie gemeinsam haben möchten, ist ihnen wichtiger als die Kosten und Entbehrungen, die damit verbunden sind, ob sie diese nun vorausdenkend einkalkulieren oder schlicht ignorieren. So oder so, in beiden Fällen haben Familie und Kinder für die zukünftigen Eltern einen Eigenwert, der sich ökonomischem Kostenkalkül entzieht. Menschen

(Eltern) dieses Schlages praktizieren intuitiv eine Ethik sozialer Differenzierung, wonach die Familie – wie andere Lebenssphären auch – sich am eigenen Leitwert und nicht an dem der Ökonomie orientiert. Dienst ist Dienst und Schnaps ist Schnaps, diese platte Formel enthält eine überaus moderne Moral der Grenzziehung zwischen Systemen. Die Familie ist die Familie, und die Wirtschaft ist die Wirtschaft, könnte man auch sagen.

Für prospektive Eltern, die die hohen Opportunitätskosten des Kinderkriegens nicht scheuen oder ignorieren, gilt Ähnliches. Wenn es um Familie geht, überwinden sie das Kostendenken oder sind gar keine Kostendenker. Der Begriff der Opportunitätskosten ist ja auch nicht ihr eigener. Er ist ihnen vielmehr von denjenigen Demografen und Sozialwissenschaftlern untergeschoben worden, die die Familie mit den Kriterien der Wirtschaft oder der Politik analysieren und kurieren wollen. Als Wirtschafts- und Staatsbürger mögen Eltern jenen Leitwerten durchaus den Vorrang geben, als Familienmenschen aber nicht. Was sind für sie schon alle Verlockungen der Karriere, des Reisens, des Ruhms angesichts des Glücks dank Kindern!? Jedenfalls kann man die Verlockungen hintanstellen, ob der Verzicht nun als groß oder klein empfunden wird.

Auch in Bezug auf ihre Ansprüche aneinander und in Bezug auf die erwarteten Kinder stellen Eltern heute etwas Besonderes dar. Sie unterscheiden sich sowohl von Eltern früher als auch von Nichteltern heute. In vergangenen Zeiten stellten Eltern nicht so hohe Ansprüche aneinander und an die Kinder, die noch »unterwegs« waren. Sowohl für Partner wie auch für ungeborene Kinder waren die Möglichkeiten des Beziehungsabbruchs, der Korrektur, der Neuwahl viel geringer als heute. Ob der Partner »der/die Richtige« ist, kann man sich heute immer wieder fragen. Ob das ungeborene Kind »das Richtige« ist, wird mit den Mitteln einer pränatalen Medizin, die es früher gar nicht gab, ständig überprüft.

Verglichen mit Nichteltern stellen Eltern heute ihre »Richtig-

keitsansprüche« aneinander und an ihre zukünftigen Kinder zurück. Sie nehmen Rücksicht aufeinander. Sie machen Abstriche
von ihren Idealbildern. Sie verhandeln. Sie einigen sich. Sie
nehmen Risiken in Kauf. Sie entscheiden sich füreinander und
für ein nichtmakelloses (Adoptiv-)Kind, obwohl sie doch auf den
Richtigen oder die und das Richtige immer noch warten könnten.
Man kann es auch so sagen: Familienmenschen haben in irgendeiner Weise ihre Qualitätsansprüche aneinander und an ihre
Kinder zurückgenommen – und darin liegt gerade ihre besondere
Qualität.

Betrachten wir den gleichen Vorgang des Kinderkriegens und
der Familienbildung noch einmal aus der Sicht der noch ungeborenen, aber auf dem Weg in die Welt befindlichen Kinder.
Ein Baby ist heute da, lange bevor es auf die Welt kommt.[25] Das
bedeutet nicht nur, dass es im Flimmern des Ultraschalls gesehen,
in der Fruchtwasseruntersuchung geprüft, in der gemeinsamen
Vorgeburtsgymnastik beider Eltern erfühlt, in ihren Einkäufen
und Einrichtungen des Kinderzimmers vorausgedacht wird.[26]

Es heißt auch, dass sich das Kind seine Eltern in der Regel schon
ausgesucht hat, lange bevor es gezeugt wurde. Es sind Eltern, die
die modernen Hindernisse der Familiengründung überwunden
haben. Die noch nicht geborenen Kinder haben sie dazu gebracht.
Wie bereits erwähnt: Es sind Hindernisüberwindungskinder.
Insofern sind sie »bessere« Kinder als diejenigen, die die Hindernisse nicht übersprungen oder, wie früher, gar nicht vorgefunden
haben. Für die Eltern als Hindernisüberwinder gilt das genauso.
Sie müssen mehr aus dem Weg räumen als frühere Eltern. Und
sie sind, im Vergleich zu Nichteltern, zwar nicht die besseren
Menschen, aber die besseren Familienmenschen. Die Qualität der
Familien steigt, wenn nur noch solche Familien entstehen beziehungsweise sich fortzeugen, die die erhöhten Hürden nehmen,
durch die die moderne Familie sich abgrenzt. Das sind weniger
Familien als zuvor. Geringere Quantitäten und höhere Qualität
der Familie bedingen einander.

Die Rückkehr der patriarchalischen Großfamilie?

Der amerikanische Demograf Phillip Longman hat jüngst eine interessante These über den Zusammenhang von Geburtenrückgang und der Wiederkehr der patriarchalischen Großfamilie veröffentlicht:[27] Fallende Geburtenraten in den westlichen Ländern schürten die Angst vor dem Aussterben, und diese Angst riefe, gegenüber einer liberalen Lebenshaltung, konservativ-rigide Werte auf den Plan. Der konservative Teil der Bevölkerung setze mehr Kinder in die Welt als der liberale. Das gelte für Europa wie für Amerika. Wo man abweichendes Verhalten wie den Konsum von weichen Drogen oder Homosexualität akzeptiert, weniger in die Kirche geht, dem Militär eher misstraut, werden weniger Kinder geboren als in den konservativen Milieus. Da die kinderlosen und kinderarmen Milieus ihre Gene und liberalen Ansichten nicht weitervererben, stürben sie aus, während die kinderreichen konservativen Familien sich ausdehnten, prognostiziert Longman. Die aufgeklärten kinderarmen Gesellschaften verlöschten zwar nicht vollständig, transformierten aber ihre Kultur im Innern: Traditionell-patriarchalische Werte verdrängten die liberal-egalitären, und das aufgrund eines darwinistischen, biologischen Mechanismus der Evolution. »Das ausgedehnte kinderlose Segment der heutigen Gesellschaft, dessen Mitglieder überproportional aus der feministischen Bewegung und der Gegenkultur der sechziger und siebziger Jahre stammen, wird kein genetisches Erbe zurücklassen«, heißt es bei Longman, »und es wird ebenso wenig emotionalen oder psychologischen Einfluss auf die nächste Generation ausüben.«[28] Der Trend werde noch dadurch verstärkt, dass, wie Longman annimmt, die konservativ-kinderreichen Familien auch Kinder besserer Qualität hervorbrächten. Eine Begründung dafür findet sich allerdings nicht.

Longman folgt schlicht dem Vorurteil, dass die kleineren Familien auch die schwächeren und schlechteren, da weniger angepassten seien und deshalb ausstürben. Er übersieht, dass, wie ich oben gezeigt habe, mit der Verkleinerung von Familien ihre Qualität sogar wächst.

Tatsächlich dünnen Familien mit nur einem oder gar keinem Kind früher aus als solche mit vielen Kindern. Aber die großen Familien pflanzen sich nicht in voller Größe fort. Auch sie werden kleiner – und zwar nicht unter biologischen, sondern auch unter soziokulturellen Zwängen. Obwohl scheinbar frei, werden sie durch kulturelle Evolution dazu gezwungen, weniger Kinder zu bekommen: durch steigenden Wohlstand und längeres individuelles Leben; durch Anforderungen und Verlockungen der Wirtschaft, der Freizeit, der Politik und anderer Sozialsysteme; und schließlich durch den Leitwert der Liebe selbst, der zu kleinen Familien drängt. Die kleine Familie, die, wie Longman annimmt, biologisch aussterben müsste, reproduziert sich also soziokulturell. Die großen Familien, die aus der Perspektive der biologischen Evolution überdauern und dominant werden müssten, werden durch soziokulturelle Evolution verkleinert. Sie stellen somit das Reservoir dar, aus dem sich die kleinen Familien bedienen und erneuern, obwohl sie sich biologisch kaum reproduzieren.

Kapitel 5

Der Geburtenrückgang
im Kampf der Kulturen

Es gibt Kulturen innerhalb der Kultur. Was Longman für den Konflikt zwischen liberal-aufklärerischer und konservativ-traditionalistischer Haltung innerhalb der westlichen Kulturen prognostiziert, den Untergang des liberalen Teils durch einen biologischen Evolutionsmechanismus, verunsichert als Selbstverschwindensangst den gesamten Westen. Man vergleicht seine niedrigen Geburtenraten mit den hohen der nichtwestlichen Kulturen. Man liest in den Statistiken, dass der Anteil des Westens an der Weltbevölkerung von derzeit knapp 20 Prozent in den nächsten Jahrzehnten auf unter 15 Prozent fallen wird.[1] Hierzulande beobachtet man, wie sich die Parks, Sandkästen und Fußballplätze mit Kindern füllen, die nicht oder nur gebrochen Deutsch sprechen. Der Westen fühlt sich von kinderreichen Kulturen auskonkurriert.

Kulturverlust – ein Angsttraum

Die Angst, sich selbst zu verlieren, gibt es im Westen nicht erst seit heute. Das westliche Denken hat eine Geschichtsschreibung und Wissenschaft vom Aufstieg und Untergang der Kulturen hervorgebracht und auf sich selbst angewendet. Dies reicht von Oswald Spenglers *Untergang des Abendlandes* (1918/1922) und den Werken Arnold Joseph Toynbees bis zu neueren Arbeiten, in denen besonders die Übermacht Amerikas kritisch hinterfragt wird.[2] Rationale Analysen sind oft nur die Spitze des Eisbergs tiefer liegender Ängste. Und hinter den Befürchtungen, militärische und ökonomische Macht einzubüßen, steht eine andere Angst, die sich kaum in quantitativen Größen erörtern lässt: dass die eigenen Lebensformen und die ihnen unterliegenden Werte verschwinden. Dies ist das Entsetzen vor dem Verlust der eigenen Kultur. Es ist eng verknüpft mit der Angst, dass die Menschen, die diese Kultur tragen, durch den Geburtenrückgang immer weniger werden.

Geburtenrückgang und Kulturverlust sind, wie ich zeigen werde, nicht derart eng miteinander verkoppelt. Die Angst davor aber ist Realität. Sie äußert sich in einer volkstümlichen Kulturkritik, die um konkrete Belege nicht verlegen ist. Sind nicht die Tugenden, denen die westliche Kultur ihren Aufschwung verdankt, im Schwinden begriffen? An die Stelle von Religiosität tritt Materialismus, statt Pflichtgefühl nimmt sich Hedonismus Raum, statt harter Arbeit Freizeitorientierung, statt Verpflichtung auf das Gemeinwohl Individualismus. Zwar lassen sich diese Klischees vom Wandel der Werte über längere Zeiträume hinweg empirisch gar nicht prüfen. Sie überleben aber auch ohne empirische Verankerung im kulturkritischen Selbstverständnis des Westens.

Die Vorstellung, dass die gesellschaftliche Entwicklung in ihrem Erfolg selbst die Basis unterhöhlt, auf der sie beruht, ist tief verwurzelt. Schon Denker des 19. Jahrhunderts wie Karl Marx und Max Weber sahen in der Dynamik der westlichen Kultur einen Mechanismus der Selbstzerstörung am Werk. Marx prognostizierte den Umschlag vom Kapitalismus in den Sozialismus. Max Weber vermutete subtiler, dass der Kapitalismus das protestantische Arbeitsethos, das ihn hervorgebracht habe, zwar aufzehre, auf die Dauer aber auch nicht mehr brauche. Er lebe aus eigener Dynamik fort. Damit tritt hinter dem Mechanismus der Selbstzerstörung eine gegenläufige Bewegung des Selbsterhalts hervor. Auf diese Bewegung werde ich im Folgenden meine Aufmerksamkeit konzentrieren.

Der Selbstzerstörung von Kultur die Strategien ihres Selbsterhalts entgegenzustellen, ist eine Sache. Dass sie vorhandene Ängste bannt, ist kaum anzunehmen. Ängste suchen sich immer neuen Grund. Die Kulturverlustangst hat ihren aktuellsten schon gefunden: im Geburtenrückgang, der es absehbar macht, dass die Menschen, die die westliche Kultur tragen, immer weniger werden. Geburtenrückgang ist ein Produkt der westlichen Kultur selbst. Insofern fällt es leicht, den Gedanken von der Selbstzerstörung beziehungsweise Selbstentmannung der Kultur auch auf ihn anzuwenden. Sowohl der Verlust von grundlegenden Werten wie auch von Menschen, die diese Werte tragen, sind also von der westlichen Kultur selbst gemacht.

Die beiden Verlustängste im Innern steigern sich allerdings noch durch den Blick nach Außen, es kommt die Angst vor anderen Kulturen hinzu. Auch sie ist eine doppelte Angst: vor Wert- und Lebensformen und vor Menschen. Verfügt der Osten nicht über die Werte, die im Westen scheinbar verloren gehen: Religiosität, militärischen Opfermut, Familien- und Gemeinschaftssinn, Fleiß, Unterordnung und Bescheidenheit? Und gewinnt der Osten durch Geburtenüberschuss nicht auch die Menschen als Wertträger, die im Westen gar nicht mehr geboren werden? Ja, schickt er sie nicht sogar als die Sendboten seiner Kultur in großer Zahl in den Westen? Wer sich als Tourist etwa nach Algerien, Ägypten oder Indien traut, der wird sich von der sprudelnden Lebenskraft dieser kinderreichen Kulturen teils angezogen, teils geniert fühlen. Wer zuhause bleibt, hat sich vielleicht schon an die muslimischen Kinder gewöhnt, die in Scharen, manchmal mit ihren Müttern, die Parks, Wartezimmer und Schulhöfe bevölkern, in ihrem Temperament schwer zu bändigen, in ihrer Sprache kaum zu verstehen. Ein Gewinn für die eigene Kultur, kann man sagen. Und doch auch ein Verlust des öffentlichen Raumes, also eines Raumes der eigenen Kultur. Verstörung ist unausweichlich. Durch Toleranz, Wohlwollen und eingeübte Urbanität mag sie unterdrückt werden. Aber gerade im Spannungsfeld zu diesen Paradewerten des Westens erhält sie sich auch.

Kulturen und Geburten: Stabilisierung inbegriffen

Was sind Kulturen? Sie basieren nicht auf Menschen, sondern auf Beziehungen zwischen ihnen. Sie sind keine abstrakten Begriffe, sondern haben bestimmte Lebensformen angenommen. Sie sind so zu anschaulichen Beziehungen geworden, geronnen oft in Symbolen und bedeutungsvollen Gegenständen. Während die Geburt an sich in allen Kulturen eine Verbindung zwischen Mutter, Kind und anderen Menschen begründet und insofern ein elementarer sozialer Prozess ist, wird sie zu einem kulturellen Phänomen erst durch die besonderen Beziehungen und Umstände bei der Geburt; in der westlichen Kultur sind das etwa die Hebamme, neuerdings die Anwesenheit des Vaters, der Kreißsaal, das zuhause eingerichtete Kinderzimmer und Ähnliches.

Jede Kultur lässt sich in fünf Dimensionen fassen. Sie enthält erstens ein *Werten* oder *Urteilen*. Jede Lebensform ist durchdrungen von Vorstellungen darüber, was gut und richtig oder böse und falsch ist. Der Begriff der Kultur ist ein Wertbegriff, erklärte schon Max Weber. Man kann Kultur als Inbegriff oder Zusammenfassung aller Wertungen oder Leitwerte, etwa der Effizienz, der sozialen Sicherheit, der Liebe et cetera auffassen – und hat damit schon eine Vorstellung von westlicher Kultur. Aber Vorsicht! Es unterschätzt eine Kultur, sie auf die Summe von so großen und relativ abstrakten Wertformen einschränken zu wollen. Denn das Werten ist ein unablässiger sozialer Prozess, der auch in den kleinsten Lebensformen beständig anhält. Eine Kultur gibt nicht nur die großen Linien der Moral vor, sondern leistet auch die moralische Feinarbeit, indem sie alles, was vorgeht, unweigerlich auf- und abwertet oder urteilt. Jeder Kultur wohnt eine Präferenz für die eigene und eine Diskriminierung anderer Lebensformen inne.

Die zweite Dimension, durch die eine Kultur gekennzeichnet wird, ist die des *Teilens*. Kulturen unterscheiden zwischen denen, die ihre Wertungen teilen, also dazugehören, und denen, die davon abweichen, also außen vor bleiben und zu einer anderen Kultur gehören. So wie es in allen Kulturen ein Gesetz der Präferenz fürs Eigene gibt, so auch ein Gesetz der Konformität oder kollektiven Identifikation.

Keine Kultur könnte sich ihrer Wertungen und Zugehörigkeiten beziehungsweise Abgrenzungen bewusst sein, wären da nicht die Abweichungen und die anderen Kulturen. Und erst in der Auseinandersetzung mit ihnen wird das Eigene wahrgenommen, ja betont; es manifestiert sich. Normalerweise aber lebt es im Geborgenen und *Verborgenen*. Dieses ist die dritte Dimension. Dass sie eine Kultur haben oder gar mehreren Kulturen angehören, davon wissen die meisten Menschen so wenig wie die Fische vom Wasser. Der ursprüngliche Zustand der Kultur ist die Latenz. Ihr Grundgesetz ist das Tabu, das ihr Heiligstes und Innerstes vor Enthüllung und Berührung schützt.

Die vierte Dimension des Kulturellen ist das *Erwidern*. Kulturen erfahren sich erst in der Gegenseitigkeit, in der Begegnung und Gegnerschaft mit andern. Indem sie auf ein Nehmen oder Geben der anderen Seite erwidern, stehen sie sowohl im Austausch wie auch zugleich im Konflikt miteinander. Es ist konstitutiv für Kulturen, sich die Werte anderer anzueignen und eigene abzugeben. Ein und derselbe Prozess kann, je nach Präferenz und Wahrnehmung, als Ausgleich oder als Kampf empfunden werden. Das moralische Grundgesetz, das ihm unterliegt, ist das der Reziprozität oder der Gegenseitigkeit.

Die fünfte Dimension des Kulturellen ist die des *Bestimmens* und *Bestimmtwerdens*. Sie sichert die Kontinuität der Kultur im Laufe der Zeit. Das Unbestimmte der Zukunft verwandelt sie – im Augenblick der Gegenwart – in Bestimmtes und schlägt es den Bestimmtheiten der Herkunftskultur zu. Umgekehrt versucht sie das Herkünftige in die Zukunft hineinzuretten. So strebt eine Kultur danach, Macht und Steuerung ihrer selbst zu bewahren – angesichts der Übermacht der Zeiten. Man kann die Selbststeuerungs- und Kontrollfähigkeit einer Kultur aber nicht daran ermessen, dass alles so bleibt, wie es ist. Vielmehr geht es darum, dass Kontinuität, Austauschbeziehungen, Tabus, Zugehörigkeiten und zentrale Wertungen als Funktionsmechanismen und Problemlösungen erhalten bleiben, auch wenn sich die Dinge im Einzelnen wandeln.

Kein Mechanismus kann den Erhalt einer Kultur so elegant gewährleisten wie die Geburt eigener Kinder. Denn in der Erziehung eigener Kinder werden die Wertungen, Zugehörigkeiten, Tabus auf eine unbewusste und ungewollte Weise weitergegeben, das heißt mit den Mitteln der Kultur selbst. Sie erreichen die kommenden Träger der Kultur bereits, bevor diese ein eigenes Bewusstsein und ein eigenes Bestimmenwollen entwickeln, also auch bevor sie sich wehren können. Der Prozess der primären Sozialisation oder Enkulturation geht wie von selbst.

Wenn sich verschiedene Kulturen gegenüberstehen, annähern, austauschen, vielleicht auch in einen Wettstreit treten, sich beargwöhnen (und auch bekämpfen), zeigt sich, wie sehr die Enkulturation des Nachwuchses mit Wert gefüllt ist. Denn jede Kultur ist im Vergleich zu anderen vom Vorzug ihrer selbst tief durchdrungen. Die »Präferenz für das Eigene« wiederholt sich mit jeder individuellen Geburt. Eltern können nicht anders, als den eigenen Kindern im praktischen Leben den Vorzug zu geben – mögen sie auch von dem Wert der Gleichbehandlung aller Menschen überzeugt sein. Als Neugeborene und Heranwachsende können wir nicht anders, als den Regeln der eigenen Kultur, die uns Orientierung geben und Grenzen setzen, vor allen denkbaren Alternativen den Vorzug zu geben. Denn sie umgreifen und durchdringen uns, bevor wir uns dessen bewusst werden und bevor wir sie aus freien Stücken bewerten und uns für oder gegen sie entscheiden können.

Diejenigen, die eine solche Lebensform – man könnte sagen: eine Heimat – zunächst unbewusst teilen, bestätigen sich deren Vorzug gegenseitig und gelangen so zu der Erfahrung einer gemeinsamen, eigenen Kultur. Deren Eigenheit wird umso stärker erlebt und vorgezogen, je deutlicher ihre Differenz zu anderen Lebensformen hervortritt. Und immer ist mit dem Wertgefühl für die eigene Kultur auch die Vorstellung verbunden, dass sie durch eigene Kinder getragen und weitergetragen wird. Wenn die Geburtenrate sinkt, wächst die Angst, dass die eigene Kultur ihre Träger und wir unsere Heimat verlieren: Heimat als die erlebten Orte der Kindheit, aber auch, im größeren Rahmen, als die zivilisatorischen Werte der westlichen Welt. Zu dieser Angst kommt eine zweite hinzu: dass die anderen, kinderreichen Kulturen dem offenen Westen sein eigenes Terrain streitig machen. Kann die westliche Kultur sich dagegen behaupten, auch wenn die Geburtenrate fällt?

Die Expansion des Westens

Dass die Kreuzzüge die westliche Kultur in den Orient getragen hätten, wird man kaum irgendwo lesen können. Einzelne Gewaltaktionen sind kein geeignetes Mittel des Kulturtransfers. Und ob die Lebensformen Europas denen des Nahen Ostens vor 800 Jahren in irgendeiner Weise überlegen waren, ist mehr als fraglich. Das änderte sich im späten Mittelalter und in der frühen Neuzeit. Viele soziale Kräfte wirkten in Europa unbewusst zusammen und brachten den Kontinent in einen Schwung, der rückblickend als ein sich selbst tragender und fortzeugender Aufschwung interpretiert werden kann. Die Dynamik erwies sich als überschießend. Missionare, Militärs, Kaufleute, Ärzte, Verwaltungsbeamte trugen europäische Güter und Lebensformen nach außen – mit einem dauerhaften Nachdruck, der später als Kolonialismus und Imperialismus gebrandmarkt wurde und sich quasi selbst ad absurdum führte und aufhob. Denn mit seinen Herrschaftsformen und der faktischen Fremdherrschaft brachte Europa auch die Legitimationsformen, die damit nicht in Einklang standen: die Lehre von der Würde, der Gleichheit und der Selbstbestimmung aller Menschen.

Erst als diese europäischen Werte sich in den Kolonien mit den elementar-universalen Selbstbehauptungskräften der kolonisierten Kulturen verbündeten, gewannen diese ihrerseits genug Energie, um die europäische Herrschaft abzuschütteln. Das Vorbild und Exempel statuierte Amerika – gleichzeitig aber bildete es auch einen bezeichnenden Sonderfall, denn nicht nur die Werte, die sich gegen Europa – und von ihm ab – wandten, waren europäischer Herkunft, sondern auch die Bevölkerungen; Europa hatte Amerika seine Werte bereitgestellt und die Menschen gleich mit, während die Ureinwohner Amerikas zur Bedeutungslosigkeit dezimiert und zurückgedrängt wurden.

In der übrigen Welt vollzog sich der kolonialistische Kulturtransfer Europas weniger über Auswanderer als über bestimmte Agenten – Missionare, Soldaten, Händler, Beamte –, die, mit Ausnahmen wie in Südamerika, zu den Einheimischen und ihren Lebensformen Distanz hielten. Im Zuge der Entkolonialisierung wurden sie deshalb auch zum Teil zurückgetrieben. Bei den befreiten Völkern aber, die der europäischen Kultur sowohl ihre Unterdrückung wie auch ihre Unabhängigkeit verdankten, blieb eine tiefe Ambivalenz zurück.

Einerseits kann sie sich auflösen. Denn kulturelle Errungenschaften des Westens werden nun nicht mehr missionarisch-militärisch und mittels Herrschaft oktroyiert, sondern können aus freien Stücken gewählt und übernommen werden. Der Kulturtransfer selbst ist gleichsam befreit worden. Andererseits lebt die Ambivalenz auch in einem »freien« Austausch der Kulturen wieder auf: als ständiger Konflikt zwischen der tiefen Präferenz für die eigenen Lebensformen und der Attraktivität der anderen.

Das Gesetz der »Präferenz für das Eigene« heißt nicht, dass Kulturen den Wert anderer Kulturen nicht zu erkennen vermögen. Sie können sogar anderen Kulturen den Vorzug geben. Gegenüber der vorgängigen, unbewussten, gefühlsmäßig geteilten Prägung durch das Eigene kann dies allerdings immer nur ein zweiter, rationaler, selbstbestimmender Schritt sein. Individuen können ihn voll und ganz gehen: durch Auswanderung oder durch Annahme einer fremdartigen Lebensform, womit sie sich allerdings zum Außenseiter machen. Kulturen als kollektiv verfestigte und von vielen zugleich und wechselseitig getragene Gebilde können als Ganze den reflektierten Schritt aus sich selbst heraus allerdings nicht machen. Sie können nur bestimmten Teilerscheinungen einer anderen Kultur den Vorzug geben. So fühlen sich die nichtokzidentalen Kulturen von der westlichen Waffentechnik, Warenwelt, Medizin, Internet- und Handytechnologie angezogen und ziehen diese an. Die Anziehung umfasst aber nie die Kultur als Ganzes – das verhindert die Präferenz für das Eigene –, sondern immer deren Teilstücke, die von der eigenen, ursprünglichen Kultur in Dienst gestellt werden.

Das Fremde wird uminterpretiert, bis es in die eigenen Lebensformen passt und von ihnen einen neuen Sinn bekommt. Die Kultur- und Entwicklungssoziologie hat das an vielen Fallstudien beschrieben. Claude Lévi-Strauss, der Nestor der Anthropologie, verwies darauf, »dass die Japaner, die man im Abendland zunächst als Nachahmer und Kopisten gesehen hatte, sich dem Okzident beharrlich angleichen wollten – nicht, um sich mit ihm zu identifizieren, sondern um sich gegen ihn zu verteidigen, damit die traditionellen Werte unversehrt blieben. Solche Kontakte, solche triumphal überbotenen Entlehnungen kannte Japan im hohen Mittelalter in seinen Beziehungen zu China. Dieselbe Taktik hat es im 19. und 20. Jahrhundert in seinen Beziehungen zu Europa und den Vereinigten Staaten wieder angewandt. Wir alle, die wir Identitätskrisen durchleben, können unseren Blick auf Japan richten und es um Unterrichtsstunden bitten.«[3]

Die heute nachholende ostasiatische Industrialisierung in den Tigerstaaten wie Singapur und Malaysia weist streckenweise, eher noch selbstbewusster, eine ähnliche kulturkämpferische Grundstruktur auf. Die Integration westlicher, kapitalistischer, wissenschaftlicher und technologischer Praktiken in die asiatischen Kulturen soll, aus dortiger Sicht, deren Wertüberlegenheit noch bestärken. Die fremden Kulturelemente erhalten den Charakter von Instrumenten, die den grundlegenden Vorzug der eigenen, aufnehmenden Kultur steigern sollen. Ja, das Argument wird zugespitzt zu der These, dass die »asiatischen Werte« – Gemeinwohlorientierung, Autoritätsgläubigkeit, Familialismus, Fleiß und Ähnliches – sich auch als kultureller Untergrund wirtschaftlichen Wachstums den westlichen Werten als überlegen zeigen würden.

Anziehung und Abstoßung zwischen den Kulturen liegen in ein und demselben Vorgang! Sie können deshalb mit Fug und Recht als Kooperation, aber auch als Kampf der Kulturen interpretiert werden. Der Ausgang des Wettstreits ist offen. Der Westen kann zwar stolz darauf sein, dass zentrale Elemente seiner Kultur von anderen übernommen werden. Zeugt das nicht, ungeachtet aller Wortklaubereien, von Überlegenheit, ja Dominanz des Westens? Von der anderen Seite werden die Dinge so allerdings nicht gesehen. Es gibt in Asien, genauso wie in Europa, die stillschweigende, aber umso tiefgründigere elementare »Präferenz für das Eigene«. Sie hat gegenwärtig eine durchaus politisch-expressive, wenn auch nicht aggressive Artikulation gefunden. Sollte die westliche Kultur, wenn sie sich über die ganze Welt auszubreiten meint, in Wirklichkeit in eine Fülle von Krakenarmen anderer Kulturen laufen, die sie an Ort und Stelle in die dortigen Lebensformen einpassen, sodass das Westliche nachher nicht mehr es selbst, sondern Teil der aufnehmenden östlichen Kulturen geworden ist?

Das optimistische Selbstbewusstsein der nichtwestlichen Kulturen beruht allerdings auf einer gewagten Annahme. Nennen wir sie die Hypothese von der partialen Akkulturation oder partialen Integration. Sie besagt, dass sich aus einer Kultur bestimmte Teile – Waren, Waffen, Wissen, Werte – nach Wunsch herausziehen und in eine andere einpassen lassen; wie ein Mensch, der dem einen oder anderen Herren dienen kann. Aber die wandernden Waren und Technologien haben, wie wandernde Menschen, unwillkürlich auch unerwünschtes Gepäck aus ihrer Herkunftskultur dabei. Sie geben es den Empfängern mit, ohne dass diese es merken, und verändern sie dadurch: Wer aus dem Westen Maschinen und Forschungspraktiken übernimmt, führt damit gleichsam nebenbei auch Hochachtung für Neuerungen und Geringschätzung des Alten ein.

Die jungen chinesischen Unternehmer, die heute auch in den Reportagen westlicher Fernsehsender zu sehen sind, strahlen diese Umwertung der Werte aus. Während scheinbar nur technologische Teile der westlichen Kultur in Asien erfolgreich integriert werden, bringt deren Erfolg auch andere Charakteristika westlicher Kultur zum Blühen, die sich mit asiatischen Werten nicht vertragen, ja diese sogar aushöhlen: Konsumrausch und Genusssucht, Drogen, individueller Eigensinn statt Unterordnung in der Gruppe, Gleichberechtigung der Geschlechter, Gottlosigkeit und Zweifel. Kurz: Die Kulturen, die vom Westen nur den kleinen Finger wollen, müssen schließlich feststellen, dass er womöglich seine ganze Hand, und zwar überall, im Spiel hat.

Noch ambivalenter und konflikthafter wird die kulturelle Expansion des Westens dort erlebt, wo man ihm zwar geografisch und religiös – den gleichen Gott anbetend – näher, in Bezug auf die Verträglichkeit der Kulturen aber ferner steht: In Maghreb und im Vorderen Orient. Von hier gehen die gewaltsamen, terroristischen Reaktionen auf das kulturelle – neuerdings auch wieder unübersehbare militärische – Vordringen des Westens aus. An den Schnittstellen zwischen islamischen und christlichen Kulturen ist der Kampf der Kulturen (*clash of civilizations*) auch militärisch und paramilitärisch kaum gebremst.

Huntington, der dies in seinem viel geschmähten Buch über den *Kampf der Kulturen* prognostiziert hatte, wird von der Wirklichkeit eingeholt und überholt, auch wenn viele Traumtänzer dies noch immer nicht wahrhaben wollen. Der Übergang des Kulturkampfes in einen gewaltsamen Kampf besagt allerdings nicht, wie es mittlerweile europäische, gar päpstliche Auslegung geworden ist, dass die islamischen Kulturen des Vorderen Orients an sich und qua religiöser Fundierung die gewaltsameren seien. Es sind

lediglich Kulturen, die der kulturellen Verwestlichung und militärischen Präsenz des Westens besonders unmittelbar, ja ungeschützt
ausgesetzt sind – und das mit einer mehrheitlich jugendlichen
Bevölkerung, für die die Versprechen des Westens nach besseren
Lebenschancen bisher weitgehend unerfüllt geblieben sind.

Der Westen stößt so die Jungen ab, die eigentlich von ihm
angezogen waren und sind. Ein Teil von ihnen – bezeichnenderweise gerade die technische Intelligenz – kommt zu dem Schluss,
die westliche Kultur als Ganzes abzulehnen und sich an einem
islamischen Fundamentalismus zu orientieren, der weniger traditionell und originär als vielmehr reaktionär ist: eine Reaktion
nämlich auf das zugleich vereinnahmende und doch frustrierende
Vordringen des Westens. Mag der islamische Fundamentalismus
denn die westliche Kultur auch in Bausch und Bogen ablehnen,
so ist er aufgrund seines kämpferischen Habitus doch darauf angewiesen, westliche Waffen-, Kommunikations-, Organisations-
und Kapitalbildungstechnologie zu übernehmen. Mit ihrer Hilfe
die bevorzugte islamische Wertewelt zu stärken, ist die Absicht.
Unbeabsichtigt aber verwandeln sich in demselben Vorgang diejenigen, die gegen den Westen kämpfen, dem Westen an.

Wie oberflächlich oder nachhaltig diese Anverwandlung
ist – die Frage erscheint naheliegend, ist aber nicht wirklich be-
deutsam. Wichtiger ist die Einsicht, dass sie tatsächlich beständig
und zwingend erfolgt, solange die Kulturen sich austauschen und
auseinandersetzen; das heißt: praktisch unablässig. Denn aus
dem wirtschaftlichen, politischen, kommunikationstechnologi-
schen, medizinischen Interaktionsnetz, mit dem der Westen die
Welt überzogen hat, gibt es kein Entrinnen mehr. Ob man nun
die Interaktionen positiv aufnimmt oder ins Feindselige wendet:
Sie bleiben auf den Westen bezogen, in Form und Inhalt westlich
imprägniert und wirken wie Brückenköpfe der westlichen Kultur
nach außen.

Im Prinzip ist die Wirkung auch gegenläufig. Und aus Paritäts-
gründen spricht man gern von einem Austausch der Kulturen.

Aber jeder von uns kann selbst ermessen, ob die gewiss reizvollen Praktiken und Produkte aus der Fremde (von Ayurveda und Akupunktur über Verschleierung der Frauen bis zu kollektivistischer Stammes- und Gruppenmoral) für den Westen und seine Probleme attraktiv und interessant wirken – in der gleichen Weise wie etwa AIDS-Medizin, moderne Agrartechnologie und -chemie, Ölförderverfahren, Katastrophenfrühwarnsysteme, wissenschaftliche Universitätsbildung, Geburtenkontrolle, die Gleichberechtigung der Geschlechter für nichtwestliche Kulturen wichtig, problemlösend und zugleich brisant sind. Schon eine lockere Gegenüberstellung ergibt, dass im Austausch der Kulturen die westliche eine ungeheure Dominanz erhalten hat; nicht etwa nach eigenem ethnozentrischen Dafürhalten, sondern gemessen an der »Nachfrage«, die ihr aus anderen Kulturen zuteil wird, und an der faktischen Faszination wie Attraktivität, die sie außerhalb ihrer selbst ausübt.

Dass von den Leistungstüchtigen zu den Leistungsschwachen umverteilt wird, ist, anders als in den USA, ein Grundmuster europäischer Kultur. Es ist für diejenigen leicht zu erlernen, die, wie in Afrika oder Asien, traditionellerweise in kollektive Verpflichtungs- und Haftungssysteme eingebettet sind. Ihre Akkulturation in den europäischen Sozialstaat gelingt meist leichter als die in europäische Berufsleistungssysteme. Die Akkulturation von jedermann, unangesehen seiner Herkunft, steht ohnehin in tiefem Einklang mit der christlichen Ethik der Caritas und grenzenlosen Brüderlichkeit.

Nicht in Einklang steht sie allerdings mit den Interessen der Deutschen, Dänen, Franzosen, die ihre jeweiligen Vorstellungen von sozialer Gerechtigkeit im Rahmen nationaler Solidargemeinschaften entwickelt haben und sich diesen Rahmen nicht einfach durch eine universalistische Solidarität mit allen sprengen lassen wollen. Der Rahmen ist ja nicht von ungefähr entstanden, sondern umfasst eine gemeinsame Kultur der Leistung und des gegenseitigen Füreinandereinstehens. Nur wer sich über das Arbeitsleben in die westliche Kultur eingliedert, ist deshalb hier willkommen.

Akzeptiert und respektiert sind allenfalls noch diejenigen, die sich als Träger westlicher Werte wie Demokratie und Gleichberechtigung der Geschlechter andernorts geschlagen haben und jetzt im Westen Schutz suchen. Diese politischen Immigranten oder Exilierten – aus dem Iran, aus Afghanistan, aus dem Irak et cetera – werden umso nachhaltiger zu Trägern westlicher Kultur, als ihnen zu Hause Unrecht geschehen und der Weg zurück versperrt ist. Im Vergleich zu den Arbeitsmigranten machen sie aber nur einen kleinen Teil derjenigen aus, die es in den Westen zieht.

Für alle Zuwanderer gilt: Je mehr sie im hiesigen Arbeitsleben Fuß fassen; je mehr der Weg zurück versperrt ist oder sich nicht mehr lohnt; je kleiner die landsmannschaftliche Gruppe, mit der sie im aufnehmenden Land verknüpft sind; je mehr solche Gruppen unterschiedlicher Herkunft nebeneinander bestehen (statt einen großen Block einheitlicher Herkunft zu bilden, der wie von selbst zu einer Gegenkultur würde); je länger die Einwanderer bleiben und hier eine eigene, zweite Heimat bilden; je weniger unterschiedlich und gegensätzlich zur aufnehmenden Kultur die Herkunftskultur der Einwanderer wahrgenommen wird – desto wahrscheinlicher ist es, dass die Einwanderer und ihre Kinder wie Kindeskinder nach und nach zu Trägern der aufnehmenden westlichen Kultur werden. Vorteile, Dankbarkeit und Stolz auf eigenen Erfolg sowie eigene Akkulturation mischen sich. Je erfolgreicher die Akkulturation, also die Übernahme westlicher Lebensformen, desto geringer ihr quantitativer Effekt. Denn die kulturelle Angleichung erstreckt sich nach zwei bis drei Generationen auch auf das Fertilitätsgeschehen: Die Einwandererfamilien bekommen dann genauso wenig Kinder wie die Einheimischen.

Um das »Geburtendefizit« zu füllen, müssten neue Immigranten nachziehen. Und dies geschieht. Die Vorweggezogenen, auch wenn sie in Europa bestens akkulturiert sind, bilden Punkte und Netze der Anziehung. Sie schaffen sich ihre Nachzügler selbst.

Nicht die Individuen wandern, sondern Netze, lautet eine Binsen-weisheit der amerikanischen Migrationssoziologie.

Wie subtil, manchmal auch die Realitäten überrumpelnd, die Nachzugsmechanismen funktionieren, zeigt der französische Soziologe Abdelmalek Sayad anhand von empirischen Unter-suchungen: Nordafrikaner, oft nur mühsam und nach europäi-schen Maßstäben gar nicht erfolgreich Fuß gefasst habend, stellen in Briefen nach Hause ihre prekäre Situation beschönt und at-traktiv dar, um nicht als Versager zu erscheinen.[4] Damit ziehen sie unbeabsichtigt junge Leute aus ihrer Verwandtschaft und Nach-barschaft an, deren Enttäuschungen vorprogrammiert sind.

Zur Realität des Westens gehört, dass er für viele Menschen außerhalb seiner selbst ein Wunschbild ist. Was Amerika schon immer war und bleibt – der Traum von Freiheit und unbegrenz-ten Möglichkeiten –, dem fügt Europa noch einiges hinzu: die Sehnsucht nach Sicherheit vor Gewalt und ärgster Not. Und dieser Traum wird noch durch diejenigen genährt, für die er sich nicht erfüllt hat! Sie scheuen sich, ihre Enttäuschung nach Hause wei-terzugeben, unverrichteter Dinge zurückzukehren oder zu klagen. Eher berichten sie nach Hause, wie erfolgreich sie sind und wie fantastisch der Westen ist. So wird der Westen auch von denen verklärt, die es besser wissen müssten!

Akkulturation auf Gegenseitigkeit

Gesellschaften wie die europäischen, die gewohnt sind, sich durch Geburten und nicht durch Einwanderung zu regenerieren, haben eine recht einfache Vorstellung von der eigenen Kultur und vom Prozess der Akkulturation. Die eigene Kultur ist ihnen etwas selbstverständlich Vorhandenes und relativ Homogenes, das sich durch die Macht der Mehrheit und die Präferenz fürs Eigene in der Zeit erhält.

Die aufnehmende Kultur versteht Akkulturation als Unterwerfung und Anpassung, nicht als Austausch zwischen Gleichen. Akkulturation mag zwar länger dauern, wird aber doch als kontinuierlicher Prozess der Eingliederung der einen Kultur in eine andere gesehen und nicht als gegenseitiges Geben und Nehmen. Die Zuwanderer sollen entweder gar keine eigene Kultur mitbringen und nur als Menschen, gleichsam kulturell unbeschriebene Blätter, auftreten oder ihre kulturelle Vorprägung schnell durch eine Neuprägung ersetzen.

Diese Vorstellung wird aber durch die Vorgänge selbst Lügen gestraft. Denn je mehr die Zahl der Einwanderer mit gleicher Herkunftskultur wächst, desto mehr bilden sie eine eigene »große Zahl« mit »Präferenz fürs Eigene« aus. Minderheit zwar immer noch, aber doch von Gewicht. Nachfolgende Einwanderer finden nun immer mehr Menschen vor, die in der gleichen sozialen Lage sind wie sie selbst: zwischen den Kulturen. Mit Seinesgleichen kommuniziert es sich leichter. Durch das Zusammenwohnen von türkischen Einwohnern in Berlin-Kreuzberg oder in Duisburg-Marxloh entsteht erst die »kritische Masse«, die nötig ist, damit eine türkische Herkunftskultur sich in der Fremde einrichten kann: in Gestalt von Lebensmittelläden und Hochzeitsgeschäften, Teestuben und Fußballvereinen, Schreib-, Telefon- und Reisebüros, Picknickplätzen in öffentlichen Parks und Moscheen.

Für die einheimischen Deutschen hat das geballte Auftreten türkischer Kultur etwas Befremdliches, ja Beängstigendes. Es erscheint uns als verweigerte Akkulturation. Diejenigen, die entweder als Gastarbeiter wieder weggehen oder als Einwanderer sich zu Mitträgern deutscher Kultur machen sollten, bleiben zwar, aber als Träger einer fremden Kultur! Der Vorgang selbst ist faszinierend-exotisch. Wir können ihn mit Toleranz, weltläufiger Gelassenheit oder jugendlicher Begeisterung für das Neue begleiten. Nichtsdestoweniger bleibt er eine Kränkung für die einheimische Kultur. Sie kann sich in ihrem gewohnten Bild nicht ungestört behaupten. Und sie ist offenbar nicht einnehmend und stark genug, um Elemente einer anderen Kultur zu assimilieren.

Der Ärger der gekränkten Mehrheit macht sich in empörten und abfälligen Bezeichnungen wie »Parallelgesellschaft« und »Ghettoisierung« Luft.

Wir können aus dem Vorgang, ihn genauer betrachtend, aber auch etwas anderes lernen. Erstens, die gefürchteten »Parallelgesellschaften« sind sehr viel stärker in die deutsche Kultur eingebunden, als es auf den ersten Blick scheint. Denn die Geschäftsleute, Vereinsvorsitzenden, religiösen Sprecher müssen mit deutschen Kunden, Behörden, Lehrern, Sozialarbeitern handeln und verhandeln – gerade auch für diejenigen, die sich als nachziehende Verwandte, Heiratswillige, Nachbarn in der deutschen Kultur noch nicht auskennen. Zweitens: Wird der direkte Übergang von einer Kultur in die andere unvermittelt zu schwierig, wächst den Zwischenkulturen oder ethnischen Milieus eine vermittelnde Funktion zu. Zahllose Mittelsmänner und -frauen werden informal zu »Integrationsagenten«: Für nachkommende und wenig gewandte Landsleute kaufen sie ein, setzen Briefe auf, begleiten sie zu Ärzten und Behörden, helfen ihnen bei der Arbeitssuche ...

In den unzähligen Berührungen und Kontakten zwischen den Kulturen, die sich dabei ergeben, lässt sich die Vorstellung von einer akkulturationsfeindlichen Parallelgesellschaft nicht aufrechterhalten. Akkulturation findet unweigerlich statt. Aber im Gegensatz zur politisch verordneten staatsbürgerlichen Integration kommt die Integration durch ethnische Milieus ohne kostspielige Sprachkurse, Verwaltungsapparate, Ordnungs- und Polizeikräfte, Integrationsbeauftragte aus. Deren Offizialfunktionen erledigen – oder ergänzen – die ethnischen Milieus als selbststeuernde Systeme in Eigenregie.

Dabei wird, drittens, deutlich, dass die ethnischen Milieus alles andere sind als Brückenköpfe oder Bollwerke der türkischen Herkunftskultur. Über ihre Vermittlungsfunktion werden sie zu selbststeuernden Systemen mit Erhaltungsinteressen eigener Art – weder identisch mit den Interessen des türkischen Mutterlandes noch mit denen der deutschen Wahlheimat.

Dies führt zu einer vierten Einsicht. Akkulturation, die entweder unvermittelt durch den Druck der aufnehmenden Mehrheitskultur auf die Einwanderer erfolgt oder aber, in der Regel, durch Zwischenkulturen vermittelt wird, ist kein Prozess, in dem sich nur die eine Seite ändert oder anpasst. Jede Kultur, mag sie mehrheitlich und durch die Präferenz fürs Eigene noch so gut gefestigt sein, ist kein monolithischer Block. Sie ist, durch den Austausch mit anderen Kulturen nach außen und im Inneren, immer in Bewegung.

Akkulturation nicht als einseitige Übernahme einer Kultur durch eine andere, sondern als gegenseitiger Austausch: Das ist oft schwer zu begreifen. Der Augenschein spricht oft zunächst dagegen. Gerade wenn die aufnehmende Kultur selbst nur noch wenig Kinder zur Welt bringt, die Einwanderer aber die größeren Kinderzahlen aufzubieten haben, kommt es an manchen Stellen zu einer Verschiebung der Mehrheitsverhältnisse – scheinbar mit der Folge, dass die aufnehmende Kultur von der einwandernden aufgesogen wird und nicht umgekehrt.

In einer von der katholischen Kirche getragenen schottischen Privatschule, so konnte man im März 2006 in den Zeitungen lesen, waren die christlichen Schüler im Verhältnis zu den islamischen zu einer verschwindend kleinen Minderheit geschrumpft. Folgerichtig bot die islamische Gemeinde an, die Trägerschaft der Schule zu übernehmen – große Aufregung bei den katholischen Schotten, die sich ansonsten ihrer Offenheit und Liberalität gegenüber islamischen Einwanderern rühmen. Aber wenn es nun so käme, wie die islamische Gemeinde vorschlägt? Sie müsste die Schule tatsächlich im gleichen liberalen Geist wie die Schotten fortführen, selbstverständlich unter peinlichster Beachtung der dort in demokratischer Tradition gewachsenen Verfahren und Rechtsregeln und ebenso selbstverständlich einem Curriculum und pädagogischen Standards folgend, über die die schottische Schulaufsichtsbehörde wacht. Auch wo eine Minderheit in kleinem Raum zur Mehrheit wird, bleibt sie der Macht der Mehrheitskultur im Hintergrund unterworfen. Was auf den ersten Blick wie ein Sieg islamischer Kultur aussieht, kann sich bei näherem Hinsehen als ein Sieg christlich-liberaler Kultur entpuppen. Es wäre ein Sieg nicht mit Waffengeklirre, sondern durch die List unbewusster Vernunft. Eine Kultur, die selbst nur noch wenig Nachkommen hervorbringt, sucht sich Trägerschaft für ihre Werte und Bildungsinstitutionen aus einer anderen Kultur, der sie einen Platz in sich selbst einräumt.

Hierzulande lässt sich ein ähnliches Spannungsverhältnis beobachten. Moscheen in deutschen Dörfern, islamischer Religionsunterricht in deutschen Schulen: Dieses Vordringen des Islam wird allenthalben als ein Erfolg im Kampf der Kulturen auf deutschem Boden interpretiert. Was derselbe Vorgang an Erfolgen für die deutsche Kultur birgt, bleibt weitgehend unerkannt. Mit Genehmigungsverfahren, Bauauflagen, Aufsichts- und Kontrollkompetenzen, Lehrerausbildungsprogrammen, Nachbarschaftsanhörungen, Rechtsstreits, Rede- und Antwortforderungen in öffentlichen Diskussionen und Kommunalparlamenten zwingt sie den islamischen Gemeinden Organisations- und Rechtsformen, Verfahren und Diskursregeln, Wertbekenntnisse und Willfährigkeiten, kurz das ganze Arsenal der westlichen politischen Kultur auf. Was den Moscheebauern und islamischen Lehrern in deutschen Schulen dadurch abverlangt wird, ist mehr als eine Anpassung an Formen und Formalitäten. Es ist Integration durch Akkulturation selbst. Beide Seiten gewinnen dabei, beide müssen Federn lassen. Aus dem übergreifendsten und politisch ausgreifenden Islam des Orients wird durch die Integration in die europäische Gesellschaft ein eingehegt-gezähmter religiöser Privatbereich; in der Soziologensprache: ein gesellschaftliches Subsystem unter anderen.

Akkulturation durch Protest und Gewalt

Akkulturation braucht Zeit. Damit ein Mensch, in das Machtfeld einer Kultur einwandernd, zum Mitträger dieser Kultur werden kann, reicht in der Regel seine individuelle Lebenszeit nicht aus. Erst nach mehreren Generationen ist zu erwarten, dass die Unterschiede zwischen aufnehmender und mitgebrachter Kultur sich, hauptsächlich auf Kosten der Letzteren, abschleifen. Je mehr Zeit sie hat, desto stetiger und nachhaltiger kann Akkulturation ihr Werk vollenden.

In diesen unseren Vorstellungen von Akkulturation wirken wiederum – unbewusst – die elementaren Gesetze vom Konformitätsdruck der Mehrheit mit ihrer Bevorzugung fürs Eigene. Ferner wirkt darin das Gesetz von der »Macht der Dauer«: Je länger sich eine soziale Lebensform bereits behauptet, desto länger wird sie auch weiterhin bestehen. Oder wenn an einem Ort eine vorhandene und eine neu hinzukommende Lebensform aufeinandertreffen, wird sich die ältere durchsetzen.

Der Einprägsamkeit halber habe ich dieses Gesetz vor elf Jahren »Methusalems Gesetz« genannt.[5] Es scheint zunächst nur von Zeit und Macht zu handeln. Aber es hat, wie alle sozialen Gesetze, moralischen Charakter. Seine Moral ist uns, ohne weitere Rechtfertigung und Begründung, tief vertraut und einsichtig. Es ist die Moral des Schlangestehens: Wer zuerst kommt, mahlt zuerst; das Vorhandene ist das Bevorrechtete. Wer einer vorhandenen Kultur ihren Platz streitig macht, wie die Europäer den eingeborenen Kulturen Amerikas und Australiens, handelt unrecht. So empfinden es die moralischen Gefühle aller Kulturen, nicht nur der Betroffenen und Betrachtenden, sondern auch der Täter.

Das moderne Staats- und Völkerrecht baut auf dem »Gesetz der Dauer« ebenso wie jede Kleinfamilie. Niemand hat das Recht, von außen die jeweiligen Grenzen zu überschreiten und vorhandene Lebensformen durch andere zu ersetzen. Es sei denn, er beruft sich auf ältere und verletzte Vorrechte. Dies ist, wie am Beispiel Israels und Palästinas zu sehen, hochproblematisch und konflikthaltig. Gleichwohl bemühen sich alle Seiten um historischen Vorrang. Sie setzen damit wie selbstverständlich voraus, dass das

»Gesetz der Dauer« von allen, auch von unbeteiligten Dritten, gekannt und anerkannt wird.

Zurück zur Frage, ob in einem kinderarmen Europa Einwanderer und deren Nachkommen zu Trägern westlicher Kultur werden können. Hier machen sich, besonders in Deutschland, Enttäuschung und Ernüchterung breit. Gerade diejenigen, die schon länger hier sind, in der zweiten und dritten Generation, scheinen fremder, ja feindlicher zu werden: Verglichen mit ihren Eltern und mit deutschen Gleichaltrigen haben sie weniger Erfolg im Beruf. Sie wenden sich zurück zu ihrer religiös und traditionell geprägten Herkunftskultur und demonstrieren dies durch Symbole des Bartes, des Kopftuchs, des Fastens und Ähnlichem. Sie neigen, wie empirisch belegt ist, im Vergleich zu deutschen Gleichaltrigen mehr zur Gewalt – in der Schule, auf den Straßen, in der Familie, im Protest gegen den eigenen Staat und gegen die internationale Politik.[6]

Was sind die Gründe für diese Gegenbewegungen, die einer kontinuierlichen Akkulturation Hohn zu sprechen scheinen? Bedeuten sie ein Scheitern von Akkulturation? Gilt das »Gesetz der Dauer« in Akkulturationsprozessen nicht? Oder gilt es so sehr, dass die Prägekraft der Herkunftskulturen dauerhafter ist als die Einwirkung der Aufnahmekultur, selbst wenn diese sich über mehrere Generationen erstreckt?

Versuchen wir den Gründen für die aus Sicht der Aufnahmekultur in jedem Falle unerwünschten und befremdlichen Erscheinungen auf den Grund zu kommen. Die erste Ursache könnte auf die Formel gebracht werden: »Erfolgreiche Akkulturation – aber Scheitern am Arbeitsmarkt«. Die erste Generation der Zuwanderer – die typischen Gastarbeiter der sechziger Jahre – war, wie hätte es anders sein können, kaum akkulturiert. Indessen enthielt dieses Manko für sie selbst wie für die deutsche Gesellschaft keinerlei Brisanz. Die Gastarbeiter waren in der deutschen Gesellschaft beruflich eingebunden – »integriert« – und blieben kulturell ausgegrenzt, verhaftet ihrer Herkunftsgesellschaft, in die sie zurückwollten und sollten. Darüber gab es einen umfassenden Konsens.

Dies änderte sich, je länger sie blieben. Mit fortschreitender Modernisierung der Wirtschaft wurde ihre berufliche Qualifikation – und die ihrer im bildungsfernen Milieu aufgewachsenen Kinder – unzureichend; unverhältnismäßig viele, rund 25 Prozent, wurden – oder blieben als Söhne und Töchter – arbeitslos, also beruflich desintegriert. Aber gerade die Jüngeren waren, da hier groß geworden und zur Schule gegangen, weitgehend akkulturiert: mit allen in Deutschland offiziell stark gemachten Erwartungen der Nichtdiskriminierung, Rechtsgleichheit, der gleichen Chancen für alle. Ihre Enttäuschung beruht nicht darauf, dass sie sich die Werte und Ziele dieser Gesellschaft nicht zu eigen gemacht hätten, im Gegenteil, er rührt aus der Diskrepanz zwischen diesen Werten und den wirtschaftlichen Möglichkeiten.

Mit der abwegigen Vorstellung, man müsse den Einwanderern noch mehr Deutschsein und offizielle Zugehörigkeit offerieren, verschärft die deutsche Politik das Problem der nicht erfüllbaren Erwartungen, statt es zu lösen. Denn Politiker und moralisch Wohlmeinende können die fehlenden Arbeitsplätze nicht schaffen; sie sind relativ ohnmächtig angesichts der Selbststeuerung des Wirtschafts- und Berufssystems. Ähnlich machtlos sind sie gegenüber der Selbststeuerung des Bildungssystems. Zwar können sie eine bessere Qualifikation für die bildungsferneren Schichten fordern und auch entsprechende Rahmenbedingungen schaffen. Ob aber die vom Bildungssystem erzeugten Wertansprüche – Kultur im engeren Sinne – nicht den Erfüllungsmöglichkeiten vorauseilen, liegt nicht in der Hand eines einzelnen Systems, sei es Politik, Wirtschaft oder Bildung selbst. Akkulturation ist in jedem Fall nicht die Lösung, sondern selbst das Problem. Der Schlüssel liegt in den Arbeitsplätzen, die das Wirtschafts- und Berufssystem schafft oder vernichtet; genauer in einem liberalen Selbstverständnis, das dem Einzelnen selbst die Eingliederung ins Arbeitsleben ermöglicht und überantwortet und ihm als Alternative nicht nur die

»Integration in Hartz IV«, sondern auch und eher den Rückzug aus dieser Gesellschaft ansinnt. Mit anderen Worten: Der Maßstab für den Erfolg von Akkulturation ist nicht Akkulturation an sich, sondern Integration ins Arbeitsleben. Wenn sie dauerhaft gelingt, folgt Akkulturation von selbst.

Gelingt sie nicht, bedeutet das nicht, dass Akkulturation misslingt. Aber sie führt zu einer Gegenbewegung. Dekulturation wäre dafür nicht das passende Wort. Besser trifft es Anti-Kulturation. Das ist der Ausweg, den die beruflich nicht oder kaum integrierten, dagegen durchaus akkulturierten Einwanderer der zweiten und dritten Generation selbst suchen. Es ist folgerichtig, dass sie sich von einem Wertsystem abwenden, das ihnen mehr verheißt, als es halten kann. Wohin sonst sollten sie sich wenden, als zu einer Herkunftskultur, die als islamische zwar auch einen universalistischen Anspruch erhebt, aber qua Tradition Frauen und Männern ihren sozialen Platz zuweist und nicht immer wiederkehrend infrage stellt.

Dass die westliche Kultur mit ihren scheinbaren Scham- und Respektlosigkeiten, Autoritäts- und Verbindlichkeitsverlusten, in ihrer Pietätlosigkeit, in ihren Vereinzelungen und exzentrischen Auswüchsen abgelehnt wird, bedeutet nicht, dass sie abgelegt würde. Dies ist den Kritikern gar nicht mehr möglich. Und selbst wenn sie verbal abgelehnt wird, geschieht dies selten in Bausch und Bogen, sondern in der Regel in rationaler Abwägung. Ihre nützlichen Elemente, insbesondere die für Minderheiten lebenswichtige Toleranz, Rechtsgleichheit und Rechtssicherheit, sozialstaatliche Stützung und die Inschutznahme gegenüber der gelegentlich sich kristallisierenden Wut der Mehrheiten, werden gern in Anspruch genommen, wenn es der eigenen Sache nützt.

Anti-Kulturation ist nur eine ambivalente Form von Akkulturation. So nutzen junge Muslima das modisch eng geschlungene Kopftuch durchaus, um einen Teil des in der westlichen Gesellschaft so hochgeschätzten knappen Guts der öffentlichen Aufmerksamkeit zu erhaschen. Und sie wissen das Kopftuch als Symbol nicht der Tradition und der Fremdheit, sondern der Religionsfreiheit, der individuellen Selbstentfaltung und der gleichberechtigten Teilnahme der Frau am öffentlichen Leben zu interpretieren. Mit solchen Argumenten täuschen sie Akkulturation nicht vor. Im Gegenteil, sie stellen ein Symbol, das hierzulande in der Regel als antiwestlich gilt, in den Dienst westlicher Religiosität und ihrer Symbole. Dies wird von denjenigen, die ihren islamischen Glauben vertreten, oft als kulturübergreifende Verständigung betrachtet. Das Magazin *Stern* berichtete beispielsweise: »Die aus der Türkei stammende Deutsche Deniz Sengül macht an einer Grund- und Hauptschule im schwäbischen Schwenningen ihr Referendariat in Deutsch, Englisch – und unterrichtet nebenbei Religion. Sie bringt den Kindern auf Deutsch Werte bei, die überall auf der Welt gelten. Doch sie tut es am Beispiel des Propheten. Oft ist sie verblüfft, wie wenig die Menschen über die Parallelen von Koran und Bibel wissen.«[7]

Der in Deutschland geborene Türke Murat Kurnaz reiste als 19-Jähriger nach Pakistan, um dort den Wurzeln seines Glaubens näher zu kommen. Er geriet in die Wirren des Afghanistankrieges und wurde bis 2006 von den Amerikanern in Guantanamo gefangen gehalten. Endlich freigelassen präsentiert er sich den deutschen Fernsehzuschauern in gewaltig-befremdlicher Bärtigkeit; mit dieser Haarpracht will er, nach eigenen Worten, dem Propheten nahe sein. Sogleich aber spricht er, in bedächtig-vollendetem Deutsch, von einem normalen Berufs- und Familienleben in Deutschland. Seine Mutter, von einer Deutschen kaum zu unterscheiden, verleiht durch ihr Auf- und Eintreten für den Sohn dieser Erwartung Glaubhaftigkeit und Authentizität. Zu dem Bild passt, dass die Familie selbstverständlich den deutschen Staat als Schutzmacht angerufen hat und nun auch sein – gelinde gesagt – Versagen vor das Tribunal deutscher moralischer Gefühle stellt.

So viel Deutschsein, so viel Akkulturation – und zugleich die Rückwendung zu einer ganz unmodern, undeutsch wirkenden

Religiosität: Der Zuschauer sieht und hört es mit zwiespältigen Gefühlen und ist verwirrt. Bis er begreift, dass er Zeuge einer Verwestlichung, einer Akkulturation ist. Was hier zusammengefügt wird, ist zwar als Glaubensinhalt und optischer Habitus nicht westlich, als Religionsfreiheit und als Gesamtlebensentwurf, in dem die Religion neben Beruf, Familie, Politik und öffentlichem Leben nur einen begrenzten Platz einnimmt, durchaus ein Charakteristikum westlicher Kultur und weit entfernt von einem theokratischen Islam.

Die Neigung zu Gewalt in Familien, auf der Straße und im fundamentalistischen Terrorismus scheint einen besonders deutlichen Indikator für das Scheitern von Akkulturation zu bilden. In Wirklichkeit aber ist sie ein Zeichen dafür, dass Akkulturation fortschreitet. Es genügt nicht, darauf hinzuweisen, dass in türkischen Familien körperliche Züchtigung häufiger zum Einsatz kommt als in deutschen. Es muss dazu gesagt werden, dass Gewalt, empirischen Erhebungen zufolge, auch in türkischen Familien rückläufig ist.[8] Und es ist hinzuzufügen, dass der Konflikt zwischen den Kulturen längst zu einem Konflikt innerhalb türkischer (und anderer islamischer) Familien geworden ist. Diese Auseinandersetzung tragen die Familienmitglieder in der Regel unter sich aus; sie wird nicht öffentlich. Sie ist in den türkischen Familien (in Deutschland) stärker als in den deutschen oder italienischen Familien. Das lässt sich daran erkennen, dass mehr türkische Jugendliche, besonders Mädchen, in der Erziehung vieles anders machen würden als ihre Eltern.[9] Es sind besonders die Töchter, die mit Vätern, Brüdern und Onkeln über die Rolle der Frau streiten und damit den Kulturkonflikt in der Familie tragen und erleiden. Findet dieser Konflikt dramatisch-gewaltsamen Ausdruck, in den sogenannten Ehrenmorden, dann nicht dort, wo wir es vermuten: in einer intakten Familienkultur des Orients, die die junge Frau bestraft, die an den Westen verloren zu gehen droht. Vielmehr sind die Familien, die zu diesem äußersten Mittel selbstverstümmelnder Gewalt greifen, oft bereits selbst

Opfer von Akkulturation. Die durch den Mord an der Tochter Hatun zu trauriger Berühmtheit gelangte Berliner Familie Sürücü zeigt nicht das Bild eines dominant autoritären Vater-Brüder-Clans, sondern eher das eines schwachen Vaters, dessen Söhne sich bereits auf verschiedenen Wegen, auch in Universitäten, verwestlicht haben.

Um aus den schaurigen Ausnahmefällen der Ehrenmorde zurückzufinden in die Normalität der islamischen Familien in Deutschland: Untersuchungen zeigen, dass die Frauen, obwohl Träger innerfamiliaren Kulturkonflikts, sich zum großen Teil in ihrer Herkunftsfamilie geborgen und gut aufgehoben fühlen. Die Familien als Ganze sind in einem Akkulturationsprozess begriffen, in dem unterschiedliche Mitglieder, meist die jungen Frauen, eine Art Führungsrolle übernehmen, ohne aber die Rücksicht auf den Gesamtkomplex der Familie zu verlieren. Die jungen Frauen zwischen 15 und 21 Jahren in Migrationsfamilien leben überwiegend bei ihren Eltern. Ihnen gegenüber setzen sie im Konfliktfall auf »defensive Durchsetzungsstrategien« – Überzeugen, Einschalten der Mutter, um den Vater zur Einsicht zu bringen; Beratungen mit Vertrauenspersonen außerhalb der Familie. Selten wählen sie den Alleingang oder versuchen, Verbotenes heimlich, ohne Einverständnis der Eltern zu tun. Zwar sind Mädchen türkischer Herkunft deutlich weniger freizügig als ihre italienischen und griechischen Gleichaltrigen und können sich nur zu 13 Prozent vorstellen, mit einem Partner vor der Heirat zusammenzuwohnen. Aber die arrangierte Ehe, bei der die Eltern den Partner mit auswählen, lehnen sie zu 90 Prozent ab.

Insgesamt zeigt sich ein Bild starker Gebundenheit und Geborgenheit in der Familie; auf dieser Grundlage ziehen die jungen Frauen ihre Eltern behutsam-diplomatisch und sehr allmählich in die Wertewelt des Westens mit hinein: Agentinnen einer Akkulturation, die viel Zeit und Feingefühl erfordert, in einzelnen aufsehenerregenden Fällen scheitert, zumeist aber unauffällig ihren Gang nimmt.[10]

Anders als die jungen Frauen aus Migrationsfamilien wenden ihre Brüder Enttäuschungen über ausbleibenden Erfolg und mangelnde Anerkennung häufiger gewaltsam nach außen. Es ist ihre Art, sich Aufmerksamkeit zu verschaffen. Aufmerksamkeit der Mehrheit, auch wenn sie in Abwertung und Empörung erfolgt, enthält immer auch Anerkennung. Gewalt, mag sie noch so sehr verurteilt werden, schafft sich immer auch ihre Anerkennung, sei es durch Angst, Ablehnung, Gegenaggression. Gerade weil die westliche Kultur sich gleichsam durch die Abwesenheit von Gewalt definiert, verschafft sie damit der verbleibenden oder sich neu entwickelnden Gewalt einen Sonderstatus.

Als unterdrückte und dunkle Seite bleibt Gewalt Bestandteil jeder Kultur. Jede Kultur drückt Gewalt einen eigenen Prägestempel auf. Martialisch gestiefelte Aufmärsche der Rechtsradikalen und brennende Asylheime: Das ist deutsche Gewalt. Aufgerissene Pflaster und brennende Pkws in den Vorstädten: Das ist französische Gewalt.

Die jungen Franzosen kultivieren eine Form der Straßenrevolte, die seit 1789 den Mythos des Bürgers auf den Barrikaden aufrechterhält. Die zivilisiert-gewaltsame Auseinandersetzung zwischen Jugendlichen und Obrigkeit gehört zur französischen politischen Kultur. Indem die jungen Franzosen afrikanischer Herkunft revoltieren, werden sie Teil dieser Kultur. Französische Staatsbürger sind sie ja schon. Gewalt wird zu einem Ritual, mit dem sie ihre tatsächliche Aufnahme in die französische Gesellschaft erzwingen. Und mit, wenn auch trügerischem, Erfolg! Nicht nur, dass die finanziellen Mittel wieder fließen, die der aufgeschreckte Staat für die Besänftigung der aufsässigen Jugendlichen zur Verfügung stellt. Die Revolte selbst macht sie zu gefürchteten, also zu beachteten und, aller offiziellen Abwertung zum Trotz, untergründig geachteten Akteuren des politischen Systems.

Tritt ethnische Gewalt oder Gewaltdrohung in Deutschland auf, sei es in der Schule, sei es in Straßengangs, ist sie nicht nur Bewegung gegen und Negation herrschender Kultur, sondern immer auch deren Zwischenergebnis, ein Ausdruck unvollständiger und unbefriedigender, aber doch unablässiger Akkulturation. Aller Ablehnung zum Trotz: Gewalt befördert Akkulturation. Entweder enthält sie ausdrücklich die Forderung nach mehr und besserer Integration der Gewalttäter. Oder sie setzt Ursachenforschung und Abhilfemaßnahmen in Gang. In jedem Fall führt sie Geschädigte, Erschreckte und Empörte zusammen: die Wortführer der aufnehmenden Gesellschaft und die der Einwanderer. Diese haben ein existenzielles Interesse an Friedfertigkeit und geraten unter den Druck, sich gegenüber den jugendlichen Gewalttätern als Autoritäten zu erweisen; gelingt dies, wächst ihnen eine quasi-offizielle Funktion im Integrationsprozess zu.

Zu der allgemein »anerkannten« Funktion von Gewalt gehört, dass man ihr auf den Grund geht, ihre Ursachen auflöst, sich den Gewalttätern zuwendet, sie auf den rechten Weg bringt und im guten Sinne akkulturiert. Gelingt dies oder wird zumindest die Gewalt zum Schweigen gebracht, dann bedeutet das eine Genugtuung sowohl für die Migranten wie auch für die aufnehmende Mehrheitsgesellschaft. Eine latente Funktion von Gewalt aber wird kaum erkannt: Es ist die meist unbewusst und unausgedrückt bleibende, nichtsdestoweniger von vielen geteilte kollektive Gefühlsneigung, den Gewalttäter nicht nur zu bestrafen und ihn damit aber hier zu halten und zu integrieren, sondern ihn auszustoßen.

In der deutschen Kultur, die über sehr stark einbindende Züge verfügt, wird dieser Neigung kaum nachgegeben. Spektakulär bekannt wurden nur zwei Fälle: die Ausweisung des Kalifen von Köln und die des nicht zu bändigenden jugendlichen Wiederholungstäters »Mehmet«. Dabei ist die gelegentliche Ausweisung als Symbol für abgebrochene und gescheiterte Akkulturation ein wirksamer Katalysator und Verstärker für Akkulturation selbst. Die Ausweisung trifft nur wenige individuelle Fälle. Die Wirkung auf den Prozess der Akkulturation aber ist eine kollektive. Kaum ein Vorgang erregt die kollektiven Gefühle einer Gruppe beziehungsweise Kultur so sehr wie das Verstoßen und Verstoßenwerden als Reaktion auf eine Missachtung der konstitutiven Werte der Gruppe. Wer die Gruppe und ihre zentralen Werte nicht anerkennt, dem wird die Mitgliedschaft aberkannt. Der moderne Staat hat sich dieser schärfsten Sanktion begeben. Bürger, also Mitglieder der Gruppe, darf er nicht mehr ausweisen, und nur sehr selten werden Zuwanderer verbannt, weil sie diesen Staat ablehnen und sich nicht zum Träger seiner Kultur machen wollen. Je seltener der Fall eintritt, desto mehr erregt er aber die kollektiven Gefühle. Den moralischen Empfindungen der Mehrheit verschafft er Genugtuung und wird zu einem Symbol der Selbstbehauptung und Stärke. Für marginale Gruppen wirkt er als Warnung.

Für eine Kultur wird die Ausweisung und/oder Zurückweisung von Kulturfremden und -gegnern symbolisch und praktisch umso bedeutsamer, je stärker hinter individueller Befremdung und Gegnerschaft eine kollektive Entfremdung, ja Feindseligkeit aufscheint. Der Einzelne kann an dieser kollektiven Entfremdung völlig unschuldig sein, sich ihr gar entgegenstellen wollen – und wird doch in sie hineingezogen. Die Entfremdung ist in der Regel auch keine Folge von Entfernung, sondern im Gegenteil von Annäherung. Je näher man einander rückt und je mehr man voneinander erfährt, desto fremder wird man sich. Erst wenn die Integration von Muslimen in die europäische Gesellschaft von allen Seiten als wünschenswert erklärt wird, wird das Wissen, dass eine muslimische Frau aus religiösen Gründen keinen Nichtmuslim heiraten darf, zu einer Quelle von Befremdung und gegenseitiger Ablehnung.

Wo sich terroristische Anschläge mit islamistisch-politischer Begründung in aller Welt häufen und wo die Kriegsschauplätze zwischen westlichen und islamischen Staaten und Kulturen eher mehr als weniger werden, lässt diese Politisierung und Globalisierung des kulturellen Konflikts die alltäglichen lokalen Akkulturationsprozesse nicht unberührt. Unter verstärktem politischem Druck von außen werden sie polarisiert: beschleunigt oder abgebrochen. So geschehen in Deutschland im Ersten Weltkrieg, als es Hunderttausende von polnischen Arbeitern in ihre Heimat zurückzog, die übrigen aber, um den Feindseligkeiten ihrer deutschen Umgebung zu entgehen, sich als ethnische Gruppe gleichsam in ihr verflüchtigten. Letzteres wählten während beider Weltkriege auch die Deutschen in Amerika. Ethno-kulturelle Eigenarten oder Parallelgesellschaften lassen sich schwerlich kultivieren und aufrechterhalten, wenn ihre Träger unter Verdacht stehen, mit dem äußeren Feind zu sympathisieren.

Angesichts islamisch-fundamentalistischer Kritik am Westen und religiös-politisch motivierter Terrorakte geraten die im Westen lebenden Muslime unter Druck, sich zu ihrer neuen Heimat zu bekennen und sich auch sichtbar zum Träger ihrer Lebensformen zu machen oder ihr den Rücken zu kehren. Diese Alternative auszusprechen, entspricht nicht den Höflichkeitsregeln. Sie braucht auch nicht ausgesprochen werden. Denn sie gehört zu dem Wissen, das sich ohne ausdrückliche Artikulation in den Tiefenbewegungen der kollektiven Gefühle bildet. Die Minderheiten der Zuwanderer wissen es genauso wie die Mehrheit der aufnehmenden Kultur: Wenn – sei es durch Menge, sei es durch fortdauernde Fremdartigkeit der Einwanderer, sei es durch hintergründig-globale Verschärfung des Kampfs der Kulturen – die aufnehmende Kultur ihre akkulturierende Kraft zu verlieren droht, dann mobilisiert sie die Mechanismen des Selbsterhalts, die in jeder Kultur eingebettet sind: die Präferenz fürs Eigene, den Konformitätsdruck der Mehrheit, den Vorrang des bereits Vorhandenen. Dass sie über diese »archaischen« Mechanismen verfügt und sie auch zum Einsatz bringt, brauchte sich die »höhere« Kultur des Okzidents bisher nicht bewusst zu machen. Sie konnte sich schlicht auf ihre Attraktivität verlassen. Überfordert aber die Attraktivität und Offenheit des Westens seine Fähigkeit zur Akkulturation, ruft sie gar antiwestliche Gegenbewegungen hervor, greift auch die westliche Kultur auf die gröberen Mittel des Selbsterhalts zurück, die sie mit allen Kulturen teilt, für sich selbst aber eher überwunden glaubte: auf die politische Steuerung der Einwanderung, Druck zur Anpassung und Sanktionen bis hin zur Ausweisung.

Diese politischen und gewaltsamen Mechanismen sind aber nicht die eigentlichen Werkzeuge im Kampf der Kulturen. Die Waffen der Kulturen sind Werte, Anziehung und Abstoßung. Die westliche Kultur setzt ihre Anziehungskraft ein. Sie zieht den Nachwuchs aus anderen Kulturen an und füllt so die Lücke, die aufgrund des Geburtenrückgangs im Westen selbst entsteht. Nun beginnt ein Wettlauf auf eigenem Boden. Die Einwanderer bringen unweigerlich ein Stück fremde Kultur mit, was sie eigentlich gar nicht sollten. Kann letztere sich, aufgrund der höheren Geburtenrate und wachsenden Zahl ihrer Träger, der Akkulturation widersetzen?

Die westliche Kultur bestreitet den Wettkampf nicht mit gleichen Waffen, also nicht mit Geburtenzahlen. Sie setzt stärker auf die Ausbreitung und Anziehungskraft ihrer Werte. Denn diese – moderne Medizin und Technologien, Gleichberechtigung der Frauen, Freizügigkeit und Autonomie der religiösen, politischen, ökonomischen, familialen, sportlichen und anderer Lebenssphären – sind es, die die Geburtenziffern absenken – bei den Einwanderern ebenso wie bei den Einheimischen. Der Wettlauf ist also der zwischen zwei Ausbreitungsgeschwindigkeiten. Wer breitet sich schneller aus? Die nichtwestliche Kultur mit ihren hohen Geburtenziffern oder die westliche Kultur, deren überlegene Problemlösungen und Werte die Träger anderer Kulturen anziehen und so anverwandeln, dass ihre Geburtenrate ebenfalls fällt, zum Teil sogar unter das westliche Niveau?

Dieser Kulturkampf ist entbrannt, und zwar überall in der Welt. In den noch wenig industrialisierten Gesellschaften mit den höchsten Geburtenraten sind diese gleichwohl in freiem Fall begriffen; der UN-Weltbevölkerungsfonds sagt für Entwicklungsländer voraus, dass die Geburtenraten zwischen 1969 und 2050 von ca. 6 auf 2,2 Kinder pro Frau fallen werden.[11] In schnell sich industrialisierenden Gesellschaften wie Japan und Korea liegen die Fertilitätsraten bereits unter dem westlichen Niveau. Im Westen selbst passen sich die Familien, die als kinderreiche einwandern, der aufnehmenden Kultur innerhalb von zwei bis vier Generationen so weit an, dass die Fertilitätsraten kaum noch zu unterscheiden sind. Und immer und überall setzt sich das westliche Kulturmuster der Familie mit wenigen, aber hochgradig wertgeschätzten Kindern durch. Nirgends verläuft die Entwicklung andersherum.

Von Norden und Westen aus verbreiten sich die Ideale der Liebesehe und des Wunschkindes über die Welt. Manchen geht es nicht schnell genug; sie wundern und empören sich darüber, dass selbst in den modernen Teilen Japans, Indiens und Chinas die arrangierte Ehe und der Wunsch nach zahlreichen männlichen Nachkommen noch nicht ausgestorben sind. Auf lange Sicht ist aber auch hier die Richtung der Entwicklung unzweideutig. Die fortschreitende Trennung der Lebenssphären nach westlichem Muster steigert nicht nur deren Fähigkeit, Probleme zu lösen. Sie erweitert auch die Freiräume der Menschen und damit die Voraussetzung für die Freiheiten der Liebe.

Vor diesem Hintergrund weltgesellschaftlicher Entwicklung fällt die Interpretation der demografischen Daten weniger dramatisch aus. Es ist richtig, dass der Anteil der Weltbevölkerung, der auf dem Territorium westlicher Kulturen geboren wird, weiterhin rückläufig ist und auf circa 15 Prozent sinken wird. Die nichtwestlichen Bevölkerungen wachsen, trotz sinkender Geburtenraten, weiter. Aber in den kommenden Jahrzehnten werden auch sie den Scheitelpunkt erreichen, dessen Überschreiten den Fall der Geburtenrate und ein Schrumpfen der Bevölkerung zur Folge hat. Aufgrund der längeren individuellen Lebensdauer schreitet die Vergreisung der nichtokzidentalen Gesellschaften ohnehin eher schneller fort als im Westen. Ungefähr ab dem Jahre 2070 ist damit zu rechnen, dass die Gesamtweltbevölkerung schrumpft.[12]

Man kann es auch anders ausdrücken: Die westliche Kultur, obwohl ihr Anteil an der Weltbevölkerung rückläufig ist, hat die anderen Kulturen der Welt so weit unterwandert (oder überwölbt), dass alle ihren Reproduktionsmodus von großen und wachsenden auf kleine und sinkende Nachkommenszahlen umstellen.

Trotzdem: Die optimistische Aussicht, dass die Welt sich, von jetzt an gesehen, in knapp 100 Jahren in einer Art demografischem Gleichschritt bewege, muss mit Fragezeichen versehen werden. Denn die Kulturen der Welt haben in ihren religiösen und traditionellen Untergründen Affinitäten, aber auch Differenzen, die wie Mauern zwischen ihnen aufragen. Dabei sind die viel beschworenen Ähnlichkeiten zwischen christlichen und islamischen Kulturen – der Glaube an einen Gott und die Verehrung Jesu, wenn nicht als Gottes Sohn, so doch als Propheten – ein größeres Hindernis für die gegenseitige oder einseitige Beeinflussung der Kulturen als die religiöse Wesensfremdheit zwischen christlichen und fernöstlichen Kulturen. Jedenfalls öffnen Letztere sich in ihrer weltlichen Pflicht- und Arbeitsethik den westlichen Einflüssen viel unbekümmerter und wendiger, als es der Islam tut. Geradezu sensationell rasant passen sie sich nicht nur der technologisch-ökonomischen Dynamik des Westens an, sondern übertreffen ihn auch noch im Fall der Geburtenrate. Kulturkonflikte sind deshalb weniger brisant zwischen dem Westen und dem Fernen Osten als zwischen dem Westen und seinen islamischen Nachbarregionen. Bis es hier zu einer Angleichung der Geburtenraten kommt, wird viel mehr Zeit verstreichen. Vor uns liegt ein Jahrhundert der Wanderungen, die Konflikte sowohl verschärfen wie ausgleichen.

Der ausgleichende und integrative Aspekt von Konflikten gehört nach wie vor zu den am wenigsten erkannten Grundzügen des sozialen Lebens. Konflikt, insbesondere Konflikt der Kulturen, ist für deutsche Gemüter eine Schreckensvorstellung. Als ob Georg Simmel nie gelebt hätte, der Anfang des vergangenen Jahrhunderts die einigende und zusammenführende Wirkung des Streites in einer wunderbaren Analyse dargestellt hat – einem Herzstück soziologischen Denkens schlechthin.[13]

Natürlich wirkt nicht jede Art von Konflikt in jeder Konstel-

lation integrativ. Es gibt zerstörerische Konflikte: Insbesondere
wenn die Werte, um die gestritten wird, als unvereinbar gelten,
und wenn die Parteien ihren Durchsetzungsanspruch mit gleicher
Macht und gleicher Legitimität vertreten. Das ist heutzutage
manchmal – nicht immer – der Fall zwischen modernen Eheleuten.
Es trifft aber nicht zu für die Akkulturation von Einwanderern.
Denn diese sind Minderheiten, die sich in den Bereich einer Macht
begeben, die ihnen gegenüber gleich dreifach eine Übermacht darstellt: die Übermacht der Mehrheit, die Übermacht der Präferenz
für die eigene, aufnehmende Kultur und die Übermacht der schon
Vorhandenen gegenüber den Neuankömmlingen. Diesen drei
elementaren Übermächten ist es zu danken, dass Einwanderer
zu Trägern der aufnehmenden Kultur werden und nicht umgekehrt die Einheimischen zu Trägern der von den Einwanderern
mitgebrachten Kulturen. Dass im Zuge der Akkulturation in der
aufnehmenden Kultur nicht alles beim Alten bleiben kann und
Zugeständnisse, Abstriche, Umdeutungen gemacht werden, die je
nach sozialem Standpunkt als Verluste, aber auch als Bereiche-
rungen interpretiert werden können, versteht sich daraus, dass
Akkulturation wie andere soziale Prozesse auch ihre Gegenläu-
figkeit in sich trägt und erzeugt.

Im Grunde sind allen Beteiligten die ungleichen Machtver-
hältnisse bewusst, insbesondere den Einwanderern selbst, denn
Minderheiten entwickeln ein lebenswichtiges Gespür für Macht-
unterschiede. Die intellektuellen und politischen Wortführer der
Aufnahmegesellschaft dagegen scheinen sich und andere darüber
hinwegtäuschen zu wollen. Vom universalistischen Gedanken der
Gleichheit, Gleichberechtigung und Gleichwertigkeit aller Menschen und Kulturen beseelt, suggerieren sie eine Akkulturation
ohne die Vorrechte der Mehrheitsgesellschaft. In dieser Ignoranz
drohen sie der Akkulturation den Boden klarer Macht- und Mehrheitsverhältnisse, ohne den sie nicht möglich ist, zu entziehen.
Dagegen ist es gerade die Aufgabe kluger Einwanderungspolitik,
diese Verhältnisse klar und bestimmt, aber nicht auftrumpfend

immer wieder herzustellen. Einwanderung ist quantitativ und qualitativ so zu lenken, dass die Aufnahmeländer von der Integrationsaufgabe nicht überfordert werden und die Einwanderer zu Trägern ihrer Kultur machen können. Darin könnte sich eine Zukunftsaufgabe, wenn nicht sogar eine »weltpolitische Sendung des alten Europa erfüllen«.[14]

Kapitel 6

Das Individuum ohne Kinder

Wirtschaft, soziale Sicherung, Familie und sogar Kultur überleben nicht nur den Fall der Geburtenrate, sie wachsen daran, machen das Beste daraus, erfüllen ihre Aufgaben besser als zu Zeiten des Kinderreichtums. Vielleicht sind Sie als Leser diesem meinem Grundgedanken bis hierhin gefolgt. Widerstreben und Unwohlsein haben Sie dabei womöglich noch mehr begleitet als den Autor selbst. Denn auch ihm wurde ja zugemutet, die ungewöhnliche und ungemütliche Perspektive des Selbsterhalts sozialer Systeme einzunehmen, so als ob diesen nicht nur Selbsterhaltungs- und Handlungsmotive, sondern auch ein Wert an sich innewohnten. Unser Denken und Fühlen im Alltag und meist auch in den Lebenswissenschaften ist aber nicht auf den Sinn von sozialen Systemen, sondern auf Menschen ausgerichtet. Es kreist um das Wohl und Weh, die Erhaltung und Gefährdung des individuellen Lebens, wenn nicht um unser persönliches Glück und Unglück. Der Fall der Geburtenrate mag zwar von sozialen Funktionssystemen »verarbeitet« und unschädlich gemacht werden, aber trotzdem die Menschen ins Unglück ziehen.

Wenn es denn ein Glück ist, geboren zu werden und selbst Kinder zu haben, so wird dieses Glück im Fall der Geburtenrate immer weniger Menschen zuteil. Unbestreitbar gehört es zur menschlichen Natur, Kinder zu zeugen, großzuziehen, die dazu notwendige Arbeit und Mühe zu teilen und den Kranken, Älteren und Sterbenden ein Geleit zu geben. Diese Vorgänge gehen allen Reflexionen über Sinn und Kontinuität des Lebens voraus. Sie erscheinen aber nie als »reine« Natur, sondern immer geprägt und gestaltet durch Vorgaben, Sinngebungen und Zielsetzungen, Werkzeuge, die im Zusammenleben entstehen, kurz: durch Kultur. Kultur als zweite Natur ist untrennbar mit der ersten Natur des Menschen verwoben und ändert diesen selbst. Sie macht aus den Gruppenwesen, das alles mit anderen teilt, eine unteilbare, besondere Erscheinung: das Individuum.

Es sind drei Aspekte der soziokulturellen Evolution, die aus der Horde oder Urgruppe das Individuum hervorbringen. Zunächst die Aufgliederung von Aufgaben. Der Vorgang ist uns bereits als funktionale Differenzierung oder Bildung von Subsystemen vertraut. Er führt dazu, dass jeder Mensch nur mit einem Teil seiner Selbst – mit einer Rolle – an jedem Aufgabenbereich teilnimmt, dadurch aber auch in vielen solcher Bereiche zugleich vertreten ist. Er wird auf diese Weise in sich selbst differenzierter, vielgestaltiger, unterscheidbarer von anderen, einzigartiger: Georg Simmel hat dies beschrieben als die Geburt des Individuums aus sich überschneidenden sozialen Kreisen.[1] Das Individuum entwickelt nicht nur ein gesteigertes Gefühl seiner selbst, es profitiert auch von der gesteigerten Fähigkeit der funktionalen Subsysteme, Probleme zu lösen beziehungsweise Werte zu erfüllen, besser, als es die diffuse Gruppe konnte.

Ein sichtbares und messbares Anzeichen der gesteigerten Problemlösungsfähigkeit sozialer Systeme ist die Verlängerung des individuellen Lebens. Eine verlängerte persönliche Lebensspanne ist die zweite Voraussetzung für Individuation. Ohne ein längeres Leben wäre es uns gar nicht möglich, die persönlichen Eigenarten, Reflexionen, Zugehörigkeiten auszubilden, die wir unserer Individualität zuschreiben.

Die dritte soziokulturelle Voraussetzung für die Entwicklung von Individualität ist der Fall der Fertilitätsrate. Wäre nämlich die Fertilitätsrate auf dem Stand früherer Jahrhunderte bei sechs, acht oder zehn Kindern verharrt, dann würde dies zusammen mit der Langlebigkeit die späteren Gesellschaften auf begrenzten

Territorien hoffnungslos übervölkern. An die Entfaltung freier Individualität wäre nicht zu denken. Der Prozess der Individuation lässt sich also nicht ohne die demografische Umstellung des Reproduktionsmodus von einer r-Strategie – viele, riskant und kurz lebende Nachkommen – auf eine K-Strategie – weniger, sicherer und länger lebender Nachwuchs – denken.[2]

Gemessen an der mehr als 500000-jährigen Geschichte der Menschheit sind die 5000 oder vielleicht nur 2000 Jahre, in denen einzelne Menschen sich als ein eigenes »Ich« mit individuellem Glück und Leid, individuellem Nutzen und Nachteilen empfinden – im Kontrast zu einem bis dahin eher dumpf vorherrschenden »Wir« –, eine kurze Zeit. Seither erst macht es Sinn, vom Glück des Einzelnen zu sprechen, im Unterschied oder manchmal sogar im Gegensatz zum Wohl des gemeinschaftlichen Ganzen. Das Ich mit einem eigenen Namen, eigenen Lebenslauf, eigenen Vorfahren, eigenen Nachkommen setzt eine gewisse Lebenslänge, ein eigenes Alter und Altwerden voraus, damit es seine Eigenheiten entwickeln und an sich beobachten kann. Das Altwerden wiederum muss von einer Einschränkung der Geburtenzahl beschränkt sein, weil ansonsten auf gegebenem Raum eine Bevölkerung ausufern würde.

Diese Selbstregulierung der Bevölkerung durch Anpassung der Geburtenzahl an Zahl, Lebensdauer, Lebensraum und Lebensmittel der Lebewesen einer Spezies ist ein quasi naturhafter Vorgang. Er ist den Populationsbiologen wohl bekannt.[3] So unbeabsichtigt, wie er als biologischer Prozess abläuft, so unbeabsichtigt geht er für die Spezies Mensch in einen soziokulturellen Prozess über. Produktivitätssteigerung, Urbanisierung, die Trennung von Religion, Wissenschaft und Politik und viele weitere Systembildungen und Institutionalisierungen spielen dabei eine Rolle. Über vielfache Mitgliedschaften und zugleich Distanzierungen wird der Einzelne in diesen Prozess hineingezogen und erfährt sich in einer Eigenart, die ihn von allen seinen Artgenossen unterscheidet. Zugespitzt kann man sagen, dass es der Geburtenrückgang ist, dem wir die »Geburt des Individuums« mit je eigenen Zugehörigkeiten, Emotionen und rationalen Kalkulationen verdanken.

Geburtenrückgang als individuelles Erlebnis und Schicksal

Mit der Geburt des Individuums tritt ein neues Bezugs- beziehungsweise Steuerungssystem des sozialen Lebens auf den Plan: das Individuum selbst. Es begibt sich sozusagen in Konkurrenz zu den bisher behandelten sozialen Steuerungssystemen. Es entwickelt eine eigene individuelle Wahrnehmung, Wertung und Neigung zur Selbststabilisierung – oft in Konflikt zur Wahrnehmung, Wertung und Selbststabilisierung der sozialen Systeme. Alles, was im Zusammenleben geschieht – ob Arbeit oder Feiern, Verbrüderung oder Kriegszug, Geburt oder Tod –, bekommt nun neben der kollektiven auch eine individuelle Bedeutung. Geburtenrückgang ist eine kollektive Größe. Ein Individuum kann keinen Geburtenrückgang verzeichnen. Der Geburtenrückgang in einer Gesellschaft wird aber individuell erfahrbar. Diese Erfahrung dehnt sich allerdings über einen langen Zeitraum hinweg und ist deshalb eine so allmähliche, das sie fast unmerklich gemacht und kaum bewusst reflektiert wird. Muss man sie deshalb – gar noch dramatisierend – ins öffentliche Bewusstsein heben? Jedenfalls gehört es zu den Aufgaben der Sozialwissenschaften, auf gesellschaftliche Veränderungen hinzuweisen, auch und gerade wenn sie den beteiligten Individuen nicht gegenwärtig sind.

Der Fall der Geburtenrate, der in der Regel für jede Nation gesondert dokumentiert wird, bedeutet, dass in diesem nationalen Rahmen die jeweils folgende Generation kleiner wird als die vorangegangene; ebenso schrumpft sie im Vergleich zur selben Generation in den Nationen, die keinen oder weniger Geburtenrückgang haben. Individuen können diese Veränderungen gar nicht wahrnehmen. Sie verfügen nicht über vergleichende Statistiken und nicht über ein komparatives Sensorium der Alltagsbeobachtung, das ihnen zu sagen erlauben würde: Meine Generation ist kleiner geworden, als die meiner Eltern es war; oder: Meine Generation ist in Deutschland stärker geschrumpft als in Frankreich.

Gleichwohl erleben Individuen den Geburtenrückgang am eigenen Leib: Weniger von ihnen als früher werden Eltern. Und in Deutschland wird ein kleinerer Teil von ihnen Eltern als in Irland oder Indien. Wenn sie Eltern werden, bekommen sie im Durchschnitt doch weniger Kinder als ihre eigenen Eltern. Aber häufiger als ihre eigenen Eltern werden sie – weil sie länger leben – Großeltern und Urgroßeltern, wenn auch über eine geringere Zahl von Enkeln und Urenkeln. Chinesische Demografen veranschaulichen diese Tendenz durch das Bild einer auf dem Kopf stehenden Pyramide: Das Einzelkind ganz unten hat zwei Eltern über sich, vier Großeltern und acht Urgroßeltern. Oder: Insgesamt 14 Personen müssen sich in ihrer Kinderliebe ein einziges Kind teilen.

Dass es sich dabei nicht um chinesische Visionen und Zahlenspielereien handelt, sondern um erlebten Alltag auch in der deutschen Gesellschaft, können ältere Grundschullehrer berichten, die seit Jahren an Schulaufnahmefeiern teilnehmen und beobachten, wie die Zahl der Mitfeiernden von Jahr zu Jahr steigt, auch wenn die Zahl der Erstklässler gleich bleibt oder zurückgeht. Hinter den 20 Kindern, deren erster Schultag gefeiert wird, drängen sich 100 und mehr Erwachsene, eben die Eltern, Großeltern, Tanten und Onkel, die den kostbaren, oft einzigen Spross der Familie ihrer Liebe und Unterstützung versichern wollen. Geburtenrückgang bedeutet auch, dass mehr Menschen keine oder weniger Geschwister haben als in den Generationen davor. Es bedeutet auch, dass Menschen ihr ganzes Leben lang mehr ältere und weniger gleichaltrige und jüngere Menschen um sich haben als ihre Vorfahren oder als ihre Generationsgenossen in geburtenreichen Gesellschaften.

Man kann es auch so sagen: Geburtenrückgang und Langlebigkeit führen dazu, dass sich die Mehrheitsverhältnisse zwischen Älteren und Jüngeren umkehren. Die junge Generation stellte früher in allen und stellt heute noch in den meisten Gesellschaften der Welt den Großteil der Bevölkerung. Als Tourist kann man sehen und spüren, dass heute in Ländern wie Ägypten und Pakistan die unter 20-Jährigen fast die Hälfte der Bevölkerung ausmachen; das bringt eine für uns Westler ungewohnte Unruhe in die Gesellschaften. In Deutschland dagegen wird der Anteil derjenigen, die jünger als 20 sind, bald nur noch 15 Prozent betragen.

Welche Folgen hat die Umkehrung des Mehrheiten-Minderheiten-Verhältnisses zwischen Jung und Alt? Eine populäre These besagt, dass der Generationenkonflikt angeheizt werde: Die Minderheit der Jugendlichen verwahre sich dagegen, die immer größere Last der Alten-Mehrheit zu tragen. Die These, so plausibel sie auf Anhieb erscheint, ist kurzschlüssig und mehrfach falsch. Die ältere Generation hinterlässt den Jüngeren ja nicht nur eine größere Alten-»Last«, sondern auch mehr Mittel – Kapital, Bildung, wissenschaftliches Wissen, Lernen durch Scheitern und Erfolg und Ähnliches –, um die anstehenden Probleme zu lösen. Außerdem werden die Jüngeren selbst unweigerlich älter und würden sich mit einer Revolte gegen die Alten ins eigene Fleisch schneiden. Drittens schließlich stammen Alt und Jung aus denselben Familien und aus derselben Kultur: Sie sind einander in Liebe verbunden und empfinden, insbesondere angesichts fremder Kulturen, mehr Gemeinsames als Trennendes. Einen »Krieg« der Generationen, der über die integrativ notwendigen Normalkonflikte hinausginge, hat es nirgends gegeben. Durch den Geburtenrückgang würde er unwahrscheinlicher denn je.

Eine andere pessimistische These sieht in der neuen Minderheitenlage der Jugendlichen eine Quelle von Ausgrenzung und Desintegration. In Wirklichkeit entwickeln sich die Dinge genau entgegengesetzt: Die in die Minderheit geratene Jugend wird stärker in die Mehrheit der Älteren einbezogen. Sie ist eher zu viel als zu wenig in die Alten-Gesellschaft integriert. Das geschieht allen Minderheiten so, sie werden stärker in die Mehrheit einbegriffen als umgekehrt die Mehrheit in die Minderheiten. Voraussetzung ist nur, dass Mehrheit und Minderheiten nicht von vornherein durch eine Art von eisernem Vorhang getrennt sind wie zum Beispiel manche ethnischen Gruppen, sondern dass sie miteinander persönliche Beziehungen unterhalten. Genau das ist zwischen Generationen in besonderem Maße der Fall.

Ein konstruiertes, aber lebensnahes Beispiel mag veranschaulichen, wie der Geburtenrückgang das Gewicht der Beziehungen zwischen Alt und Jung verlagert, ohne dass die Beziehungen selbst Schaden nehmen. Vor 100 Jahren zogen Eltern im Schnitt vier Kinder groß. Wenn Vater und Mutter jeweils mit jedem Kind einmal am Tag sprachen, dann hatte jede Person aus der Elterngeneration vier Kontakte oder Austauschbeziehungen zur jungen Generation. Umgekehrt bedeutete ein und derselbe Vorgang aus der Sicht der jüngeren Generation, dass jedes Kind nur zwei, also nur halb so viele Kontakte oder Austauschbeziehungen zur älteren Generation hatte. Wir können es auch so sagen: Die individuellen Beziehungen zwischen den Generationen innerhalb ein und derselben Familie waren ungleich verteilt: vier Beziehungen pro Elternteil – und nur zwei pro Kind.

Machen wir den Sprung in die Gegenwart. Heute fallen auf zwei Eltern hierzulande weniger als 1,5 Kinder – sagen wir der Einfachheit halber: ein Kind. Wenn jedes Elternteil mit ihm einmal am Tag spricht, dann gibt es für Vater und Mutter je eine Austauschbeziehung zur jungen Generation, umgekehrt aber, aus der jungen Generation heraus, zwei Beziehungen zur älteren. Die ungleiche Verteilung der Beziehungen zwischen Alt und Jung hat sich gedreht. Im Laufe der Zeit ist die Elterngeneration, was ihre Beziehungen zu den Kindern angeht, verarmt. Die Kindergeneration dagegen wird beziehungsreicher in die Erwachsenenwelt eingebunden.

Das Ungleichgewicht in den Beziehungen zwischen Jungen und Erwachsenen ist nicht dadurch aufzuheben, dass letztere nun mehr Kontakte zu den Jungen suchen oder die Jungen mehr

Kontakte verweigern. Das Ungleichgewicht ist nicht in den Absichten oder der Macht von Individuen begründet, sondern allein in ihrem Zahlenverhältnis. Es könnte deshalb nur durch eine Veränderung von Zahlen – in diesem Fall Kinderzahlen – geändert werden.

Weitet man den Blick über die kinderarmen westlichen Gesellschaften hinaus und bezieht die kinderreichen Gesellschaften, also die Weltbevölkerung insgesamt ein, dann ändert sich das Bild. Weltweit ist Jugend keine Minderheit, sondern stellt die Mehrheit der Weltbevölkerung. Demografisch gesehen zerfällt die Weltgesellschaft in zwei völlig unterschiedliche Gesellschaftstypen – mit vielen Übergängen: In den reproduktiven Gesellschaften stellen die Alten eine Minderheit, die stark in die Mehrheitswelt der Jugend einbezogen ist. In den produktiven Gesellschaften wird die Jugend zur Minderheit und unterhält notgedrungen mehr Beziehungen zur Erwachsenenwelt als umgekehrt. Ganz im Widerspruch zu unseren Vorurteilen legt diese Analyse nahe, dass in den modernen Gesellschaften Jugend nicht gesellschaftlich ausgegrenzt, sondern über die Maßen einbezogen, ja überintegriert ist.

So stark ist die einbeziehende Kraft der gesellschaftlichen Mehrheit, dass die Jungen sich gegen die Vereinnahmung wehren: Sie richten die Grenzen eigener Jugendkulturen auf, hinter denen sie untereinander kommunizieren können und wenigstens zeitweise vor den Beziehungsansprüchen der Überzahl der Älteren sicher sind. Gerade weil sie heute viel mehr mit Älteren umgehen müssen als die Generationen vor ihnen, gewinnen die Jungen, aufgrund größerer sozialer Nähe und Reibungsflächen mit den Älteren, ein feineres Gespür für die Unähnlichkeiten zwischen den Generationen. In schneller Folge und nicht ohne Geschäftstüchtigkeit thematisieren sie diese Unähnlichkeiten und finden auf dem Markt der Selbstdeutungen dafür reißenden Absatz: Auf die Protestgeneration der 68er folgt die Generation Golf und nun die Generation Praktikum.[4]

Die Selbststeuerung des Individuums

Wie wirken sich die kollektiven Zahlenverschiebungen, die hinter dem Begriff des Geburtenrückgangs stehen, auf das Individuum aus? Fördern oder hemmen sie seine weitere Entfaltung? Geraten sie ihm zum Glück oder Unglück? Überkommen sie es schicksalhaft, oder kann das Individuum sie aus freien Stücken mitgestalten? Wie steuert es, selbsterhaltend, seine Individualität durch die gesellschaftlichen Verhältnisse, die ihm durch den Fall der Geburtenrate vorgegeben sind? Dies soll anhand der typisierten Biografie eines Menschen in einer Gesellschaft mit niedriger und/oder fallender Geburtenrate durchgespielt werden. Was ist für ihn anders im Vergleich zu einem typischen Lebenslauf in der Generation seiner Eltern oder Großeltern? (Es versteht sich von selbst, dass hier die Unterschiede aufgrund von Kriegen, Krankheiten, persönlichen Schicksalsschlägen und anderen ungewöhnlichen Ereignissen außer Betracht bleiben.)

Wenn in der modernen Welt, in Goethes Worten, das höchste Glück der Erdenkinder die Persönlichkeit ist, so können sie diese ihre Individualität, in der alle ihre Bindungen und Möglichkeiten zusammenlaufen, doch erst als Heranwachsende und Erwachsene bewusst erleben. Das *Neugeborene* wächst in sie hinein, ohne es zu wissen. Es kann nicht ahnen, dass ihm weniger Risiken und mehr Glück winken als den Neugeborenen früherer Zeiten. Die Statistiker erkennen es an seiner Stelle – und bringen es auf die schlichten Maßzahlen durchschnittlicher Lebenserwartung von heute rund 80 Jahren. Vor anderthalb Jahrhunderten war die Lebenserwartung eines Menschen nur halb so lang. Für die gewonnenen Jahre, die auch einen Gewinn an Individualität verheißen, ist die Individualität selbst in keiner Weise verantwortlich. Die bessere medizinische Versorgung, die gesteigerte Hygiene, die regelmäßige Ernährung, die Zuwendungen des Sozialstaates, die geringere Kindersterblichkeit und weiteres – das sind alles kollektive Erscheinungen einer industriellen und postindustriellen

Kultur. Individuell ist nur das Glück, in sie hineingeboren zu werden, und als Gegenstück dazu das Schicksal derjenigen, die in den Armuts- und Aids-Gürteln Afrikas zur Welt kommen.

Zum Glück des Neugeborenen hier und heute gehört es auch, dass von Anfang an seine Eltern auch an *seine* Individualität denken und nicht nur an die eigene. Eltern dürfen im Normenkäfig der modernen Gesellschaft eigene Entfaltungsbestrebungen, auch außerhalb der Elternschaft haben. Aber sie müssen doch immer auch die Selbstentfaltung des Kindes mitdenken und in ihre Verantwortung nehmen. Für die Eltern früherer Zeiten lagen die Dinge anders. Sie dachten notgedrungen eher in Notwendigkeiten als in Entfaltungsmöglichkeiten.

Wir wissen nicht, wie und wie früh das Kleinkind erlebt, dass es nicht nur als notwendig für die Kontinuität von Familie und Sippe betrachtet wird, sondern als ein Wertwesen eigener, individueller Art. Wir wissen auch nicht, ob und in welchem Maße diese verwandelte Ansicht des Kindes seine Ansicht von ihm selbst prägt und sein gesellschaftliches Ansehen hebt. Es ist aber anzunehmen, dass ihm weniger Zwang angetan wird als früher. Seit langem ist es ein Thema der Pädagogik, die Zwanghaftigkeiten der Erziehung zu lockern und aufzuheben.[5] Unter diesem Anspruch werden Zwang und Gewalt in der Behandlung von Kindern immer schärfer wahrgenommen. Das führt zu der sozio-optischen Täuschung, dass wir immer mehr Gewalt wittern, je mehr diese auf dem Rückzug ist. Das Ganze geschieht vor dem Hintergrund einer ungeheuren Werterhöhung des einzelnen (individuellen) Kindes, verursacht durch den Fall der Geburtenrate. Auch wenn es uns widerstrebt.

Es ist wichtig zu begreifen, dass es um den Zusammenhang zwischen Wert und Zahl der Kinder geht. Es ist die Verringerung der Zahl, die den Wert steigert. Zwar gibt es auch andere Gründe dafür, dass Kinder – immer in der sozialen Beziehung zu den Eltern und/oder der weiteren Gesellschaft – im Wert steigen oder fallen: Die Eltern selbst und die weitere Familie können mehr oder weniger kinderlieb sein; Wirtschaft, soziale Sicherungssysteme und Kulturen können sich so entwickeln, dass Kinder als Arbeitskräfte, Versorger und Kulturträger weniger gebraucht werden; ihr Nutz- oder Notwendigkeitswert sinkt dann, während ihr emotionaler Wert steigt.

Aber unabhängig von solchen Wertänderungs- und Wertverschiebungsprozessen ist und bleibt die Zahl der Kinder ein eigener wertbegründender Faktor, der in allen Kulturen und allen sozialen Beziehungen wirkt. Am einfachsten lässt sich das in der Denkweise der Ökonomen ausdrücken, auch wenn es sich nicht um ein ökonomisches Phänomen im engeren Sinn handelt. Die Geburt des ersten Kindes, also die Differenz zwischen keinem und einem Kind, macht einen ungeheuren Wertunterschied aus. Die Wertsprünge setzen sich fort vom ersten zum zweiten, vom zweiten zum dritten, vom dritten zum vierten Kind und so weiter. Aber dabei wirkt unweigerlich das, was die Ökonomen das Gesetz vom abnehmenden Grenznutzen oder Grenzertrag nennen: Jedes weitere Kind, obwohl als Individuum noch wertvoll und auch den Wert der Gesamtkinderzahl steigernd, liefert einen Wertzuwachs, der nicht mehr ganz so groß ist wie der Wertzuwachs des jeweils vorangehenden Kindes.

Das hört sich kühl und mechanistisch an. Es mag aber jede und jeder für sich sowie für jede Kultur selbst prüfen, wie groß die Bedeutung des ersten Kindes ist, das in eine Familie geboren wird, im Vergleich zur Bedeutung des fünften Kindes oder im Vergleich zur Bedeutung des ersten und vielleicht einzigen Kindes, das ein Paar bekommt. Dass das erste Kind noch wertvoller wird, wenn es, wie heute üblich, erst spät zur Welt kommt und die Eltern kaum noch weitere Kinder bekommen können, versteht sich von selbst. Der Zusammenhang zwischen steigendem Wert und fallender Zahl von Kindern gilt sowohl in kinderreichen Kulturen, wo Kinder als nützlich und notwendig zum Lebensunterhalt angesehen werden, als auch in wohlhabenden und kinderarmen Kulturen, die in ihren Kindern weniger Nutzen als Liebe und Selbstwert erkennen.

Kindheit und *Jugend* in kinderarmen Gesellschaften werden für die Betroffenen oft als Überlastungen dargestellt: Zu viele Ältere hätten sie zu versorgen, zu viele Beziehungsansprüche seien zu erwidern, zu viele Gefühle aus der älteren Generation stürmten auf sie ein. Aber was heißt hier »zu viel«? Dazu gibt es kein empirisch gesichertes Wissen. Eine einfache Überlegung mag helfen: Als individuelle Organismen sind Menschen mit Abwehrmechanismen ausgestattet. Sie können abwehren, sie können sich abwenden, sie können sich auch abschotten. Die Jugendkulturen mit ihrer lauten und abschreckenden Musik haben genau diese Funktion: die Älteren mit ihren Betulichkeiten, sorgenvollen Zuwendungen und ihrem altbackenen Unterhaltungsgeschmack fernzuhalten.

Was aber, wenn der Fall der Geburtenrate gerade die Gruppe der Gleichaltrigen dezimiert und die Zahl der Geschwister bis auf null herabdrückt? Eine Reihe von Psychologen, besonders aber von Laienpsychologen, sieht gerade darin einen für das Individuum nicht wiedergutzumachenden Verlust. Man entdeckt die Einzigartigkeit der geschwisterlichen Sozialbeziehung, die mit ihrer Spannung zwischen aufgezwungener Nähe und selbst erkämpfter Distanz, zwischen Verbundenheit und Rivalität, zwischen Konflikten der Zusammengehörigkeit und der unausweichlichen Notwendigkeit, sie zu ertragen oder irgendwie zu meistern, eine Schule des Lebens schlechthin sieht. So weit, so gut. Allerdings: So wie der individuelle Organismus für ausfallende oder reduzierte Organe eine Kompensation findet, so ersetzt das Individuum verloren gehende Sozialbeziehungen. Kinder und Jugendliche sind da unkomplizierter noch als Erwachsene. Sie wenden sich an Freunde. Und sie werden dabei in der Regel heutzutage von ihren Eltern unterstützt, die ein schlechtes Gewissen haben, weil sie ihren Kindern keine Geschwister mit auf dem Weg gegeben haben.

Sicher, Freundschaft hat nicht die gleiche soziale Struktur wie Brüderlichkeit oder Schwesterlichkeit. Es fehlt ihr das nichtgewählte, das schicksalhafte Element. Aber wer sagt denn, dass das Individuum nur in der Auseinandersetzung mit Brüdern und Schwestern die Eigenheit und das individuelle Glück entwickeln kann, das seine Individualität zugleich entfaltet und sozial einbindet? Es gibt jedenfalls, von Vermutungen abgesehen, keine gesicherten Erkenntnisse darüber, dass Kinder, die ohne Geschwister aufwachsen, individuell und sozial defizitär wären. Außerdem wirkt sich, wie wir gesehen haben, der Fall der Geburtenrate nicht dahin aus, dass die Zahl der geschwisterlosen Einzelkinder anschwillt, sondern dahin, dass die Zahl der ungeborenen Kinder größer wird.

Wenn denn die Individualität der Heranwachsenden in geburtenarmer Gesellschaft tatsächlich darunter leiden sollte, dass sie im Solidarischen wie im Konflikthaften zu wenig Geschwister haben, dann muss man fragen, ob nicht andere Sozialbeziehungen an die Stelle der geschwisterlichen treten: Freunde wählt man und umwirbt man; Verwandte wachsen einem zu, werden freudig angenommen oder aber auch auf Distanz gehalten; in jedem Falle formt sich Individualität in Auseinandersetzung mit ihnen nicht anders als im Streit und im Zusammenhalt mit Geschwistern. Der Prozess kann noch ausgedehnt werden, wenn, im internationalen Austausch der Schüler, Studenten und Praktikanten auch grenzüberschreitende geschwisterähnliche Bindungen entstehen. In jedem Falle stehen die Jugendlichen der geburtenschwachen Generationen in Bezug auf materielle und soziale Zuwendung eher besser da als ihre Vorgänger.

Allerdings tragen sie auch erhöhte Beziehungsrisiken durch Trennungen und Scheidungen. Was diese Risiken angeht, sind sie den Entscheidungen ihrer Eltern fast ohnmächtig ausgeliefert. Wenn Individualität daran wächst, dass man das eigene Leben durch vermehrte Wahlmöglichkeiten und freie Entscheidungen selbst gestalten kann, dann findet die Entfaltung kindlicher und jugendlicher Individualität in den Scheidungsentscheidungen der Eltern ihre empfindlichste Brechung, ja ihren Widerspruch. Besonders die Eltern mittlerer und oberer Schichten mögen die

Selbstentfaltung der Kinder auf ihre Fahnen geschrieben haben. In Trennung und Scheidung aber handeln sie den tiefsten Wünschen ihrer Kinder, die sich mit beiden Eltern liebevoll identifizieren wollen, zuwider.

Damit wird nicht behauptet, dass irreparable Schäden entstehen. Auch Kinder verfügen bereits über eine Art individueller Selbststeuerung zur Schadensbegrenzung. In der Scheidung erfahren sie aber auch schmerzlich, dass alle Liebe, deren die Eltern sie versichern, und alle Selbstbestimmung, die ihnen angesonnen wird, ihnen von denselben Eltern, sei es ungewollt, auch wieder beschnitten werden. Die Steigerung der Individualität als Wahlfreiheit findet ihre Grenzen in der Wahlfreiheit der anderen – und muss dann individuell neu austariert werden, auf niedrigerem, enttäuschungsreicherem Niveau.

In die Phase der verlängerten Adoleszenz und des Erwachsenenlebens eintretend, warten auf die jungen Erwachsenen weitere Enttäuschungen: Verlassenwerden in der Liebe, schlechte Schulnoten, verpatzte Examen, vergebliche Bewerbungen ... Individualität schützt nicht vor Misserfolg. Aber geknickte Individualität kann sich wieder aufrichten. Sie kann sich am eigenen Schopf aus dem Sumpf ziehen. In der modernen Welt der jungen Erwachsenen steigern sich auch die Chancen der Individualität durch eine Vielzahl von persönlichen Entscheidungen. Hier beginnt nun eine Strecke im Lebenslauf, in der eine durch immer mehr Entscheidungsmöglichkeiten sich selbst steuernde Individualität direkt in den Fall der Geburtenrate oder in eine sogenannte »Reproduktionsfalle« führt.

In kaum einer Lebensfrage scheinen sich die Menschen heute freier bestimmen zu können als in der Frage, ob, wann und wie viele Kinder sie bekommen sollen. Künstliche Befruchtung und die Fortschritte der Verhütungstechnologie haben diese Freiräume erweitert, insbesondere für die einzelne Frau. Der Sozialstaat sorgt für Absicherung in Notfällen, und normative Zwänge für oder gegen Heirat, für oder gegen Kinderkriegen lassen sich kaum noch ausmachen. Wenn trotzdem weniger Kinder geboren werden, liegt es nahe, den Grund dazu in den erweiterten Optionsräumen selbst zu suchen.

Nach den modernen Entscheidungstheorien ist eine Entscheidung dann rational, wenn sie zu einer Maximierung der Nutzenerwartung führt. Der Zwang zur Entscheidung hat somit einen Zwang zum wirtschaftlichen Nutzenkalkül im Gefolge. Der Entscheidungsträger ist durch den bloßen Umstand, entscheiden zu müssen, zum Egoismus gezwungen – im Gegensatz zu einem rein gewohnheitsmäßigen oder triebhaften Paarungs- und Zeugungsverhalten. Wenn Handlung und Handlungsfolgen nicht mehr Gott, dem Schicksal, der Natur, den Sitten zugeschrieben werden, sondern allein dem selbstverantwortlichen Individuum, kann es »die Handlungsfolgen gar nicht mehr anders denken als von seinen eigenen Bedürfnissen her«.[6]

Der Philosoph Dieter Thomä weist allerdings zu Recht darauf hin, dass es die Wirklichkeit verengt, wenn man Kinder als Lieferanten von Nutzeffekten begreift, da es doch »immer schon um ein Zusammenleben, eine Lebensform geht, in der Eltern und Kinder zusammengehören«.[7] Nichtsdestoweniger: »Menschen, die Eltern werden, entscheiden über eine Zukunft, die sie nicht kennen, entscheiden als Menschen, die noch nicht Eltern sind. Das heißt auch: Es ist naheliegend, dass sie ›von sich aus‹ entscheiden, dass sie auf Gründe verfallen, die mit ihnen selbst eher zu tun haben als mit der Lebensform, die auf sie zu kommt.«[8]

Die Lebensformen, die auf die jungen Leute in ihrem dritten und vierten Jahrzehnt zukommen, sind zunächst aber alles andere als die selbst gegründete Familie mit Kindern. Die Individualität der modernen 20- und 30-Jährigen beweist sich in erster Linie in ihrer Stellung im Bildungssystem; dann in den Erlebniswelten von Freizeit und Sport; dann natürlich in der Aufgabe, einen angesehenen und passenden Beruf zu suchen und sich zu bewähren; daraufhin erst in dem Bestreben, den Richtigen oder die Richtige

zu finden und eine harmonische Partnerschaft zu bilden; schließlich – man ist versucht zu sagen, ganz zuletzt – in der Geburt
eigener Kinder.

Die Individualität der jungen Erwachsenen macht gleichsam
einen eigenen Bildungsweg durch. Sie wird regelrecht ausgebildet.
Der Reihe nach, wenn auch mit gewissen Überschneidungen,
durchläuft die junge Frau ebenso wie der junge Mann die verschiedenen Lebenssphären beziehungsweise funktionalen Subsysteme. Jede stellt eine Beziehungswelt für sich dar. Und jede dieser
Beziehungswelten drückt denjenigen, die sich darauf einlassen,
ihren Stempel auf. Man hat zum Beispiel eine Lehre gemacht, das
Fachabitur angeschlossen, geht auf eine technische Hochschule,
lernt eine Freundin oder einen Freund kennen, mit dem man eine
Weile zusammenzieht ... und aus der Summe oder Kombination
solcher prägenden sozialen Teilhaben formt sich dann das Individuum X oder Y, das in all seinen Facetten und Anschlüssen
keinem anderen gleicht.

Natürlich könnte der Weg durch die verschiedenen Lebenssphären und das zeitweilige oder dauerhafte Verweilen darin
auch ganz anders aussehen. Ein junges Paar könnte zum Beispiel
zunächst ein oder zwei Kinder bekommen, dann eine Zeit lang
berufstätig sein, später seine Ausbildung abschließen, arbeitslos
werden, sich einem anderen Beruf zuwenden und so fort. Einer
solchen Lebensbahn haftet allerdings, wenn wir von unserer
Gegenwartsgesellschaft ausgehen, etwas merkwürdig Außenseite-
risches, ja Misslingendes an. Man weiß von Mittelschichtvätern,
die ihrer 16-jährigen schwangeren Tochter mit Enterbung drohen
und sie zur Abtreibung drängen. Man liest von einem 40-jäh-
rigen Politologen und Romanisten, übervorsichtig, Skeptiker:
»Und dann, wenn das Kind da ist? Wie sollten wir das finanziell
schaffen? Ich habe gerade so viele Aufträge, dass ich selbst klar-
komme. Ich kann meine Bedürfnisse weit zurückschrauben, aber
wenn ich eine Familie ernähren müsste, dann ginge das nicht.«[9]
Aus diesen und unzähligen anderen Beispielen geht hervor: Ist die

Individualitätsbildung nicht in der »richtigen« Reihenfolge erfolgt und nicht vom Erfolg gekrönt, steht sie dem Kinderkriegen im Wege.

Was »die richtige Reihenfolge« des Zugangs zu den verschiedenen Lebenssphären und was »der Erfolg« darin ist, sollen und müssen die Individuen selbst festlegen. So will es das vorherrschende individualistische Weltbild. Auch die 20- und 30-Jährigen selbst glauben in der Regel, in völliger Entscheidungsfreiheit zu leben und von familialen, religiösen, politischen und moralischen Autoritäten nicht bestimmt zu sein. Erstaunlich ist nur, wie sehr sie ihre Entscheidungen an Leitbildern ausrichten, die fast ausnahmslos von allen geteilt werden: Männer *und* Frauen sollen die bestmögliche, das heißt eine lange Ausbildung haben; beide sollen einen Beruf, und zwar einen modernen Beruf, haben; sie sollen Kinder erst bekommen, wenn beide oder zumindest einer sich beruflich etabliert haben; sie sollen das Ob und Wann des Kinderkriegens (wie auch alle anderen familialen Angelegenheiten) partnerschaftlich und im Konsens entscheiden.

Diese moralischen Vorstellungen erscheinen zeitgenössischen jungen Leuten als ihre ureigenen, individuellen. Jede Umfrage zeigt aber: Es handelt sich um eine kollektive, von der großen Mehrheit geteilte Moral. Sie hat eine normative Verbindlichkeit, der sich heute niemand mehr entziehen kann, es sei denn um den Preis, sich selbst unmöglich zu machen. Könnte eine junge Frau allen Ernstes sagen: »Ich will keine Ausbildung, ich will keinen Beruf, ich will vier Kinder«? Ihre Eltern, sogar die Großeltern, ihre Lehrer, ihre Freundinnen und auch ihr Freund würden ihr widersprechen. Ihr Freund und ihr Mann – darin personifiziert sich die stärkste normative Verbindlichkeit, die die scheinbar sich individualisierende Gesellschaft aufzubieten hat. Es ist dies die Norm: Paare müssen in existenziellen Dingen einer Meinung sein. Kinder müssen aus einem Konsens hervorgehen.

Eine Zeit lang, vor etwa 30 Jahren, glaubte man, dass die Entscheidung, ein Kind zu bekommen, ganz auf die emanzipierte Frau übergehen würde. Natürlich gibt es auch heute die stolz-eigenständige ebenso wie die verlassene Frau, die ihr Kind allein oder mit Unterstützung von Eltern und Freunden austrägt, finanziert, großzieht. Hut ab. Aber sie ist eine Außenseiterin, die Ausnahme von der Regel. Oft genug muss die alleinerziehende Mutter die Sozialstaatsgemeinschaft in Anspruch nehmen. Es bleibt ihr, im Interesse des Kindes, nichts anderes übrig. Auch ein Zeichen dafür, dass äußerste Individualisierung nur von einer Abhängigkeit in eine andere führt und dass die Norm die kollektive Unterstützung nicht auflöst, sondern aufruft.

Aber nicht darum geht es hier. Sondern um die Konsensnorm, um die Pflicht, übereinzustimmen, also um die Verbindlichkeit, mit der heute von Mutter und Vater verlangt wird, dass sie sich auf die Geburt eines Kindes einigen. Dieser Einigungszwang wächst in dem Maße, in dem die Chance steigt, in individueller Entscheidung, ohne oder gegen den Willen des anderen, ein Kind zu bekommen oder eine Schwangerschaft abzubrechen. Eine nicht einvernehmlich entstehende oder beendete Schwangerschaft wirkt heute wie ein Vertrauensbruch; die Frau kann ihn begehen, aber der Mann auf seine Weise auch.

Die Verpflichtung zur Übereinstimmung wächst also mit der Möglichkeit zu eigenwillig individuellen Entscheidungen. Und was ganz wie individuelle Wahlmöglichkeiten erscheint, wird von normativ-kollektiven Zwängen im Hintergrund dirigiert, die die potenziellen Eltern in die »Reproduktionsfalle« geleiten: Erst führen Bildungs- und Berufszwänge des/der einen dazu, den Kinderwunsch aufzuschieben; dann sind es die Berufszwänge der Partnerin oder des Partners; dann genügt die Partnerschaft selbst nicht mehr hochgespannten Harmonienormen; dann überdeckt eine Verstimmung des Paares eine mögliche Übereinstimmung im Kinderwunsch; dann zerbricht nicht selten die Partnerschaft und eine fieberhafte Neusuche beginnt: wiederum, wie es scheint, ganz und gar individuell – aber im Hintergrund schwingen die altbekannten Konsenszwänge das Zepter.

Zu Zeiten, in denen Kinderkriegen als Schicksal oder Glück oder bittere Notwendigkeit hingenommen wurde, gab es den normativen Zwang zum Konsens des Paares noch nicht. Die normativen Zwänge sind also nicht immer da gewesen. Sie bilden sich erst in dem Maße, in dem die Freiheit der Einzelnen, auch gegen den Willen des Partners zu entscheiden, wächst. Was, insbesondere von konservativer Seite, als Individualismus, Egoismus und Hedonismus der jungen Menschen beklagt und für den ausbleibenden Kindersegen verantwortlich gemacht wird, ist also ein Zusammenspiel von sozialen Normen – der Bildungs- und Berufstüchtigkeit und des Konsenses –, die im konservativen Denken eher noch mehr geschätzt werden als im progressiv-liberalen. Wenn trotz des hintergründig alle ideologischen Fronten überwölbenden zeugungs- und gebärfeindlichen Generalkonsenses noch Kinder geboren werden, dann liegt das daran, dass junge Eltern sich beidem entziehen: der Zumutung der Individualität ebenso wie dem konservativen Getöne von den »Werten«, die den individuellen Eigensinn bannen sollen.

Aber wie kann man sich diesen beiden Fetischen – der Individualität und den Gemeinschaftswerten – entziehen, die doch unausweichlich im modernen Gesellschaftsleben erschaffen und erneuert werden?

Was die Individualität angeht, so ist sie ja, nach modernem Verständnis, mit erweiterten Wahlmöglichkeiten, dem Abwägen von guten Gründen, Pro und Kontra und bewussten Entscheidungen gekoppelt. Dem Individualisierungsmodell entsprechend müssten die Kinder von heute deshalb immer mehr »Kopfgeburten« sein. Aber die jungen Leute richten sich nicht danach. Sie mögen noch so sehr die Gründe für oder gegen ein Kind erwägen oder sich vorhalten lassen – wie etwa in einer Art Fragebogen der Universität Washington mit 70 Gründen für und wider.[10] Sie mögen noch so repräsentativ nach ihren Kinderwünschen ausgefragt werden – Ergebnisse: Der Kinderwunsch steht zurück (und folgt damit dem Fall der Geburtenrate); er wird gleichwohl von der überwiegenden Mehrheit geäußert; er übersteigt die tatsächliche Kinderzahl (lakonischer Kommentar: Das haben Wünsche so an sich); er ist bei jungen Frauen höher als bei jungen Männern.[11]

Wenn es tatsächlich daran geht, Kinder zu bekommen oder nicht, dann ist es mit der prognostischen Kraft von rationalen Argumenten und ausgeforschten Motiven nicht weit her. Ein hoher Anteil der jungen Leute lässt schließlich den Zufall und mangelnde Verhütungstechniken entscheiden, verzichtet auf die Möglichkeiten einer gezielten Kontrolle und »lässt es darauf ankommen«. Hier sind nicht nur Nachlässigkeit oder Gleichgültigkeit im Spiel, sondern Ambivalenzen: »Man will (vielleicht) ein Kind, weiß aber nicht genau, warum und fürchtet zugleich die Folgen. Solche Entscheidungsprobleme werden häufig durch Wegschauen gelöst, das heißt man vermeidet eine intentionale Entscheidung und überlässt den Umständen eine definitive Festlegung.«[12] Dieter Thomä spitzt zu, »dass die bewusste Entscheidung über die Kinderfrage oft genug so ausgeht, dass man diese Entscheidung ›bewusst‹ *nicht* fällt. [...] Vielmehr taugt die Kinderfrage selbst überhaupt nicht dazu, entschieden zu werden durch die Abwägung von Gründen im Sinne einer ›Projekt‹-Planung.«[13]

Wahrscheinlich kommen wir damit der Sozialpsychologie des (Nicht-)Kinderkriegens und den Bewegungsgesetzen moderner Gesellschaften relativ nahe. Diese Gesellschaften bewegen sich nämlich nicht, wie uns optimistische und pessimistische Verfechter einer »Individualisierungsthese« glauben machen wollen, stromlinienförmig in die Richtung, dass immer mehr Entscheidungen individuell und rational gefällt werden. Vielmehr gibt es als Gegenbewegung auch ein Unterlaufen dieser individuellen Rationalitäten. Entscheidungen kommen, diffus, aus dem »kollektiven Bauch«. Sie sind auch im Ergebnis kollektiv, wie eben der Fall der Geburtenrate.

Die Individuen handeln, wenn sie dem Zufall und den Umständen den Vortritt lassen, nicht irrational. Sie folgen vielmehr einer moderneren Rationalität und nicht dem schlichten Projekt- oder

Plandenken. Es ist dies eine Vernunft, die zumindest so viel weiß, dass die Gründe für Kinder das individuelle Glück genauso wenig herbeizwingen können wie die Gründe dagegen. Die moderne Gesellschaft bietet nun einmal Möglichkeiten des Glücks und der Entfaltung, die durch eigene Kinder gesteigert, aber auch geschmälert werden können.

Im Fazit: Individualität macht sich von eigenen Kindern unabhängig. Sie steuert sich selbst anhand ihrer Leitwerte Glück und Entfaltung – ganz ähnlich wie sich Wirtschaft, Familie, Kultur anhand ihrer jeweiligen Leitwerte steuern. Das Individuum – technisch gesprochen das personale System – kann seine Erfüllung und seine Kontinuität in seinen Kindern suchen, aber auch in einem Beruf, in sportlicher und/oder wissenschaftlicher Leistung, in politischer Führung oder in karitativer Nächstenliebe. Es mag in der Teilhabe an möglichst vielen Lebens- und Erlebnissphären seine Bestätigung suchen – oder im Dienst an einer Sache oder an Gott. Diese »einseitigen« Entfaltungen von Individualität hat es bereits in der vormodernen europäischen Gesellschaft gegeben, etwa im Mönchstum und im Ritterstand.

So vielfach die Möglichkeiten der Individualität auch sind, sie führen selten zum reinen Glück. Elternglück muss auf Krankheiten, Behinderungen, Scheitern, Aufsässigkeiten und Abwendung der Kinder gefasst sein. Kinderlosen Frauen, denen beruflicher Erfolg, soziale Anerkennung, erotische Liebe leichthin über fehlendes Mutterglück hinweggeholfen haben, mögen zwischen 35 und Anfang 40 in eine nach außen verborgene, aber sich zuspitzende Leidenslage geraten, sofern der bislang aufgeschobene Wunsch nach Kindern sich trotz oder wegen aller Anstrengungen als unerfüllbar erweist. Die Entfaltung von Individualität, in welche Richtung auch immer, hat eben ihre Grenzen und ihren Preis.

Die Versuche von konservativen Moralisten, dem Individuum einzureden, dass Kinderlosigkeit sowohl gegen seine individuellen Interessen wie auch gegen die Werte der Gemeinschaft verstoße,

sind allerdings zum Scheitern verurteilt. Das sind Überzeugungs-
ansätze, die nach allen Seiten ins Leere laufen. Individuellen Interessen können Kinder in der modernen Welt sowohl nützen wie
auch schaden. Das moderne individualistische Menschenbild ist
jedenfalls, wie Dieter Thomä darlegt, von Aristoteles über Hegel
und Nietzsche bis zu Heidegger ohne Bezug auf die Eltern-Kind-
Beziehung, ja sie ignorierend und eher abwertend, entwickelt
worden.[14] Jetzt, da es »steht«, sind alle Versuche, den Menschen
zu sagen, wie nützlich und wertvoll Kinder für sie selbst und für
die Gemeinschaft sind, obsolet und kontraproduktiv, geradezu
rührend-naive Anläufe zu einer Fremdbestimmung in einer Zeit,
in der sich die Selbstbestimmung – von Individuen und sozialen
Systemen – nicht nur als ideologisches Konstrukt, sondern als alltägliche und kollektiv emotional verankerte Praxis, also als moralische Großmacht, durchgesetzt hat.

Die entscheidenden Jahre

Doch wie ist es für die Individuen selbst, wenn sie aus der Fülle
der mittleren Jahre mit ihren Genüssen und Anspannungen
heraustreten und sich, älter werdend, ohne eigene Kinder wieder-
finden? Ob ihre Kinderlosigkeit nun eine biologisch vorgegebene
und (fast) unabänderliche oder eine soziale ist, in der vielfältige
Zwänge und Weichenstellungen den Kinderwunsch bis zu seiner
schließlichen Nichterfüllung aufgeschoben haben – das Leid und
die Einsicht, im Alter ohne eigene Nachkommen zu sein, kommen
zu spät, um ihm durch eigene Entscheidung noch vorbeugen zu
können. Es mag hier so sein wie auf vielen Feldern des gesellschaftlichen Fortschritts: Die Vorteile für eine Mehrheit werden
von einer beträchtlichen Minderheit – in diesem Falle der 20 bis
30 Prozent Kinderlosen – ausgebadet.[15]
Die Minderheit der kinderlos Älterwerdenden und Alten weist
eine Besonderheit auf. Objektiv gesehen hat sie die Gesellschaft

und sich selbst entlastet. Von den mindestens dreifachen »Normalbelastungen« der mittleren Jahre – durch Beruf, Sorge für die Alten und Aufzucht der Kinder – hat sie eine zentrale Sphäre, die Elternschaft, einfach weggeschnitten. Objektiv gesehen ist Kinderlosigkeit eine Entlastung. Entsprechend können andere Sphären, insbesondere der Beruf, Raum gewinnen. Subjektiv gesehen allerdings kann Kinderlosigkeit für die Betroffenen überaus leidvoll sein – so schmerzvoll es eben ist, die wichtigste Sache des Lebens, nämlich das Leben selbst, zwar erhalten zu haben, aber nicht weitergeben zu können. Hier mag ein tiefer Bruch in der grundlegenden Moral der Gegenseitigkeit vermutet werden, auf der alles gesellschaftliche Leben beruht. Gegenseitigkeit zwischen den Generationen heißt ja nur vordergründig, dass man den alten Eltern an Zuwendung und Gütern etwas zurückerstattet, was einem in jungen Jahren von ihnen zuteil wurde.

Reziprozität in der Zeit und Kontinuität der Gesellschaft bedeuten vielmehr, dass man der nächsten Generation weitergibt, was man von der vorherigen erhalten hat. Wo dies nicht geschieht, mag es moralische Verwerfungen in der gesellschaftlichen Tiefe geben – so tief allerdings, dass sie in der aktuellen Diskussion gar nicht thematisiert werden können; vergleichbar allenfalls den Bodenrissen, die die Gewalt eines Erdbebens schwerlich erahnen lassen.

Halten wir uns also an die Vorgänge, die wir leichter sehen und begreifen können. Auf den ersten Blick sieht es so aus, dass Nichteltern im Vergleich zu Eltern eine jugendliche Individualität länger bewahren können, haben sie es doch, wegen geringerer Belastung, auch einfacher, sich beruflich, sportlich und in der Freizeit in jugendlichen Kreisen zu bewegen. Und doch altern sie eher als Eltern. Diese setzen sich zwar in der Elternrolle von der nächsten Generation ab und sehen insofern alt aus. Andererseits versetzen sie sich aber auch in die eigenen Kinder hinein und durchleben mit ihnen ein zweites Mal, aus anderer und komplexer Perspektive, Nöte und Wünsche von Kindheit, Jugend und – später – mittleren

Jahren. Es ist, als ob sie in einen geistigen und emotionalen Jung-brunnen stiegen. Und das ganz ohne eine Anstrengung oder ein »Projekt« der Selbstentfaltung.

Während sie sich mit eigenen Kindern identifizieren, setzen sie sich zugleich unweigerlich von ihnen ab. Und während sie sich in ihre eigenen Kindern hineinfühlen, setzen sie sich zugleich mit ihren eigenen Eltern in eins. Eltern verstehen Eltern. Indem man sich besser versteht, löst man sich leichter voneinander. Der Stab ist weitergegeben.

Erwachsene ohne Kinder bleiben selbst länger in der Rolle des Kindes. Sie bleiben immer Nichteltern. Den eigenen Eltern gegen-über, mögen sie sie auch im sozialen Aufstieg überflügeln, werden sie niemals ebenbürtig. Sie können ihre Empfindungen nie ganz teilen. Sie lösen sich schwerer von ihnen, als Eltern sich von ihren Eltern lösen. Mangels Bindungen an eigene Kinder, die nach vorn, in die Zukunft weisen, dominieren bei den Kinderlosen Rückbin-dungen an alte Eltern, eventuell Onkel, Tanten und Geschwister. Unwillkürlich und untergründig bleiben sie deshalb, obwohl auf-richtig zukunftsoffen, der Vergangenheit oft stärker verbunden, als sie selbst für möglich halten.

Sie sehen einem kinderlosen Alter entgegen. Was sie den eigenen Eltern noch an Sorgen, Pflege, Liebe und relativer Jugend geben, können sie von niemandem zurückerwarten – nur den Rest, den man als »Ware« Pflege kaufen kann. Die kinderlosen Alten sind also ganz auf die Kinder von anderen angewiesen. Und dies sind immer mehr: Kinder aus anderen Kulturen. Die Alten ohne Kinder wandeln auf dem Grat zwischen Vereinsamung und Kommerziali-sierung ihrer letzten Lebensbezüge. Dies ist ein hoher Preis für die Entlastung der mittleren Jahre. Entlastung enthält den doppelten Verlust einer eigenen familialen Lebensmitte und eines von eigenen Nachkommen zumindest emotional mitgetragenen Alters.

So weit, so schlecht. Wer wollte bestreiten, dass es, schlicht gesagt, schöner ist, im Alter Kinder und Enkel zu haben als keine? Und doch leiden die logischen und soziologischen Ableitungen, die zu dem Ergebnis »Alter und Kinderlosigkeit ergeben Unglück« führen, an ihren eigenen Vorurteilen und Verkürzungen. Sie unterschätzen die Rolle der Individualität, mit deren Hilfe ältere Menschen sich selbst durch das Problem der Kinderlosigkeit hindurchsteuern können. Und sie unterschätzen andererseits die Grenzen, die dem individuellen Glück der älter Werdenden gesetzt sind, selbst wenn sie mehrere Kinder haben.

Beginnen wir mit den Grenzen. Niemand hat meines Wissens je untersucht, wie viel selbstempfundenes Scheitern und Enttäuschtwerden im Elternleben verborgen sind und wie die Enttäuschungen möglicherweise noch anwachsen, wenn Eltern älter werden. Wenn Kinder den Anforderungen der modernen Schul- und Berufswelt nicht entsprechen, wenn sie krank, süchtig, in Liebe und Ehe unglücklich, lebensuntüchtig sind, bedeuten sie für ihre alten Eltern weder Freude noch Unterstützung, sondern eher eine zusätzliche seelische und finanzielle Belastung. Aber auch wenn die Beziehungen zwischen den Generationen sich relativ »normal« gestalten: Wird das individuelle Glück des Kinderhabens im hohen Alter nicht relativiert dadurch, dass erwachsene Kinder, wenn sie verheiratet sind, als Doppelverdiener im Beruf und als Manager einer eigenen Familie bereits voll ausgelastet, ja überlastet sind und die alten Eltern, oft gegen deren Widerstreben, in Alters- und Pflegeheimen unterbringen müssen? Die Enttäuschung der Alten ist oft gerade dann besonders groß, wenn sie darauf gehofft hatten, von ihren Kindern alltäglich ver- und umsorgt zu werden. Der Unterschied des Glücks zwischen alten Menschen mit und ohne Kinder verschwindet oft, wenn sie nebeneinander in demselben Heim untergebracht und von demselben bezahlten Pflegepersonal betreut werden. Ja, es kann sogar sein, dass die Kinderlosen öfter Besuch und Zuwendung von außen bekommen, sofern sie entsprechend vorgesorgt und vorgebaut haben.

Denn in die Kinderlosigkeit fällt man ja nicht von einem Tag zum anderen. Man wächst jahrzehntelang in sie hinein. Sie wird eine Karriere. Und wie jede andere Karriere ist sie individuell ge-

staltbar. In ihren Stärken lässt sie sich ausbauen, an ihren Schwach-
stellen verstärken, ihre Lücken lassen sich füllen. Die kinderlosen
Alten sind darauf besser vorbereitet als diejenigen, die Kinder
haben. Kinderlose brauchen »nur« die Glücksstrategien fortzusetzen, auf die sie ihr Lebtag angewiesen waren. Menschen mit
Kindern *können* Kontakte zur weiteren Verwandtschaft halten,
Freunde finden, am Vereinsleben teilnehmen, Reisebekanntschaf-
ten suchen, Kolleginnen und Kollegen einladen – Menschen ohne
Kinder *müssen* es, sofern sie nicht nach eigenen Bedürfnissen für
sich allein leben wollen.

Vielen wird es schwerfallen, durch eigenes Vorpreschen, Vor-
leisten, Entgegenkommen und Helfen ein Netzwerk aufzubauen
und zu erneuern, das sie auch im Alter hält. Andere dagegen
finden gerade durch die Eigengestaltung ihrer sozialen Kreise eine
besondere Erfüllung. Früh genug halten sie sich, mangels eigener
Kinder, an Neffen und Nichten oder Kinder aus dem weiteren
Verwandtenkreis. Manchmal schließen sie sich Freundesfamilien
an. Manchmal gründen sie mit Freunden, Gleichgesinnten,
Nachbarn, ob mit und ohne Kinder, selbst Quasi-Familien oder
Zweckgemeinschaften: zum gemeinsamen Wohnen, zur Frei-
zeitgestaltung, zur Hilfe für noch Ältere, zur Unterstützung von
Kindern aus sozial schwachen und Migrantenfamilien. Immer
öfter, wenn auch insgesamt noch selten, erfährt man in Zeitungen, Zeitschriften und Fernsehsendungen von solchen Zweckgemeinschaften, die auch Selbsthilfecharakter haben und quasi
Familienfunktionen übernehmen. So berichtet ein *Spiegel special*
über »Die Chancen der alternden Gesellschaft« über Senioren-
wohngemeinschaften und Mehrgenerationenhäuser sowie über
hochqualifizierte Ruheständler, die ihr Fachwissen an Jüngere
weitergeben.[16] »Jung im Kopf« ist der Titel des Sonderhefts. Seine
Botschaft: Durch individuelle Einfälle und Initiativen lassen sich
Probleme lösen, die durch Geburtenrückgang und individuelle
Langlebigkeit entstanden sind.

Allerdings: Irgendwann ist es vorbei mit unserer Eigenständigkeit und Individualität – und sei es nur, weil uns die Kräfte verlassen. In einer Gesellschaft, in der immer mehr alte Menschen leben, drängt sich unweigerlich nicht nur ein Bild der rüstigen jüngeren Alten, sondern auch der hinfälligen alten Alten auf. Könnte dieser Anblick die jüngeren Leute in den »entscheidenden Jahren« nicht dazu bewegen, mehr eigene Kinder zu bekommen – um später liebevoll umsorgt zu sein oder um die eigene schwindende und unausweichlich verschwindende Individualität in veränderter Gestalt über den individuellen Tod hinaus zu erhalten? Auch ohne philosophische Reflexion scheint den Menschen dieses Bestreben elementar innezuwohnen. Wir können schlicht darauf vertrauen, dass das so bleibt.

Und doch setzt es sich in der modernen Gesellschaft nicht ungebrochen durch. Es hat Widersacher. Da ist zum einen die Einsicht, dass das Individuum sich auch in seinen Kindern und Kindeskindern nur teilweise und für geringe Zeit vor dem Verschwinden und Vergessenwerden retten kann. Wer weiß noch etwas von seinen Urgroßeltern und anderen Vorfahren, die er nicht persönlich nachdrücklich erlebt hat? Der zweite Widersacher gegen die Vernunft des Vorausschauens und Vorausplanens ist die Macht der unmittelbaren Gegenwart des eigenen Lebens. Sie legt gleichsam eine Aura um uns und distanziert uns, trotz aller Empathie, von denjenigen, die uns räumlich und zeitlich ferner sind. Dazu gehören die Alten. Wir sehen sie, von unserem Lebenspunkt aus, zwar auch als Vorzeichen unserer eigenen Zukunft, aber mehr noch als Relikte einer Vergangenheit, die uns nicht mehr betrifft. Im Alter können wir uns, mehr oder weniger, an die Jugend erinnern. In jüngeren Jahren aber nicht ans Alter. Während wir das Alter vor uns sehen, können wir es noch nicht wirklich erleben. Das trifft auch auf die Elternschaft zu. Wenn wir noch keine Kinder haben, können wir die Bedürfnisse, die uns an Kinder binden, noch nicht wirklich empfinden. Stattdessen fürchten wir den Verlust der Bedürfnisse und Bindungen, die uns als Nichteltern eigen sind und einen Eigensinn, ja Eigenwert bekommen. Damit sind die Probleme angedeutet, die aus der Sicht des Individuums für Kinder sprechen und, ebenfalls aus individueller Sicht, der Geburt von Kindern doch entgegenstehen.

Sicher ist es richtig: Als Individuen sind die Menschen heute frei, Kinder zu zeugen, zu bekommen und großzuziehen. Sie sind dazu nicht mehr gezwungen. Ihre Freiheit ist nicht selbstverständlich und zeitlos, sondern eine Errungenschaft der neueren Zeit. Die Freiheit, keine Kinder zu haben, wird noch größer werden. Die Freiheit zu wirklichen Wunschkindern auch. Und doch werden hinter diesen Freiheiten nicht nur die Zwänge sozialer Systeme sichtbar, sondern auch die Konflikte im Individuum selbst. Ob sie auf längere Sicht die Geburtenrate eher niedrig halten, ja noch weiter senken oder wieder größer werden lassen, bleibt eine offene Frage.

Kapitel 7

Steuerung durch die Politik

Wähnen wir die Individuen mit ihren Freiheiten für den Stand der Geburtenrate verantwortlich, dann bleiben sie doch, was deren weitere Entwicklung angeht, unsichere Kantonisten. Die Frage nach der weiteren Entwicklung der Geburtenrate wird damit zurückgegeben: an die Zwänge und Impulse, die vom sozialen Leben ausgehen. Von den Logiken und Steuerungsmechanismen der Wirtschaft, der sozialen Sicherungssysteme, der Familie und der Kultur schlechthin war schon die Rede. Bleibt das soziale System, das in besonderer Weise erkoren scheint, die übrigen Systeme, die Individuen, kurz die Gesellschaft insgesamt zu steuern: die Politik.

Das politische System ist zwar nur ein Teilsystem unter anderen. Aber die Besonderheiten, die es gegenüber den übrigen Systemen herausheben, springen ins Auge: Es geht um den absichtsvollen Einsatz von Macht, um andere Systeme zu beeinflussen. Auch in der Wirtschaft, in der Familie und in der Kultur wird Macht gebildet, gefestigt, vergrößert und geschmälert – aber gleichsam nebenbei. In der Politik werden Macht und Steuerung zur Hauptsache, zum Leitwert. Und es handelt sich um eine besondere, eine besonders gefährliche Art von Macht, auf der Konzentration und Legitimation physischer Gewalt beruhen. Und dazu um eine Macht, die nicht nur zugunsten des politischen Subsystems, sondern zugunsten der Gesellschaft insgesamt eingesetzt werden soll.

Das Bild einer Politik, die überall eingreifen kann und letztlich auch für Missstände und Fehlentwicklungen verantwortlich ist, die in anderen Systemen passieren, hat sich uns im Laufe der letzten Jahrhunderte tief eingeprägt. Es ist schwierig, sich von der Vorstellung einer solchen Allmachtspolitik wieder zu lösen. In der öffentlichen Diskussion aber ist eine derartige Selbstbescheidung der Politik durchaus spürbar. Sie äußert sich in der geläufigen Formel, die Politik solle »Rahmenbedingungen« für Wirtschaft, Religion, Sport, Familie und so weiter schaffen.

In ihrem Selbstverständnis und im Ansinnen ihrer Bürger schwankt Politik jedoch nach wie vor zwischen direkten Eingriffen in andere Lebenssphären, den Rückzug auf die liberale Position des Gewährenlassens – die Bürger beziehungsweise die Familien, Kirchen, Universitäten sollen ihre Angelegenheiten selbst regeln – und einem Eigeninteresse oder Eigensinn an Machtmehrung, das in modernen westeuropäischen Gesellschaften eher als unfein gilt und deshalb oft verhohlen wird.

Aber so ist es nun einmal: Alles, was sich im Zusammenleben der Menschen tut, wird vom politischen System und seinen Repräsentanten zunächst (wenn auch nicht nur) unter dem Aspekt wahrgenommen, ob es das politische System selbst und seine Macht und Steuerungskapazität stabilisiert.

Die Philosophen der griechischen Polis – immerhin schon einer frühbürgerlichen Gesellschaft – waren nicht zimperlich, ein staatliches Interesse an eigenem Nachwuchs zu formulieren und zugleich die Druckmittel vorzuschlagen, es durchzusetzen. Plato forderte:

Wenn ... jemand nicht gutwillig gehorcht, sondern sich im Staate wie ein Fremdling und Sonderling anstellt und bis zum 35. Lebensjahr keine Ehe schließt, der soll alljährlich eine Geldstrafe bezahlen, und zwar einer aus der obersten Vermögensklasse 100 Drachmen, einer aus der zweiten Klasse 70, einer aus der dritten 60, einer aus der vierten endlich 30 Drachmen ... Außerdem soll ihm von den Jüngeren auch durchaus keine Ehrenbezeigung erwiesen werden, und niemand von der jungen Klasse soll ihm in irgendeinem Stücke freiwillig gehorchen.[1]

Dem bevölkerungspolitischen Instrumentenkasten Platos fügt Aristoteles noch einiges hinzu: Der Gesetzgeber solle festlegen, dass die Eheleute vom Alter her zueinander passen, damit die Gebärfähigkeit gewährleistet ist. Angemessen sei es, wenn sich die Frauen ungefähr mit 18 Jahren, die Männer mit etwa 37 Jahren verheiraten. Andererseits sei die Kindererzeugung zu beschränken. Werde sie freigegeben, wie das in den meisten Staaten der Fall sei, so müsse sich das für die Bürger als eine Ursache der Armut auswirken, die Aufruhr und Verbrechen nach sich ziehe.[2]

Hier sind also schon die beiden Elemente beisammen, die aus der Geschichte des Staatsdenkens nicht mehr wegzudenken sind: die Vorstellung einer »richtigen« Anzahl der Nachkommen und die Idee, dass die Politik dies zu richten habe. Heute wirken diese Ansichten ziemlich modern. Sie haben sich einerseits noch präzisiert in der von Demografen ausgegebenen Devise, dass 2,1 Kinder pro Frau die Bevölkerung im Zeitablauf stabil erhielten und damit fraglos richtig seien; andererseits in einer Unzahl von Einzelforderungen, was der Staat zu tun habe, damit die »richtige« Fertilitätsrate auch verwirklicht werde.

Anders gesagt: In der öffentlichen Diskussion heute gibt es hinsichtlich von zwei Thesen einen partei- und ideologieübergreifenden politischen Konsens: Es würden zu wenig Kinder geboren, und der Staat solle etwas dagegen tun. Dass es dabei um Eigeninteressen und Eigenmacht des Staates und der Staatsmänner selbst geht, haben diese hinter hehren Zielen und Zukunftsvisionen immer zu verbergen gewusst.

Der Staat muss [...] als Wahrer einer tausendjährigen Zukunft auftreten, der gegenüber der Wunsch und die Eigensucht des Einzelnen als Nichts erscheinen und sich zu beugen haben. [...] Er hat [...] dafür zu sorgen, dass die Fruchtbarkeit des gesunden Weibes nicht beschränkt wird durch die finanzielle Luderwirtschaft eines Staatsregiments, das den Kindersegen zu einem Fluch für die Eltern gestaltet. Er hat mit jener faulen, ja verbrecherischen Gleichgültigkeit, mit der man heute die sozialen Voraussetzungen einer kinderreichen Familie behandelt, aufzuräumen und muss sich an Stelle dessen als oberster Schirmherr dieses köstlichsten Segen eines Volkes fühlen. [...] Der völkische Staat hat hier die ungeheuerste Erziehungsarbeit zu leisten.[3]

Welches konkrete Machtinteresse hinter dieser Anrufung des Kindersegens und des Volkswohls stand, sollte einige Jahre später auf das Bitterste deutlich werden. Adolf Hitler, aus dessen Buch *Mein Kampf* die zitierte Beschreibung der Bevölkerungspolitik stammt, brauchte und missbrauchte diese im Sinne eines aggressiven Staats, wie er ihn verstand. Aber schon damals klafften die Erziehungsabsichten einer staatlichen Geburtenpolitik und die Eigenmacht familialer Selbststeuerung auseinander: Ein Geburtenaufschwung gelang den Nazis nicht.

Dass Geburtenziffern nicht schlicht auf Geburtenpolitik reagieren, sondern Bestandteil tieferer und komplexer gesellschaftlicher Entwicklungen sind, zeigt sich am Vergleich Deutschlands und Frankreichs im 19. und 20. Jahrhundert. 1789 war Frankreich mit 27,5 Millionen Einwohnern (neben dem europäischen Russland) das volkreichste Land Europas, seine Bevölkerung deutlich zahlreicher als diejenige Deutschlands. 1871/72 hatte Deutschland mit 41 Millionen das nur langsam wachsende Frankreich mit 36 Millionen Einwohnern schon überflügelt. 1910 betrug der Abstand zugunsten Deutschlands bereits 64 zu 39 Millionen Menschen.[4] Gegenwärtig, fast 100 Jahre später, behauptet Deutschland seinen Vorsprung mit 82,5 gegenüber 62 Millionen Einwohnern.

Aus diesen Zahlen ist zu erkennen, erstens, dass die deutsche Bevölkerung über 200 Jahre hinweg, wenn auch in unterschiedlichen Schüben, deutlich stärker gewachsen ist als die französische; zweitens, dass Frankreich in der Verringerung der Geburtenzahl im 19. Jahrhundert deutlich zum Vorreiter Europas geworden ist; drittens, dass der Vorrang Frankreichs nicht nur auf ausgefeilte und ausgedehnte Verhütungspraktiken – und damit bereits auf eine besondere Stellung der Frau –, sondern auf einen Modernisierungsvorsprung schlechthin zurückzuführen ist; viertens, dass der Rückgang der Geburten in Frankreich unabhängig von der Propaganda für Geburtenkontrolle verlief, denn er setzte wesentlich früher ein; fünftens, dass die gegenwärtige geburtenfördernde Politik, für die Frankreich gerade auch vielen deutschen Politikern als Vorbild dient, weniger eine Trendumkehr bedeutet, als vielmehr den schon lange im europäischen Vergleich vorauseilenden Fall der französischen Geburtenrate aufhalten soll.

Wie sehr die Politik die Geburtenrate als Politikum ansieht, lässt sich an der langen Geschichte deutsch-französischer Rivalität studieren. Dabei hat Politik, besonders seit sie sich, stimuliert durch die Französische Revolution, als Politik von nationalen Staaten versteht, ein simples Verständnis vom Nutzen hoher Geburtenzahlen. Sie sieht sie als Quelle von Macht durch Masse, besonders von militärischer Macht; der Kaiser braucht Soldaten. Die Debatten um den Geburtenrückgang schwellen deshalb in den Zeiten an, in denen Macht besonders auf dem Spiel steht: vor und nach Kriegen.

Die quantitative Entwicklung der Diskussion über Geburtenkontrolle zeigt also ein klares Bild: in Frankreich ein großer Umfang, erste Beiträge seit 1860–70, Beginn einer intensiven Debatte um 1880 mit Höhenpunkten um 1895 und kurz vor dem Ersten Weltkrieg. In Deutschland dagegen vor 1900 fast nichts und eine klare Zunahme 1912–1914.[5]

Christiane Dienel, der wir diese genaue sozialhistorisch-vergleichende Analyse zu *Kinderzahl und Staatsräson* verdanken, arbeitet in ihrer Untersuchung heraus, wie sehr sich die Diskussion über den Geburtenrückgang in Deutschland und Frankreich am Blick auf den Nachbarn und Rivalen und an nationalstaatlichen Interessen orientierte. In Frankreich wird die Niederlage im Krieg 1870/71 und die Gefahr weiterer nationaler Schwächung mit dem Fall der Geburtenrate in Verbindung gebracht. Dabei geben die französischen Nationalisten einem Wort von Moltke Flügel, der gesagt haben soll, seit 1870 habe Frankreich täglich eine Schlacht verloren.[6]

In Deutschland fühlte man sich angesichts der alternden »Grande Nation« jung und fruchtbar, als aufblühender, kraft- und saftreicher deutsche Staat. »Andererseits ließ der deutliche Geburtenrückgang spätestens seit 1910 schon ahnen, dass das Absinken auf französische Verhältnisse nur noch eine Frage der Zeit sein würde.«[7] Aber so sehr waren Frankreich und Deutschland in der Geburtenfrage aufeinander fixiert, dass in Deutschland die Redeweise vom »Geburtenrückgang« aufkam und dramatisiert wurde, als die deutsche Bevölkerung die französische schon weit überflügelt hatte und ununterbrochen stark wuchs. Das war um 1905 herum. In einem Artikel »Geburtenrückgang« schreibt H. Prehn von Dewitz im Jahre 1914:

Es war vor knapp einem Jahrzehnt, da tauchte zum ersten Male in Deutschland das Wort »Geburtenrückgang« auf. Seitdem zog sich sein Begriff, bald wie ein Schreckgespenst drohend, bald entmutigend wie eine unüberwindliche nationale Niederlage, durch das ganze Volksleben. Berufene und unberufene Federn verkündeten den drohenden Rückgang der Bevölkerung, und gleich dem übertreibungslustigen Nachbarn jenseits der Vogesen sah der ehrsame Bürger die langsame Entvölkerung des 70-Millionen-Reichs vor Augen. Ein allgemeines Tohuwabohu hatte große Kreise der Bevölkerung erfasst.[8]

Wie sich die *deutsche Angst* damals und die heute, genau 100 Jahre später, gleichen! Heute sind es allerdings die Franzosen, die, eher amüsiert und herablassend, die alte nationale Rivalität auch im neuen europäischen Verbund kaum verhehlend, auf das geburtenschwache Deutschland blicken. Als europäische Verbündete sehen sie in ihm sogar ein demografisches Sorgenkind[9]. Noch immer scheint man beiderseits des Rheins Macht und politisches Gewicht einer Gemeinschaft an Menschenzahlen und Zahlenwachstum zu messen – heute allerdings weniger im Vergleich mit Nachbarnationen als mit anderen Rivalen, insbesondere mit den kinderreichen islamischen Gesellschaften.

In der Zwischenzeit hatte sich Deutschland allerdings für ein knappes Jahrhundert aus der Debatte über den Zusammenhang zwischen politischer Macht und Bevölkerungsentwicklung verabschiedet. Mit realen Geburten- und Bevölkerungsziffern hatte dies allerdings nichts zu tun; umso mehr aber mit einer Veränderung der Machtkonstellationen: Die Deutschen hörten 1945 auf, eine nationale Macht zu sein – und fanden das weniger schlimm als gerecht. Außerdem empfanden sie sich als eingebettet; zunächst in die Schutzbündnisse der Siegermächte, später in das friedlich gesonnene Europa. Die nationalen Streitkräfte wurden abgeschmolzen; im vereinigten Deutschland von fast einer Million auf 250 000 Soldaten. Anstelle der großen Zahlen traten als Machtfaktoren die technische Professionalität des Militärs und der Zusammenschluss der europäischen Staaten.

Angesichts der Macht des Ganzen verloren nationale Bevölkerungsgrößen an Bedeutung – bis in jüngster Zeit durch die Beitrittsbestrebungen der bevölkerungsreichen Türkei ein neues Machtpoker mit Geburtenraten eröffnet wurde. Unversehens tauchten die Demografen wieder auf, die so lange im Schatten nationaler Machtvergessenheit selbst vergessen worden waren. Jetzt läuten sie die Alarmglocken nicht mehr nur für die nationalen, sondern auch für die im globalen Wettbewerb so schlecht abschneidenden europäischen Geburtenraten. Der ganze Jammer einer durch jahrzehntelange Nichtbeachtung gekränkten Demografie revanchiert sich jetzt in einer apokalyptischen Vorausschau auf *Die demographische Zeitenwende*; so der Titel eines Buchs von Herwig Birg über den Bevölkerungsrückgang in Deutschland und Europa.[10] Schon beim ersten Satz ergreift den Leser wohliges Gruseln:

In 50 Jahren wird mehr als ein Drittel der deutschen Bevölkerung aus Zuwanderern bestehen, und dennoch wird die Bevölkerungszahl weiter zurückgehen. Angesichts ähnlicher Prognosen für die Nachbarländer stellt sich aus demographischer Sicht die scheinbar unzeitgemäße Frage: Verschwindet Europa?[11]

Die Angst vor dem Untergang des Abendlandes wird hier und

heute genauso genährt wie vor 100 Jahren durch französische Nationalisten die Angst vor dem Untergang der französischen Zivilisation und – auf der anderen Seite des Rheins – die Angst vor der Selbstschwächung Deutschlands – alles immer aufgrund ein und desselben Vorgangs: des Falls der Geburtenrate.

Genau derselbe Vorgang wurde aber schon damals von klarblickenden Bürgern, deutschen wie französischen, ganz anders gesehen und interpretiert: nicht als Machtverlust, sondern als Modernisierungsgewinn – mit eindeutigem Vorsprung Frankreichs, das im Konzert der europäischen Mächte gleichsam verfrüht den »Übergang zur Qualitätsproduktion« bewerkstelligt habe. Ärzte wiesen auf die niedrigere Kinder- und Müttersterblichkeit in Frankreich anerkennend hin, der Soziologe Robert Michels rühmte sowohl die »erhöhte Friedfertigkeit« Frankreichs als auch »die ästhetisch feinsten Lebenssitten und die höchste Geschmacksentwicklung«, die Höhe des privaten Reichtums und des durchschnittlichen Lebensstandards, ganz besonders aber die Französin als »verhältnismäßig befreite Frau, die begonnen habe, über ihre Lage nachzudenken, sich dagegen auflehne, eine Gebärmaschine zu sein«.[12] Den Deutschen wird hingegen ins Gebetbuch geschrieben, dass sie gerade erst am Anfang der Zivilisation stünden und dass »große Helme und große Kanonen kein großes Volk hervorbringen«. Die Franzosen machten sich über den deutschen Bevölkerungswahn und die ständigen Schwangerschaften der deutschen Frauen lustig. In Deutschland sprach man von der »Unfruchtbarkeit« der französischen Familie und fand verächtliche Worte für das dortige »Zweikindersystem«.[13]

Aber auch in Deutschland rührte sich damals, besonders unter sozialdemokratischen Frauen, Widerstand gegen die häufigen Schwangerschaften und »gegen den staatlichen Gebärzwang«. Linksliberale traten ohnehin schon früh für die Freiheitsrechte des Individuums ein und bekräftigten, »dass hier ein Feld ist, auf dem die Polizei nichts zu suchen hat«.[14] Ebenso wurde in den einfachen Schichten, weniger öffentlich, aber nicht unvermindert deutlich,

Unmut gegenüber einem Staat artikuliert, der den Nachwuchs der Familien für seine militärischen und machtpolitischen Zwecke an sich zieht.

In Deutschland bildete sich, wie in Frankreich, wenn auch später, eine breite Strömung einer individualistischen und familienbezogenen Moral, die nicht prinzipiell staatskritisch war, wohl aber die Familienangelegenheiten, insbesondere das Kinderkriegen, zur Privatsache erklärte. Die Familie entzog sich dem Staat, ihr Eigensinn wuchs, ihre Neigung, sich nach außen abzugrenzen, gar abzuschotten, und selbst über sich zu bestimmen, war unaufhaltsam.

Das ist ein Trend, der ungeachtet nationaler Variationen, nationsübergreifend beobachtet werden kann. Erfahrungen und technologische Neuerungen der Empfängnisverhütung spielen dabei eine wichtige Rolle. Sie sind jedoch nur ein Aspekt einer Verselbstständigung, ja Entfremdung der Familie gegenüber einem Staat, der von seinen gewohnten und gewohnheitsrechtlichen Regulierungen und Eingriffen nicht lassen will.

Kann die Politik den Fall der Geburtenrate aufhalten?

Wie stellt sich die Politik, in diesem Falle die jeweilige Regierung und Opposition, darauf ein, dass sich die verschiedenen Lebenssphären von ihr freimachen, das Steuer im eigenen Boot selbst ergreifen und einen selbstbestimmten Kurs anpeilen, der, im Fall der Familie, in eine Art dünnbesiedeltes, geburtenarmes Niemandsland zu führen scheint?

Dass dieser Kurs für die Familie selbst stabilisierend sein könnte, kommt ihr nicht in den Sinn. Ob die jeweilige Familienministerin Ursula von der Leyen, Renate Schmidt oder anders heißt, sie versteht sich immer als Vollstreckerin unserer Vorurteile, die parteiübergreifend geteilt werden. Sie lauten, wie schon dargelegt: Es gibt zu wenig Kinder, und die Politik muss mehr dagegen tun. Dass sie mit ihren Maßnahmen die erwünschten Wirkungen erzielt – hier und heute den Fall der Geburtenrate aufhält und umkehrt –, wird dabei als selbstverständlich vorausgesetzt. Skeptikern werden insbesondere drei Beispiele aus der jüngeren Wirkungsgeschichte vor Augen gehalten: die DDR, die skandinavischen Länder und Frankreich.

Zwar ist die DDR durch das autoritäre Bestimmenwollen der Politik in allen anderen Lebensbereichen, insbesondere in der wirtschaftlichen, wissenschaftlichen und religiösen Sphäre spektakulär gescheitert. Im Nachhinein sind jedoch viele Menschen der Meinung, dass sie gerade in der Familien- und Geburtenförderung Erfolge erzielt habe. Hat sie nicht jungen Eltern, ob alleinerziehend oder im Paar lebend, jede erdenkliche Unterstützung bei der Beschaffung von Wohnraum, Kinderkrippen- und Kindergartenplätzen, Fortbildungsmaßnahmen, Arbeitsplätzen und Ähnlichem zuteil werden lassen? Und hat sie es damit nicht verstanden, die allgemein zurückgehende Geburtenziffer deutlich über dem westdeutschen Niveau zu halten? Die Fragen sind zu bejahen. Gleichwohl hat die DDR durch die Geburtenförderung nur die Not des niedrigen Produktivitäts- und Einkommensniveaus, besonders auch der Wohnungsknappheit gelindert, die sie selbst durch das Intervenieren in allen möglichen Lebensbereichen erzeugt hat.

Mit dem weltweiten Zusammenbruch des Staatssozialismus zeigte sich besonders auch in der DDR, dass sich unter den Auspizien des ziel- und sinnstiftenden, allwissenden und fürsorglichen Staates eine weithin sinnlos-absurde, ignorante und armselige Stagnation eingestellt hatte. Der vom Staat diktierte und propagierte Fortschritt erwies sich im Vergleich mit den Gesellschaften, in denen der Staat gegenüber anderen Lebenssphären liberal und zurückhaltender agierte, als Rückschritt. Die im politischen Treibhaus künstlich hoch gehaltene Geburtenrate brach denn auch mit dem volksdemokratischen Staat und der sozialistischen Ökonomie zusammen.

Für die deutschen Demografen und Familienforscher, die sich als progressiv verstehen, liegt das Mekka der neuen Bevölkerungspolitik im Norden. Sie haben den Blick fest auf die skandinavischen Länder gerichtet, in denen, wie in Finnland, die Fertilitätsrate sich mit 1,7 Kindern pro Frau seit längerem über dem deutschen Durchschnitt stabilisiert hat, oder, wie in Schweden, die Fertilitätsrate von 2,13 Kindern im Jahr 1990 auf einen Tiefpunkt von 1,5 im Jahr 1998 fiel und sich nach anschließender Erholung heute bei 1,8 befindet. In den skandinavischen Ländern sehen die Demografen das Tal der tiefen Fertilitätsraten nun als durchschritten und die Wende zum Aufschwung für gekommen.

Für die meisten steht es außer Frage, dass der Grund dafür in nichts anderem zu suchen ist als in kluger Geburtenpolitik, in einer Politik nämlich, die die Vereinbarkeit von Berufsarbeit und Familienleben erlaubt, ja befördert und so auf die Bedürfnisse von modernen jungen Paaren und nicht auf die traditionelle Hausfrauenehe zugeschnitten ist. Diese Interpretation wird von allgemeinem Frohlocken begleitet, ruht sie doch in dem Glauben, dass Geburtenraten nicht nur durch Politik schlechthin, sondern gerade durch eine moderne Politik für Gleichberechtigung und nicht durch ein Zurückdrehen des Rades in die alte Geschlechtsrollenverteilung zu bewerkstelligen sei. Das Loblied Skandinaviens ist denn auch verbunden mit kräftigen Seitenhieben auf die konservative Demografie und Bevölkerungspolitik. Was in der deutschen öffentlichen Diskussion mit Verweisen auf fallende und wieder steigende Geburtenraten ausgetragen wird, hat wenig mit differenzierten Erklärungen von sozioökonomischen und demografischen Entwicklungsprozessen zu tun und hängt viel mit ideologischem Hickhack um die bessere Lebensform zusammen.

Die Anhänger des Skandinavien-Modells sitzen in relativ jungen Institutionen wie dem Rostocker Max-Planck-Institut für demografische Forschung (Direktor James W. Vaupel), dem Berlin-Institut für Bevölkerung und Entwicklung (Direktor

Reiner Klingholz) und an der Berliner Humboldt-Universität, deren Familiensoziologe Hans Bertram auch federführend für den jüngsten Familienbericht des Ministeriums für Familie ist. Ihre Botschaften lauten: Nicht wo die Frauen am Herd stehen, sondern da, wo sie erwerbstätig sind, steigen heute die Kinderzahlen. Beim Spitzenreiter Island »erbringt« eine Frauenerwerbsquote von 80 Prozent eine Fertilitätsrate von zwei Kindern pro Frau. Zum Vergleich: In Deutschland sind knapp 60 Prozent der Frauen erwerbstätig, die Fertilitätsrate liegt je nach Berechnung zwischen 1,3 und 1,5.

Der Zusammenhang kann natürlich nur hergestellt werden, wenn für die Kinder arbeitender Mütter gesorgt ist. Deshalb betonen die Protagonisten des skandinavischen Vorbilds, man könne aus diesem lernen, dass es der Fertilitätsrate zugutekomme, wenn Eltern ihre Wochen- und Lebensarbeitszeit flexibel gestalten und so trotz beider Berufstätigkeit ihre Familienzeit vergrößern könnten; wenn der Staat mehr Geld für Kinder und Familie ausgebe; wenn für alle Kinder unter drei Jahren Krippenplätze zur Verfügung stünden; wenn die staatlichen Zuwendungen in Form von Babygeld, Kindergeld, Elterngeld und Steuererleichterungen weniger den Hausfrauen und eher den berufstätigen Frauen zugutekämen und diese nach nur kurzer Unterbrechung zur Wiederaufnahme ihrer Berufstätigkeit reizen würden.

Der Glaube an die geburtensteigernde Macht staatlich-ökonomischer Maßnahmen wird in den meisten Vorschlägen mit rührender Selbstverständlichkeit vorausgesetzt. So in einer kleinen Arbeit des Berlin-Instituts für Bevölkerung, das auf die Torschlusspanik älter werdender Frauen der noch geburtenstarken Jahrgänge der sechziger Jahre setzt, die man gerade jetzt noch, vor den Wechseljahren stehend, mit Babyprämien zum Gebären bringen könne. »Mehr Kinder – sofort!« ist die Arbeit betitelt.[15]

Nur selten scheinen die Demografieforscher von des Gedankens Blässe angehaucht, dass die schlichte Beziehung »mehr Geld gleich mehr Kinder« in komplexeren Zusammenhängen aufgehoben wird. So räumt eine Studie des Rostocker Max-Planck-Instituts ein, dass die von ihm konstatierte Neigung der Skandinavier, nach Einführung des Elterngeldes zwei und mehr Kinder zu bekommen, auch mit der Arbeitsmarktlage, der aktiven Förderung der Frauenerwerbstätigkeit, Gleichheitspolitik und Ausbau der Kinderbetreuungseinrichtungen zu tun habe und nur ein Teil eines großen Puzzles sein könne. Dass in diesem Puzzle noch viel mehr Erklärungssteine stecken könnten, die nicht einfach von Skandinavien auf Deutschland übertragbar sind, lässt sich vermuten: insbesondere die Tatsache, dass in den kleinen skandinavischen Gesellschaften, die weniger als ein Zehntel der deutschen Bevölkerung aufweisen, Übersichtlichkeit, Homogenität und Konsensualität politische Eingriffe und Kehrtwenden stark erleichtern.

Was die Anhänger einer aktiven Bevölkerungspolitik ebenfalls übersehen: Wenn sich die Geburtenrate in Nordeuropa kurzzeitig etwas erholt hat, dann ist das nicht die Folge einer absichtsvollen Geburtensteigerungspolitik, sondern die unbeabsichtigte Folge von Gleichstellungsbestrebungen, die tief in einem kulturellen Konsens verwurzelt sind. Was ebenfalls völlig außer Betracht bleibt, ist die Frage nach den psychischen Implikationen solcher politischen und kulturellen Trends.

»Ist Schweden ein kinderfreundliches Land?«, wurde die schwedische Autorin Anna Wahlgren, Mutter von neun Kindern mit drei Männern und Verfasserin von 27 Büchern, gefragt. Nein, antwortet sie, in Schweden sei es nur leichter, sein Kind in Kinderkrippen abzugeben. Kleine Kinder lachten wenig und spielten nicht frei, fantasievoll und unbekümmert. Ein großer Teil der Jugendlichen sage, sie hätten absolut niemanden, mit dem sie sprechen könnten. Der schwedische Wohlfahrtsstaat eigne sich nicht als Modell, denn Kinder und Alte würden in ihm beiseitegeschoben und es ginge ihnen schlecht dabei. Der Grund sei, dass viele Familien zwei Gehälter brauchten und dass die Frauen ein von den Männern geprägtes Bild der Arbeitswelt übernommen hätten. Deshalb, so die schwedische Autorin, gäbe es bisher keine anderen Lösungen, als die Kinder abzuschieben. Stattdessen sollte man die Arbeit in die Familie zurückholen oder, wo das nicht möglich sei, die Kinder mit zur Arbeit nehmen und in Betriebskindergärten unterbringen können. »Rettet wenigstens die ersten drei Jahre!«, ist das Interview überschrieben.[16]

Die Frage, ob und wie lange Mütter ihre beruflichen und materiellen Interessen zurückstellen und nur für ihre Kinder da sein sollen, lädt trefflich zum weltanschaulichen Streiten ein. Anna Wahlgren nähert sich mit ihrer Kritik der schwedischen Verhältnisse einer deutschen Position an, die zuletzt durch die Fernsehjournalistin Eva Herman großes Aufsehen erregt hat.[17] In Deutschland wird der Konflikt zwischen Mutterrolle und Berufsrolle besonders stark erlebt und kontrovers diskutiert – mit dem Ergebnis, dass berufstätige Frauen, wenn sie ein, zwei oder gar drei Kinder bekommen, sich ganz oder halbtags aus dem Beruf zurückziehen. Die andere Möglichkeit besteht darin, dass sie auf Kinder verzichten, die sie im Grunde doch gerne hätten. Geschieht dies, weil der Staat nicht genug tut, um Beruf und Familie vereinbar zu machen? Oder liegt der Grund im Bild der guten Mutter, die immer für ihre Kinder da ist – einem Bild, das kulturell tief verwurzelt ist und sich durch politische Anreize nicht einfach aus den Angeln heben lässt?

Bei der Suche nach einer Antwort richtet sich der Blick der Bevölkerungspolitiker und Demografen nach Westen. Frankreich hat, nach Island und Irland, mit rund 1,9 Kindern pro Frau die höchste Fertilitätsrate. Kinder werden regelrecht als ein politisches Ziel und als ein politisches Kapital definiert. Dementsprechend gibt es mit steigender Kinderzahl auch steigende staatliche Zuwendungen, dazu großzügige steuerliche Förderungen von privaten Kinderbetreuungskosten sowie weitere Investitionen in die staatliche Kinderbetreuung. Alle französischen Kinder ab drei Jahren besuchen die ganztägige Vorschule, die »École Maternelle«. Diese Institution wurde schon Ende des 19. Jahrhunderts gegründet, weil der laizistische Staat die Kindererziehung nicht der Kirche überlassen wollte. Heute ermöglicht es die Ganztagsbetreuung von 8 bis – manchmal – 18 Uhr, dass die Frauen ungestört berufstätig sein können. Auch die Krippenplätze für kleinere Kinder werden vermehrt. Der Bürgermeister von Paris, der Sozialist Bertrand Delanoe, ließ seine geräumige Dienstwohnung im Rathaus zur Kinderkrippe umbauen. Und auch der konservative Premier Dominique de Villepin kündigte neue Krippenplätze an.[18] Der Konsens zugunsten der Berufstätigkeit von Müttern ist in Frankreich so umfassend und parteiübergreifend, dass selbst konservative Politiker die außerhäusliche Betreuung von Kleinstkindern befürworten.

Gerade das aber lässt Zweifel aufkommen, ob es vorwiegend die Politik ist, die mit ihren Maßnahmen die Geburtenrate beeinflusst. Viel mehr scheint die Politik nur ein Mosaikstein in einem größeren kulturellen Wirkungszusammenhang zu sein, in dem viele Faktoren und Subsysteme sich gegenseitig beeinflussen, ihre Stärken gegeneinander auszuspielen versuchen, dabei an die Grenzen ihrer Macht stoßen und sich gegenseitig in Dienst nehmen, so auch Politik und Kultur. Wo es so aussieht, als ob die Politik mit ihren Maßnahmen die familiaren Lebensformen und Wert und Zahl von Kindern bestimmen könnte, sind es in Wirklichkeit lange gewachsene und miteinander verzahnte Wertvorstellungen, nach deren Pfeife die Politiker tanzen müssen, wenn sie denn über die Zustimmung der Wähler Macht erhalten und bestärken wollen.

Nicht die französische Politik hat in den letzten Jahren die nationale Kultur der Mutter-Kind-Beziehung geformt. Es war umgekehrt das gesellschaftliche Leitbild der unabhängigen Frau, die sich nicht zur Gebärmaschine, aber auch nicht zu einem kinderlosen oder -armen Wirtschaftssubjekt herabwürdigen lässt, das den Politikern die einschlägigen Maßnahmen und Parolen zugunsten der Vereinbarkeit von Beruf und Mutterschaft in die Feder diktierte. Eine im mittel- und südeuropäischen Vergleich relativ hohe Geburtenziffer ist die Folge. Aber eben nicht Folge von politischen Maßnahmen, sondern, viel früher, von weiblicher sexueller, sozialer und politischer Unabhängigkeit.

Sie ist nicht erst aus der Französischen Revolution hervorgegangen. Sie kündigte sich schon vorher an, in der Freizügigkeit, Liebesverspieltheit, Libertinage, romantischen Ebenbürtigkeit, ja handfesten Macht der Mätressen in der höfischen Gesellschaft. Nicht zuletzt fand diese Unabhängigkeit und Stärke der Frauen ihre Symbolfigur in Jeanne d'Arc. Es handelt sich um eine merkwürdige Unabhängigkeit der Frauen nicht nur gegenüber ihren Männern, sondern auch gegenüber ihren Kindern. Sie lässt sich schwerlich messen – und ist doch sogleich spürbar, wenn man etwa als junger Mann von Deutschland nach Frankreich zieht und unwillkürlich in den Vergleich von Frau-Mann-Beziehungen diesseits und jenseits des Rheins hineingezogen wird.

Was die Unabhängigkeit der Französinnen gegenüber ihren eigenen Kindern angeht, ist das Buch *Mutterliebe* von Elisabeth Badinter kennzeichnend.[19] Es ist kaum vorstellbar, dass eine deutsche Autorin die Liebe der Mutter zum Kind so distanziert analysiert und historisch relativiert hätte. Dass die französische Geburtenrate sich eigenständig und unabhängig von den Raten der Nachbarländer entwickelt, kann nur sehr vordergründig durch die Qualität der französischen Familien- und Bevölkerungspolitik erklärt werden. Es liegt viel mehr an der besonderen Unabhängigkeit, die die Französinnen gewonnen haben. Man mag diese mit Fug und Recht Individualismus nennen. Er bedeutet nicht, dass man sich sozialen Beziehungen entzöge – im Gegenteil: Er entsteht durch eine entschiedene Teilnahme an verschiedenen Lebensbezügen, in diesem Falle besonders Familie und Beruf; von der freien Liebe zu schweigen.

Das Lebensgefühl weiblicher Unabhängigkeit ist nur zum kleinsten Teil ein Resultat von Politik. Es ist ein lange und langsam gewachsenes, dafür umso stabileres Element von Kultur. Und es ist ein Element kultureller (und familialer) Selbststeuerung – mit scheinbar gegensätzlichen Folgen: Im 19. Jahrhundert hat es dazu geführt, dass die Kultur der libertären Erotik und die Empfängnisverhütung Frankreich zum geburtenärmsten und damit zum reichsten und modernsten Land Europas machten. Gegen Ende des 20. Jahrhunderts bewirkt das gleiche Element kultureller Selbststeuerung die relative weibliche Autonomie, dass die französische Geburtenrate deutlich höher liegt als die deutsche, italienische, spanische.

Ob man in dem geburtenfördernden Zusammenwirken von Politik und Kultur der Politik eine führende Rolle einräumt oder sie, wie hier dargestellt, eher als Ausfluss tiefgründiger und langfristiger Kulturprozesse sieht – die Eigenständigkeit des französischen Sonderweges in Kontinentaleuropa hat dem Land in den letzten Jahrzehnten einen beträchtlichen Kinderreichtum beschert. Französische Politiker träumen davon, dass es in 50 Jahren mehr Franzosen als Deutsche geben könne. Ob Frankreich damit Deutschland überflügelt? Und in welcher Hinsicht?

Vor Beantwortung der Fragen empfiehlt es sich, zunächst einmal darauf zu achten, was der kulturell-politische Sonderweg Frankreichs im Lande selbst anrichtet. Wenn Kultur und Politik so nahtlos ineinandergreifen, können sie allem Anschein nach den Fall der Geburtenrate aufhalten. Ein Erfolg für das politische System. Aber mit welchen Folgen? Die Jugendarbeitslosigkeit ist in Frankreich durchgehend doppelt so hoch wie in Deutschland. In den Vorstädten der Großstädte erreicht sie 40 bis 50 Prozent. Die Unzufriedenheit der Jungen macht sich in Unruhen und Brandstiftungen Luft. Brennende Autos sind ein Fanal. Sie werden zum Signum eines relativen Reichtums an Jugend, der politisch gewollt, sozialpolitisch gepäppelt und bildungspolitisch bedient wird: Die Jugendlichen sprechen Französisch, gehen in französische Schulen und sind französische Staatsbürger. Aber diese Zeichen kultureller und politischer Integration schützen nicht vor Gewalt. Im Gegenteil: Sie schaffen Ansprüche, die enttäuscht werden, wo ökonomische Integration und soziales Ansehen ausbleiben.

In Gesellschaften, die reich an gärender Jugend sind, ist der Schritt in die Gewalt damit vorgezeichnet. Ohnehin sind jugendliche Gesellschaften gewaltsamer als die von Greisen. Ganz prägnant aber lässt sich der Zusammenhang zwischen enttäuschter Jugend und Gewalt herausarbeiten. Als in den neunziger Jahren in manchen amerikanischen Städten und Staaten die Gewalt deutlich zurückging, wurde dies unter anderem mit der Alterung der Bevölkerung erklärt. Es war aber nicht Geburtenrückgang schlechthin, der, mit einer Zeitverzögerung von 15 Jahren, zum Rückgang der Aggressionsraten führte. Vielmehr war es die Freigabe der Abtreibung, also ein politischer Akt, der zur Folge hatte, dass speziell sozial schwache Mütter und Milieus weniger Kinder zur Welt brachten. Die Kinder aber, die geboren wurden, erlebten im Durchschnitt eine höhere »soziale Qualität« und wurden heranwachsend sozioökonomisch besser integriert. Eine unvorhergesehene, im Ergebnis aber erwünschte Folge liberaler Politik.[20]

Was das französische und das amerikanische Beispiel gleichermaßen zeigen: Wenn viele Kinder geboren werden, die mit dem Credo der Chancengleichheit und der Verheißung beruflicher Integration heranwachsen, macht sich die Enttäuschung in offener Gewalt und latenter Aggressivität Luft. Was von der Politik so lebhaft beklagt wird, ist doch auch von ihr zu verantworten. Denn eine Bevölkerungspolitik, gestützt auf das kulturelle Kapital der Eigenständigkeit französischer Frauen, kann zwar Geburtenraten hoch halten. Mit diesem seinem »Erfolg« überfordert das politische System sich aber selbst. Denn seine Macht reicht nicht aus, um für die heranwachsenden Jugendlichen, auf deren große Zahl es mit nationalem Stolz blickt, Arbeitsplätze zu schaffen. Die Eigenlogik des wirtschaftlichen Systems, das nur so viele Jugendliche aufnimmt, wie seine ökonomische Rationalität gebietet, steht dem entgegen.

Ließe man die Wirtschaft schalten und walten, würde sie durchaus mehr junge Leute aufnehmen: zu niedrigeren Löhnen und vermindertem Kündigungsschutz. Aber dagegen stellt sich wiederum die fürsorgliche Politik des Sozialstaats. Und wo diese, wie im vergangenen Jahr in Frankreich, zugunsten liberaler Kündigungsregelungen beziehungsweise Probezeiten etwas zurückgenommen werden soll, gehen die Studenten auf die Barrikaden. Sie zeigen, wo die Politik an die Grenzen ihrer Macht stößt: dort, wo die Werte der sozialen und arbeitsrechtlichen Absicherung auf dem Spiel stehen, die gerade auch die Eliten für sich in Anspruch nehmen. Hier gilt es ein Stück Kultur zu verteidigen. Und in dem Machtdreieck zwischen Wirtschaft, Politik und Kultur erweist sich die Selbstbehauptung der Kultur als die stärkere Kraft.

Allen, die dagegen glauben, dass die relativ hohe Fertilitätsrate in Frankreich und den skandinavischen Ländern aus der Politik resultiere, müssen die angelsächsischen Länder ein Dorn im Auge sein. In Großbritannien ist die Fertilitätsrate etwa genauso hoch (1,8 Kinder pro Frau), in den USA noch deutlich höher (2,1 Kinder pro Frau), ohne dass Familienpolitik dort in nennenswerter Weise eingegriffen hätte. Im Gegenteil, eine Familien- und Geburtenpolitik kontinentaleuropäischer Art sucht man im angelsächsischen Raum vergeblich. Hier gilt die Devise: so wenig staatlicher Eingriff wie nötig, so viel Eigenverantwortung wie möglich. Das liberale Modell vertraut dabei nicht nur auf die Selbstverantwortung der Individuen, sondern auch auf die Selbststeuerung der Familien.

In den USA, wo man nicht in einen Sozialstaat einwandern konnte und kann, weil es keinen gab, waren Familien, ethnische Gruppen und Nachbarschaften immer schon das Rückgrat sozialer Sicherung als Selbsthilfe. Kinder wurden und werden gebraucht. Im Umkehrschluss lässt sich sagen, dass die kontinentaleuropäische Lösung mit ihrer staatsweiten Kollektivierung sozialer Sicherung familieneigene Kinder überflüssig gemacht hat. Man kann auf die Kinder der anderen zurückgreifen.

Die Politik hat damit den von ihr heute bekämpften Geburtenmangel unbeabsichtigterweise selbst befördert. Aber die staatliche

Rundumversorgung gilt nunmehr so sehr als eine Errungenschaft mitteleuropäischer Kultur, dass eine liberale Politik, wenn sie das Ruder herumlegen wollte, dagegen nicht ankäme. Die Macht der Kultur ist eben überall stärker als die der Politik. Die Aufforderung Wilhelm von Humboldts, der Staat müsse sich jederzeit bewusst bleiben, dass er »immer hinderlich ist, sobald er sich hineinmischt, dass die Sache an sich ohne ihn unendlich besser gehen würde«,[21] ist in Deutschland, wenn nicht vergessen, so doch wirkungslos geworden.

Das Humboldtsche Diktum, das über jeder zeitgenössischen Version sozialer Selbststeuerung stehen könnte, ist in die angelsächsischen Gesellschaften ausgewandert. Dort gibt es einen kulturell verankerten, quasi parteiübergreifenden Liberalismus, der den Namen verdient. Dass der Familie am besten geholfen sei, wenn sie sich selbst helfe und der Staat die Finger davon ließe, ist eine in Deutschland kaum vorstellbare, in Großbritannien dagegen gängige Idee. Wegen der Vereinbarkeit von Beruf und Kindern wenden sich die Frauen, insbesondere die besserverdienenden, nicht an den Staat, sondern kümmern sich selbst. Der Liberalismus der britischen Ökonomie hilft ihnen dabei. Der offene britische Arbeitsmarkt zieht Millionen Einwanderer aus den Philippinen, Südafrika, neuerdings auch Osteuropa an, die mit geringem bürokratischem Aufwand und zu erschwinglichen Preisen von Privatleuten im Haushalt eingestellt werden können. Kurze Elternzeit und wenig Geld vom Staat bewegen die Mütter dazu, nach einer Geburt zügig ins Berufsleben zurückzukehren. Kurze Studienzeiten machen es Akademikerinnen schon in jungen Jahren möglich, beruflich voranzukommen, bevor die Familiengründung das Tempo bremst.

Allerdings: Das liberale Modell mit wenig staatlichem Schutz hat auch seine Kehrseite: Das Risiko für eine Alleinerziehende, in die Armut abzurutschen, liegt bei 50 Prozent – so hoch wie in keinem anderen westeuropäischen Land.[22] Im Fazit jedoch zeigt sich, dass in Großbritannien sowohl die Erwerbsbeteiligung von

Müttern als auch die Geburtenziffern höher sind als in Deutschland. Die Fixierung des deutschen Blicks auf staatliche Subventionen, um die Geburtenrate anzuheben, ist aus angelsächsischer Perspektive abwegig – Ergebnis eines deutsch-mitteleuropäischen Sonderweges, auf dem der Staat, Schäfer und Schäferhund zugleich, die Richtung vorgab, die Herde antrieb und zusammenhielt. Wo es den Staat in diesen Rollen nicht gab, haben Familie und andere Lebenssphären sich stärker nach eigenem Kompass ausgerichtet und sich auf sich selbst verlassen.

Selbststeuerung liegt im Zug der Zeit. So komplex, wie die Dinge heute zusammenhängen, kann keine Lebenssphäre, auch die politische nicht, auch noch die anderen führen und ihre Aufgaben und Leitwerte festlegen. Für die Familien heißt das: Sie müssen auf eigenen Beinen stehen. Im Grunde haben sie ihren Eigensinn längst für sich entdeckt. Dass Kinder ihre ureigenste Sache sind, lassen sie sich nicht nehmen. Die lakonische Weisheit Konrad Adenauers, »Kinder kriegen die Leute sowieso«, gilt nach wie vor. Sie enthält allerdings auch die Freiheit, weniger Kinder zu bekommen, als es Demografen, Politikern und Ethikern recht ist. Sie haben ihre Maßstäbe. Die Familie, die Wirtschaft, die Wissenschaft et cetera haben jeweils andere.

Wenn jeder Einzelne von uns neunmalklugen Gesellschaftskritikern und Gesellschaftspolitikern mit unseren individuellen Vorstellungen von richtiger Kinderzahl längst das Zeitliche gesegnet haben wird, gehen die kollektiven Lernprozesse der Familie immer noch weiter. Sie haben den längeren Atem. Sie beschränken sich nicht auf das einzelne Hirn, auch nicht auf das Superhirn. Sie ziehen ihre Klugheit aus der Fülle sozialer Zusammenhänge, die auch der intelligenteste Kopf nicht durchschaut.

Wenn die Familie klüger ist als alle Familienforscher und Demografen zusammen, warum sollte sie dann nicht schlau genug sein, das Geld und die Erleichterungen anzunehmen, die der Staat ihr zukommen lässt, damit sie mehr Kinder in die Welt setzt? Sie ist es ja. Sie nimmt, was sie bekommen kann. Wenn es geht, fordert sie noch mehr. Ob sie *deshalb* mehr Kinder bekommt oder auch nicht, weiß niemand. Es kursieren die merkwürdigsten Berechnungen. Auf der einen Seite zahle jedes Kind im Laufe seines Lebens Steuern und Beiträge an den Staat, die um 77 000 Euro höher lägen als das, was der Staat insgesamt den Familien zukommen lasse. »Kein Wunder, dass den Paaren die Lust am Kinderkriegen vergangen ist«, sagt der Rechenkünstler Hans-Werner Sinn vom IFO-Institut für Wirtschaftsforschung.[23] Soll wohl heißen: Die Subventionen müssten entsprechend steigen, damit das Kinderkriegen wieder lukrativ und attraktiv wird. Auf der anderen Seite rechnet die Bundesbank, dass der Staat rund 150 Milliarden Euro pro Jahr für Familien ausgibt, davon etwa 70 Prozent bar an die Eltern. Trotzdem sind in Deutschland die Geburtenziffern niedriger als in anderen Ländern, die weniger Geld in die Familien stecken.

Vielleicht liegt es daran, dass die Familiensubventionen in Deutschland ungeschickter eingesetzt werden. Wahrscheinlicher aber ist, dass Eltern und potenzielle Eltern die Rechenspiele im Großen wie im Kleinen gar nicht mitmachen und dass der Fall oder der Anstieg der Geburtenrate von der staatlichen Zuwendung relativ unabhängig ist.

Kapitel 8

Die Triebkräfte des Geburtenrückgangs und die Chancen des Schrumpfens

Nicht der Staat mit seinem Geld macht Kinder oder Kinderlosigkeit. Das tun die jungen Erwachsenen selbst. Wenn davon etwa jeder dritte kinderlose Mann und jede fünfte kinderlose Frau dauerhaft ohne Partnerin beziehungsweise Partner ist – nicht zuletzt wegen starken Engagements im Beruf –, dann werden diese Ledigen von familienpolitischen Maßnahmen gar nicht erreicht.[1] Die einschlägigen Untersuchungen, die genauer wissen wollen, ob denn nun politische Maßnahmen und Subventionen die Kinderzahl beeinflussen, kommen zu keinen eindeutigen Ergebnissen.

Zu den Wirkungen staatlicher Politik gehören immer auch unbeabsichtigte. Wenn es schon schwierig ist, gewünschte Wirkungen von Familien- und Kindersubventionen auszumachen, dann wird es noch schwieriger, die unerwünschten in vollem Ausmaß zu erfassen. Sie bleiben deshalb gern unbedacht. Und doch gibt es sie. Was Kindern dienen soll – Mutterschutz, Kündigungsschutz, Anspruch auf Elternzeit und Freihaltungsanspruch, Sonderanspruch auf Verringerung der Arbeitszeit und Teilzeitanspruch für Mütter und Väter, Erziehungsurlaub –, kann Eltern schon im Vorhinein den Job kosten. Was auf die finanziell angespannte Lage der jungen Familien hinweisen soll – die öffentlich vorgerechneten Kosten für jedes Kind –, mag einige erst recht vom Kinderkriegen abschrecken. Was Politiker, Professoren und Kirchenfürsten als Werte der Familie betonen, entwertet sich durch die Betonung selbst.

Der am wenigsten erkannte und gleichwohl gewichtigste Misserfolg staatlicher Geburtenpolitik könnte aber in ihrem Erfolg liegen – wenn er, etwa durch eine gewaltige Subventionssteigerung, einträte. Es werden staatliche Mittel in den Reproduktionsbereich geleitet, die dann selbstredend in anderen Bereichen fehlen. Es werden Leute zur Elternschaft bewogen, die es mangels Liebe, Interessen und Fähigkeiten oder kraft hervorragender anderer Interessen oder Fähigkeiten aus freien Stücken nicht geworden wären. Es werden Kinder in die Welt gesetzt, die der Familie von anderen gesellschaftlichen Systemen – Wirtschaft, Bildung, Politik, Militär und weiteren – nicht abgenommen werden. Es wird gegen die Eigenlogik dieser Lebenssphären das Subsystem Familie subventioniert – zum Schaden der Qualität und der Selbststeuerungsfähigkeit der Familie; und zum Schaden des Ganzen, das die Spannungen zwischen seinen subventionierten und seinen sich frei bewegenden Subsystemen auffangen muss.

Dass die Familie im Reigen der verschiedenen Lebenssphären das schwächste und von vornherein schutzbedürftigste Glied sei, ist eine Annahme, die sich durch nichts rechtfertigen lässt. Wenn Wirtschaftssysteme kollabieren und politische Systeme alle Legitimation einbüßen und zu bestehen aufhören, wenn Kriege und Katastrophen das Land verwüsten und soziale Institutionen außer Kraft setzen: dann bleibt die Familie, trotz vieler Opfer im Einzelnen, immer noch bestehen. Anders als die Großinstitutionen ist sie mit ihren Millionen von kleinen Einheiten auf Risikominimierung angelegt. Wenn ein Teil der vielen Kleinfamilien scheitert und vergeht, überlebt immer noch ein anderer – in der Regel größerer – Teil, der sich selbst stabilisieren und erneuern kann.

Dass das nur mithilfe des Staates und der von ihm gesetzten »Rahmenbedingungen« möglich sei, ist eine gewohnte und gedankenlose Art zu reden. Es ist sowohl richtig als auch falsch. Richtig ist, dass der Staat mit seinem Gewaltmonopol und der Fähigkeit, kollektiv verbindliche und legitimierte Entscheidungen zu treffen, für die Familie wie für alle anderen Lebenssphären eine unverzichtbare Ergänzung bedeutet; sie müssten sonst mit der

Gewalt und allen äußeren Bedrohungen selbst zurechtkommen, also Staatsfunktionen übernehmen. Falsch ist die weithin geteilte Vorstellung, dass die staatlich zu setzenden Rahmenbedingungen umso besser seien, je mehr Mittel sie aus anderen Sozialsystemen in die Familie lenken und je mehr sie deren »Produktion« von Nachwuchs anheizen.

Im Wettbewerb konkurrierender Lebensformen mag die Politik die Rahmenbedingungen so setzen, dass kinderreiche Familien entlastet und kinderlose Familien und Ledige belastet werden. Der Ausgleich zwischen den Lebensformen wie auch zwischen allen anderen Gruppen und Klassen der Gesellschaft bleibt aber eine Frage der Gerechtigkeit und der darauf gerichteten Staatskunst. Er ist nicht dadurch vorzuentscheiden, dass kinderreiche Familien für die Allgemeinheit besser seien als kinderarme und dass der Fall der Geburtenrate schlechter sei als ihr Anstieg.

Tatsächlich weiß niemand, mag er sich als wissenschaftlicher Fachmann oder als Politiker verstehen, ob kinderreiche Familien für die Gesellschaft besser sind oder die Zwei-Kinder-Familie oder gar der ledige Bürger. Was wir wissen, ist nur, dass der Fall der Geburtenrate ein nicht wegzudenkender Bestandteil des Evolutionsprozesses ist, der uns in den letzten 200 Jahren alle Errungenschaften der Kultur, vom Massenwohlstand bis zur Gleichberechtigung, gebracht hat, auf die wir unter keinen Umständen verzichten möchten. Was wir wiederum nicht wissen, ist, ob die Fertilitätsrate, nun bei 1,8 oder 1,4 oder gar nur einem Kind pro Frau ankommend, zu tief fällt oder nicht.

Die Politik befindet sich, die anderen Lebenssphären auch, nun in einem besonderen Versuchs-Irrtums-Lernen. Mit ihren Gesetzen, Subventionen, Vereinbarkeitsregelungen in Bezug auf Familie und Beruf setzt sie Signale für mehr Kinder und wartet, ob sie wahrgenommen werden. Sollte das so sein, dann bleibt wiederum abzuwarten, ob ein Ansteigen der Kinderzahlen den verschiedenen Lebensbereichen und der Gesellschaft insgesamt gut tut. Die aufgeregten Debatten über die Kinderfrage, in der Regel verbunden mit der Forderung nach einer »Wertediskussion«, haben, so viel kann man sagen, auf die Geburtenentwicklung keinen Einfluss. Ihre Funktion liegt in anderen Bereichen. Sie dienen der politischen und weltanschaulichen Selbstbestätigung von Lebensformen, die immer wieder auf dem Prüfstand stehen. Sie messen ihre Kräfte. Im rhetorischen Kampf wird allmählich deutlich, wer im Laufe der Zeit stärker wird, wer zurückweichen muss. Auf dem Rückzug ist in Deutschland die Hausfrauenehe. Der Siegeszug des Doppelverdienerpaares scheint unaufhaltsam. Auf die Kosten und Selbsttäuschungen dieses Modells, besonders für Frauen mit Kindern, hat Eva Herman nachdrücklich aufmerksam gemacht. Ihr Buch wirkte wie ein Paukenschlag. Aber gerade die hämischen und ironisierenden Reaktionen darauf machen deutlich, dass die Welt der häuslichen Mutter und des berufstätigen Vaters, für die es noch einmal eine Lanze bricht, dahinschwindet.

Trotzdem, was die Analyse der sozialen Spannungslage moderner Frauen angeht, übertrifft der Wirklichkeitssinn von Frau Herman den der meisten Soziologen, Feministinnen und anderen Protagonisten der Modernität bei weitem.

Was diese uns als zukunftsweisende Realität ansinnen, ist nichts als Wunschdenken. Es konzentriert sich in zwei Idealbildern. Bild Nummer eins: die Frau als Superwoman, verkörpert in den Ikonen der neuen Zeit, vom Model Heidi Klum bis zur Ministerin Ursula von der Leyen. Porträtiert werden die Ikonen der Modernität von den Journalistinnen Anke Dürr und Claudia Voigt: *Die Unmöglichen – Mütter, die Karriere machen.*[2] Der Titel des Buches trifft ins Schwarze. Was darin beschrieben wird, ist pure Realität: Es gibt die in Beruf und öffentlichem Leben erfolgreichen Frauen. Andererseits ist dieselbe Realität höchst irreal und irreführend. Eine Minderheit von höchstens 5 Prozent prominenter und privilegierter Frauen wird der sich abkämpfenden Mehrheit als Vorbild vorgehalten mit dem Unterton: »Na seht doch, es geht doch!« Dem doppelt schlechten Gewissen der unter dem Überlastungssyndrom ächzenden Mehrheit – ich bin nicht genug für meine Kinder da; ich gebe nicht alles im Beruf – wird noch eine dritte Dimension hinzugefügt: Ich bin nicht so gut wie die anderen.

Das Idealbild Nummer zwei ist der Neue Mann. Er wird endlich all das tun, was berufstätige Mütter auch machen, und zwar zu gleichen Teilen: 50 Prozent der Hausarbeit, 50 Prozent der Besorgungen, 50 Prozent der Kinderbetreuung, 50 Prozent der Krankenpflege, 50 Prozent des Berufs. Diese partnerschaftliche und Gleichstellungsvision hat nach wie vor etwas Berückendes wie alle Utopien. Sie hat nur einen Nachteil: Obwohl seit mindestens 40 Jahren in aller Munde und von niemandem als Norm des zeitgenössisch-guten Lebens bestritten, verwirklicht sie sich nicht. Die in dieser Zeit empirisch registrierbaren Änderungen des Mannes sind gering. Die wirklichen Änderungen der Frau sind auch nicht viel größer. Ob das nun an genetisch-anthropologischen Konstanten liegt oder an den hartnäckigen Hochleistungsforderungen, die das Berufssystem in erster Linie an den Mann, die Mutterschaft in erster Linie an die Frau stellt, mag dahingestellt bleiben.

Der französische Soziologe Jean-Claude Kaufmann hat in einer bestechend nüchternen und komisch-tragischen Analyse nachgezeichnet, wie Paare, die unter dem Banner der Partnerschaft aufbrechen, um ihre häuslichen Aufgaben gleich und gerecht zu verteilen, nach kurzer Zeit, besonders nach der Geburt von Kindern, wieder in die alte Rollenverteilung zurückfallen. Es sind besonders die Frauen, die aufgrund von überkommenen eigenen Reinlichkeits-, Ordnungs- und Häuslichkeitsidealen – von Mutterschaft zu schweigen – unversehens wieder »in die Falle der Frau« tappen.[3]

Mit dem Idealbild der gleichberechtigten Partnerschaft ist es genauso wie mit dem Idealbild der Ikone: In wenigen Prozent aller Fälle, insbesondere wenn Männer von beruflichen Zwängen befreit sind oder sich ihnen entziehen können, wird es Realität. Für die übergroße Mehrheit aller Paare aber bleibt es eine Zukunftsverheißung und für die Fürsprecher neuer Lebensformen eine in der Zukunft zu erzwingende Realität. Dass sich Realität in die jeweils gewünschte Richtung drängen lasse, zeugt allerdings von wenig Sinn für Realität. Die zukunftsbeflissenen Kritikerinnen und Kritiker von Frau Herman machen sich und anderen etwas vor, wenn sie den weiblichen Superman und den männlichen Neuen Mann, die realen Grenzfälle des modernen Lebens – und dies seit 40 Jahren! –, zur Norm für alle erklären.

Und doch setzt diese wirklichkeitsverleugnende Sicht der Wirklichkeit sich zusehends durch. Das ist die Tragik nicht nur der Eva Herman, sondern der modernen Frauen schlechthin. Es lässt sich überall ablesen: in den Erklärungen der Regierung und in ihren Maßnahmen; im Familienbericht für diese Regierung, an dem die Crème der einschlägigen und tonangebenden Sozialwissenschaftler mitgearbeitet hat; in dem allmählichen Umschwenken auch der konservativen Parteien; an dem allgemeinen Konsens, dem sich niemand mehr entziehen kann, der nicht den Vorwurf, ein Dinosaurier zu sein, auf sich ziehen will. Alles weist in eine Richtung. Alles drängt durch einen Tunnel. Und als Licht an dessen Ende sehen alle: das doppelverdienende, berufstätige und gleichwohl mindestens zwei Kinder in die Welt setzende Paar. Vorbild Skandinavien und Frankreich. Rolle der Politik: alle Maßnahmen ergreifen, die diese Lebensform über außerhäusliche und häusliche Kinderbetreuung, direkte Subventionen und Steuererleichterungen, flexible Arbeitsplatz- und Arbeitszeitregelungen herbeiführen können.

Was dieses Generalmodell zukünftiger Lebensformen, auf das nun alles hinausläuft, auch seinen Wortführern verschweigt: Es schreibt genau die Überlastungssyndrome für Frauen fort, die schon für die Gegenwart kennzeichnend sind. Die Hoffnung, dass allein staatliche Kraftanstrengungen diese Überlastung und die darin enthaltenen Spannungen auflösen, scheint höchst trügerisch. Und doch muss der Versuch gewagt werden – besonders weil man keine andere Idee hat. Wie in einem Laborexperiment an unseresgleichen werden wir Zeuge, wie der Versuch ausgehen wird. Entweder werden die Frauen, die nach wie vor die Leidtragenden sind, sich wehren. Oder sie werden sich weiterhin durch Verzicht auf Kinder entlasten. Vielleicht verschaffen ihnen die neuen Geldflüsse und Institutionalisierungen tatsächlich Entlastung, eventuell sogar so weit, dass der Fall der Geburtenrate aufgehalten wird und sich gar umkehrt. Man darf gespannt sein, was passieren wird.

In einer Gesellschaft, die von der Politik erwartet, dass sie etwas tut, steht diese unter Zugzwang. Sie orientiert sich an Familienleitbildern beziehungsweise Lebensformen, die den zukünftigen Wählern gefallen. Das ist die Doppelverdiener-Partnerschaft mit zwei Kindern – double income, two kids – mit der Möglichkeit, individuell nach allen Seiten von diesem Leitbild abzuweichen. Ob die politisch-finanzielle Unterfütterung dieser Vorstellung tatsächlich zu mehr Kindern führt, bleibt abzuwarten. Anstieg und Fall der Geburtenrate, das kann nicht oft genug wiederholt werden, stehen in tieferen und weiteren Zusammenhängen als dem zwischen Politik und Familie.

Das neue politische Leitbild ist der alten Hausfrauenfamilie diametral entgegengesetzt. Der Gegensatz könnte nicht größer sein. Das wird oft übersehen, weil sich de facto allerhand Zwischenformen und Kompromisse herausbilden. Aber der Grundgegensatz bleibt. Es ist ein Gegensatz der Aufgaben- beziehungsweise Arbeitsteilung. Die gewohnte Hausfrauenehe enthält eine klare Funktionentrennung zwischen den Geschlechtern: Die Frau erledigt die Aufgaben im Haus und zieht die Kinder groß; der Mann unterhält die Familie durch seinen – meist außerhäuslichen – Beruf und bindet sie ins öffentliche Leben ein. Im neuen Leitbild wird die geschlechtliche Arbeitsteilung völlig aufgehoben. Jetzt soll jeder alles machen. Frau und Mann sollen ihre Lebenssphären nicht durch unterschiedliche Aufgaben abgrenzen. Stattdessen teilen sie jede einzelne Aufgabe und haben an jeder Aufgabe teil. Dahinter steht nicht mehr eine Ethik der Arbeitsteilung, sondern eine solche der vollständigen Partizipation aller an allem.

Hinter dieser Idee der Nichtarbeitsteilung stehen wunderbare moralische Konzepte. Zunächst das Konzept der individuellen Vielseitigkeit. Schon der junge Marx hatte davon geschwärmt, dass die Menschen der Zukunft morgens arbeiten und lesen, nachmittags fischen und jagen würden und nicht enge Spezialisten einer Sache wären.[4] Zum anderen ist es das Konzept der Gleichheit: Männer und Frauen sollen gleichermaßen am häuslichen wie am außerhäuslichen Leben teilhaben. Zum dritten das Konzept des Ausgleichs: Angenehmes und Unangenehmes, Genüsse und Belastungen, ob im Beruf, im Haus oder mit Kindern sollen auf Frauen und Männer gleichermaßen verteilt sein. Diese moralischen Gefüge erheben das Herz. Sie sprechen uns als Menschen und Individuen an.

Was wir dabei vergessen: Sie geben Vorteile der sozialen Arbeitsteilung, die sich über Jahrhunderte und Jahrtausende entwickelt haben, preis. Und sie stellen, wie bereits gezeigt, eine Überforderung dar, unter der besonders die Frauen leiden. Eher schlafwandlerisch als kalkuliert versuchen die Menschen, etwas von den Doppel- und Dreifachbelastungen abzuschütteln. Dahinter steckt nicht böser Wille, sondern – fast möchte man sagen, eine instinkthafte – Neigung zum Selbstschutz. Entweder man bekommt einfach weniger Kinder. Oder Frauen, die Mütter werden, ziehen sich aus dem Beruf zurück, genauso wie Männer, die Väter werden, plötzlich schrecklich viel im Büro zu tun haben, um häusliche Belastungen zu vermindern.

Die partizipative Leitidee: alle sollen an allem teilhaben, hat nicht nur früh-utopische Demokraten fasziniert, sondern durchzieht wie ein roter Faden auch den jüngsten, von Sozialwissenschaftlern gemachten Familienbericht. Sie verwirkt sich selbst. Und wie von selbst setzt sich die trockenere Idee der sozialen Arbeitsteilung wieder durch. Diesmal aber nicht so sehr als klassische Aufgabentrennung zwischen Mann und Frau, sondern als eine zwischen den Paaren, die Kraft, Mut und Familiensinn genug haben, um trotz Doppelbelastung Kinder in die Welt zu setzen, und den anderen, die sich sozial und familial zu schwach fühlen und ganz in beruflichen, politischen, karitativen und ähnlichen Funktionen aufgehen. Sie können dort höchste Leistungen erbringen oder scheitern. Eltern jedenfalls werden sie nicht.

Dass sich in modernen Gesellschaften zwischen Eltern und Nichteltern Klüfte und Grabenkämpfe auftun, gehört zu den Ammenmärchen wie das vom Krieg der Generationen. Konflikte ja – sie sind sozial lebenswichtig. Wem was zusteht, wer wie viel zahlt, wer welche Vorteile und Nachteile hat: Das alles ist bestreitbar und verhandelbar. Aber die Diskussionen bringen die Streithähne eher zusammen als auseinander. Man argumentiert zwar gegen die andere Seite, aber man hört auch deren Argumente, zum Beispiel wie viel Steuern Kinderlose zahlen, wofür sie sich ehrenamtlich engagieren, was sie für Nichten und Neffen und befreundete Familien tun. Schon immer waren die ledige Tante und der eigenwillige Onkel wichtige Bindeglieder zwischen dem engeren Familienclan und der Welt der Freizügigen und Einsamen. Welch faszinierende Rolle spielt der ledige Luftikus und Hypochonder Christian Buddenbrook für seinen feinsinnig-behüteten Neffen Hanno! Was oft vergessen wird: Auch Kinderlose entstammen immer Familien mit Kindern und bleiben Kindern aus ihrer weiteren Familie oder anderen Familien verbunden. Genauso wie die Konflikte zwischen Generationen, werden auch die Konflikte zwischen Eltern und Kinderlosen überwölbt und aufgehoben von schlichten Gefühlen des Zusammengehörens, Aufeinanderangewiesenseins oder, technischer gesprochen, der Arbeitsteilung.

In jeder Arbeitsteilung ist das Aufeinanderangewiesensein enthalten. Es bilden sich deshalb auch Gefühle des gegenseitigen Bedürfens. Den Beteiligten können diese Gefühle äußerst zuwider sein. Sie werden deshalb nicht selten unterdrückt und bleiben unbewusst. Welcher Herr möchte sich schon eingestehen, dass er auf seinen Knecht, welcher Knecht, dass er auf seinen Herrn angewiesen ist! Und welcher gesellschaftskritische Intellektuelle des allermodernsten Zuschnitts führt sich schon gern vor Augen, dass er als öffentlicher Rundfunkjournalist oder Professor von den Steuerzahlungen der von ihm geschmähten Agenten des Kapitals ebenso abhängig ist, wie er als freier Autor die Bildungsbürger oder ein Massenpublikum braucht, das seine Bücher kauft!

So ist auch das Verhältnis zwischen Eltern und Kinderlosen eins der gegenseitigen Abhängigkeit. Dass Kinderlose die Kinder von anderen brauchen, um als soziale Wesen irgendwie weiterzuleben, pfeifen in der gegenwärtigen Diskussion die Spatzen von den Dächern. Aber auch die Eltern, die schwer zu schuften haben, um zahlreiche Kinder großzuziehen, brauchen die Nonnen und Mönche, Priester und Professoren, die Ärztinnen und Forscher, die Unternehmer und Entwicklungshelfer, kurz alle, die ihrer Berufung und Arbeit so leidenschaftlich hingegeben sind, dass für Familie und Kinder in ihrem Leben kein Raum bleibt.

Und auch, wo die große Passion und Kompetenz für eine Sache fehlt, sind Kinderlose im – nicht nur ökonomischen – komplexen Gefüge der Arbeitsteilung unabkömmlich. Von allen Gesellschaftsmitgliedern eine ethische Pflicht zur Elternschaft einzufordern, wie es, wenn auch in vorsichtiger Formulierung, der Demograf Herwig Birg tut,[5] heißt, die sozialen Elementarprozesse, die zwar naturnah sind und bleiben, von denen zeitgenössische Menschen sich aber durch die soziokulturelle Entwicklung doch ein Stück weit befreit haben, wieder an die Kandare nehmen zu wollen. Das ist vergebens. Nicht nur die Selbststeuerung der Individuen spricht dagegen, sondern auch die Eigenlogik der sozialen Systeme. Nicht zuletzt auch die Arbeitsteilung auf dem Gebiet der Reproduktion, die sich als Bewegung und Gegenbewegung von Stufe zu Stufe entwickelt. Aus der Berufs- und häuslichen Arbeit, die zunächst zwischen Männern einerseits und Frauen andererseits geteilt wird und deren geschlechtliche Unterschiede noch stärker hervortreten lässt, wird in einem nächsten Schritt die partnerschaftliche Arbeitsgemeinschaft, in der Männer und Frauen ohne Unterschied sowohl Berufsarbeit wie auch Familienarbeit leisten. Dies gilt zumindest dem partnerschaftlichen Anspruch nach. Aber ein Teil der Männer und Frauen kann oder will diese partnerschaftliche Arbeitsgemeinschaft nicht erfüllen. Sie rutschen, trotz guten Vorsatzes, zurück in die überkommene Familienform oder verzichten ganz auf Kinder. So kommt es schließlich zu einer dritten Stufe der Arbeitsteilung zwischen ledigen und kinderlosen Paaren einerseits und Eltern andererseits.

Alle diese Stufen der Arbeitsteilung verharren in einem sozialen Rahmen, der sich als nationaler oder neuerdings europäischer fest in unser Denken eingegraben hat. Eine vierte Stufe der Arbeitsteilung im transnationalen, ja weltweiten Rahmen wird deshalb gern übersehen. Es handelt sich um die Arbeitsteilung nicht zwischen kinderarmen und kinderreichen Familien, sondern um die zwischen ganzen Gesellschaften, also zwischen der westlichen und dem größten Teil der übrigen Welt. Auch wenn in den afrikanischen, südamerikanischen und asiatischen Gesellschaften die Fertilitätsraten noch stärker zurückgehen als in den westlichen und auch wenn weltweit die durchschnittliche Kinderzahl in den letzten 30 Jahren von 4,8 auf heute 2,8 Kinder pro Frau gefallen ist, so wird die nichtwestliche Welt gegenüber der westlichen noch jahrzehntelang einen enormen Kinderreichtum aufweisen. Das Gefälle zwischen kinderreichen und kinderarmen Gesellschaften drängt auf irgendeine Art von Ausgleich und *ist* so bereits eine Art Arbeitsteilung, auch wenn niemand sie vorhergesehen, geplant und gewollt hat.

Es handelt sich um die Arbeitsteilung zwischen produktiven und reproduktiven Aufgaben. Wo die Produktivität der Arbeit ansteigt, sinkt die Fertilität. Wo die Industriegesellschaft das Füllhorn des Wohlstands ausschüttet, ist es mit dem Kindersegen vorbei. Und zwar sehr schnell. Das zeigt sich besonders an den Industriegesellschaften, die als Nachzügler ein besonderes Tempo vorlegen. Wir haben es schon oben gesehen: In Südkorea bringen die Frauen im Durchschnitt nur noch ein Kind zur Welt, in Japan nicht viel mehr. Die chinesische Ein-Kind-Politik kann nur deshalb in Maßen erfolgreich sein, weil sie anstößt, was ohnehin schon fällt.

Länder wie das hochproduktive Japan, die aus kulturellem

Eigensinn kaum Einwanderer aus kinderreichen Gesellschaften einlassen, entziehen sich der internationalen Arbeitsteilung zwischen produktiven und reproduktiven Gesellschaften. Die Einwanderungsgesellschaften europäischen Ursprungs – Amerika, Australien, Neuseeland – haben dagegen zusehends mehr Einwanderer auch fremder Kulturen an- und auf sich gezogen. Für die europäischen Länder gilt heute dasselbe.

In der Einwanderung ist im Keim – neben vielem anderen – bereits eine dreifache Arbeitsteilung angelegt: Erstens bringen die Einwanderer Motivation und Fähigkeiten mit, auch schwere, risikoreiche, niedere Arbeiten zu tun, vom Fensterputzen an Hochhäusern bis zum Spargelstechen. Zweitens ist der Lohn, den sie hierzulande für ihre Arbeit erhalten, in ihrer Heimat ein Vielfaches wert, wird deshalb in Form von Kapital und Gütern zurücküberwiesen und begründet dort eine spezifische, quasieuropäische Konsum- und Produktionskultur. Drittens bedeuten Einwanderung und Familiennachzug, dass kinderreiche Regionen einen Teil dieses reproduktiven Reichtums abgeben. Die Probleme dieses Vorgangs wurden im Kapitel 5 »Der Geburtenrückgang im Kampf der Kulturen« dargestellt. Der hochproduktive Okzident nimmt diesen Reichtum auf und akkulturiert ihn. Für die Frauen und Männer hierzulande bedeutet dies, dass sie von der reproduktiven Funktion entlastet, nun noch mehr Zeit für Bildung, Wissenschaft, Beruf, Weltpolitik und Weltmoral aufbringen können. Darin könnte sich die Aufgabe Europas abzeichnen – in einer Weltarbeitsteilung, die weit über die ökonomische Sphäre hinausgeht. In zynischer Zuspitzung: Das Kinderkriegen (und ein Großteil der harten Arbeit) besorgen die anderen. Wir kümmern uns darum, dass sie im europäischen Geist groß werden. (Dass dies nicht bruchlos gelingt, versteht sich von selbst.)

Der Gedanke, dass fortschreitende Arbeitsteilung sich weltweit nicht nur auf Güter und Dienste, sondern auch auf politische, militärische, moralische Leistungen, ja schließlich sogar auf das Bekommen von Kindern erstrecken könnte, ist mehr als befremdlich.

Zum einen widerstrebt es dem tief verwurzelten Vorrang, den wir eigenen Kindern zuschreiben. Zum anderen verstößt es gegen unsere Gewohnheit, unser soziales Leben im nationalen Rahmen zu begreifen. Insbesondere im Hinblick auf die Reproduktion denken wir uns den eigenen Nationalstaat als autark. Das zeigt sich daran, dass die Fertilitätsraten, die die gegenwärtige Diskussion beflügeln, immer als deutsche, französische, schwedische, japanische angezeigt werden und Unruhe stiften.

Aber so wenig wir in Bezug auf Südfrüchte, Energie oder militärischen Schutz autark sind, so wenig sind wir es in Bezug auf den eigenen Nachwuchs. Längst lassen wir auch die lebendigen Träger westlicher Lebensformen anderswo »herstellen«. Was wir im Gegenzug an Waren, Wissen und Werten liefern, ist schwer auszumachen. Die Aufgabenteilung zwischen den Kulturen ist überaus vielgestaltig, meist unbewusst und – es muss immer wieder betont werden – von niemandem geplant.

Die neue Arbeitsteilung zwischen produktiven und reproduktiven, kinderarmen und kinderreichen Gesellschaften gilt womöglich nur für eine Übergangsphase von weniger als 100 Jahren. So lange wird es dauern, bis alle Gesellschaften nicht nur ähnlich niedrige Geburtenraten erreichen, sondern auch die »Kinderberge« der vorherigen, umfangreicheren Generationen abgebaut haben. Nach und nach werden alle Kulturen sich umstellen: von einer breiten Reproduktionsbasis mit hoher Sterblichkeit auf eine schmale Basis lange lebender Individuen; von einem risikoreichen auf ein verhältnismäßig sicheres Leben; von einer biologischen Entwicklungsstufe, in der die schiere Zahl der reproduzierten Organismen über den Fortbestand der Spezies entschied, zu einer soziokulturellen Stufe der Evolution, in der die Teilung der sozialen Aufgaben die Fähigkeit der menschlichen Spezies, Probleme zu lösen, ins Unermessliche steigert.

Dass damit Probleme auch stets neu auftreten, ist die Kehrseite der Medaille. Der Wettlauf von Problemen und Problemlösungen führt nicht ins schöne Land Utopia. Aber er wird auch nicht durch

Geburtenzahlen oder, wie die modischen Massenmarathons, durch die große Zahl der Mitläufer entschieden.

In der Weltgesellschaft braucht deren modernster Teil nicht mehr Nachwuchs, als er aus sich selbst und aus dem Rest der Welt ohnehin bekommt. Zumindest braucht er keine Kindersubventionspolitik. Seine unterschiedlichen Lebenssphären – Wirtschaft, soziale Sicherheit, Wissenschaft, Politik, Religion, Familie, Kultur – verfügen über eine erstaunliche Fähigkeit, sich selbst auch mit weniger Menschen zu reproduzieren. Wie von allein wachsen sie dabei über den nationalen Rahmen hinaus, dessen Scheuklappen wir nicht ohne weiteres ablegen können. Sich selbst überlassen, entwickeln soziale Systeme als Problemlöser womöglich einen Erfindungsreichtum und gegenseitige Inspirationen, die der Moderne würdig sind. Dazu kann auch ein Wiederanstieg der Geburtenrate gehören. Sollte es so sein, dann wird er allerdings aus dem unbewussten Zusammenspiel vieler Systeme geboren werden und nicht aus den Berechnungen und Mahnungen demografischer, politischer, kirchlicher oder anderer Autoritäten.

Die Gesellschaft selbst weiß mehr als jede einzelne Autorität. Es wäre vermessen, ihr dieses Wissen abgewinnen und es auf Flaschen ziehen zu wollen, um es dann als Worte großer Bücher oder Gedanken großer Geister herumzureichen. Wir können allerdings, in kleinen Schritten, die Mechanismen zu begreifen versuchen, nach denen sich Gesellschaft bildet und entwickelt. Unternehmen wir diesen Versuch, und widerstehen wir dem demografisch-alarmistischen Missbrauch der Empirie. Mit dem Blick auf die Entwicklung der Gesellschaft schützen wir uns vor den normativen Zumutungen der »neuen Familienmodelle«, welche demografisch-journalistische Schaumschläger uns nahebringen möchten. Junge Leute werden durch diese nicht weniger, sondern mehr belastet. Ihre erste Befreiungstat ist, dass sie den demografischen und Familienaposteln den Laufpass geben. Denn es zeigt sich in der erweiterten gesellschaftlichen Perspektive, dass kein Grund zur Panik besteht, im Gegenteil: Weniger sind mehr.

Danksagung

Dieses Buch hätte nicht geschrieben werden können ohne die Mithilfe von Markus Prenger, Rabea Krätschmer-Hahn und Usch Büchner. Ihrem kritischen Mitdenken und ihren Anregungen verdanke ich viel. Zur abschließenden Produktion war mir der Lektor des Campus Verlags, Dr. Olaf Meier, eine unerlässliche Unterstützung.

Anmerkungen

Die deutsche Angst und andere Wirklichkeiten

1 *Frankfurter Allgemeine Zeitung*, 18. November 2006.

2 *Children of Men*, Regie: Alfonso Cuaron, Drehbuch: Alfonso Cuaron, Tim Sexton, David Arata, Großbritannien/USA 2006. Der Film basiert auf dem gleichnamigen Buch von P.D. James, welches 1992 erschien (auf Deutsch unter dem Titel: *Im Land der leeren Häuser*, München 1993).

3 Christian Schmitt und Gert G. Wagner, »Der Untergang des Abendlands fällt aus. Die Kinderlosigkeit der Akademikerinnen wird überbewertet«, in: *Frankfurter Rundschau*, 26. Mai 2006.

4 http://www.single-generation.de/wissenschaft/soziologie/christian_schmitt.htm

5 Vgl. Wiebke Rögener, »Die Mythen von der Kinderlosigkeit. Deutsche Frauen bekommen immer weniger Nachwuchs. Aber viele Theorien über die Gründe dafür sind schlichtweg falsch«, in: sueddeutsche. de, 21. Oktober 2006, http://www.sueddeutsche.de/gesundheit/artikel/357/89268/1/ [Stand: Januar 2007].

6 K- und r-Strategie sind Begriffe aus der Soziobiologie. *K* steht für die Tragekapazität eines Lebensraums und *r* für die Wachstumsrate der Population.

Die Wirklichkeit der Wirtschaft – steigende Produktivität und fallende Reproduktion

1 Robert J. Barro und Xavier Sala-i-Martin, *Economic Growth*, Cambridge (Mass.), London 1999.

2   Vgl. *Berliner Zeitung*, »Europa. Riskante Rekorde: Mit seiner Exportoffensive macht sich Deutschland zunehmend unbeliebt bei den Nachbarn – und bedroht die Währungsunion«, 5. August 2006.

3   Vgl. Institut für Wirtschaftsforschung Halle, »Deutsche Binnenkonjunktur zieht allmählich nach«, in: *Wirtschaft und Wandel*, Jahrgang 11, 1/2005, S. 6–22.

4   OFCE, »France: le coût d'outre-Rhin. Perspectives 2006–2007 pour l'économie française«, in: *Revue de l'OFCE*, Nr. 97/2006, S. 33–89.

5   Vgl. Robert von Heusinger, »Merkel, die Merkantilistin. Deutschlands Wirtschaft ist wieder wettbewerbsfähig – und saniert sich auf Kosten der Nachbarn«, in: *Die Zeit*, 4. Mai 2006.

Soziale Sicherung – ohne Nachwuchs?

1   Erschienen in mehrseitigen Zeitungsanzeigen zur Agenda 2010, am Jahresende 2004.

2   In einem Interview, nachzulesen unter http://www.stiftungsrente.de/forum/Interview_mit_Prof._Dr._Raffelhueschen.pdf [Stand: Januar 2007].

3   Vgl. Claus Tigges, »Bushs zweiter Versuch«, in: *Frankfurter Allgemeine Zeitung*, 30. Dezember 2004.

Auslaufmodell Familie?

1   Vgl. dazu etwa Michael Mitterauer, »Grundtypen alteuropäischer Sozialformen«, in: *Kultur und Gesellschaft*, hrsg. von Richard van Dülmen, Stuttgart-Bad Cannstatt 1979, S. 35 ff.

2   Das Heimwerken bzw. die Do-it-yourself-Arbeiten sind in Deutschland von 49 Prozent (1992) bis auf über 55 Prozent angewachsen. Das belegt eine Umfrage des Allensbacher Instituts.

3   Edward Shorter, *Die Geburt der modernen Familie*, Reinbek 1977.

4   *Familienleben in Deutschland. Neue Bilder aus der deutschen Vergangenheit*, Reinbek 1980.

5   Reinbek 1977.

6   Beyus, a.a.O., S. 10.

7   Vgl. Volker Reinhardt unter Mitarbeit von Thomas Lau, *Deutsche Familien: Historische Portraits von Bismarck bis Weizsäcker*, München 2005. Beispiele sind etwa die Thyssens oder die Mommsens.

8 Helmuth Plessner, *Grenzen der Gemeinschaft. Eine Kritik des sozialen Radikalismus,* Frankfurt 2002, S. 46 (zuerst erschienen 1924).

9 Vgl. Karl Otto Hondrich, *Liebe in Zeiten der Weltgesellschaft,* Frankfurt 2004, S. 100.

10 In: Georg Simmel, »Über die Liebe (Fragment)«, aus: ders., *Fragmente und Aufsätze aus dem Nachlass und Veröffentlichungen der letzten Jahre.* Herausgegeben und mit einem Vorwort von Dr. Gertrud Kantorowicz, München 1923, S. 47–125.

11 Im Jahr 2006 hat der Onlinehändler Amazon.de die Ergebnisse einer repräsentativen Studie zum Thema Heiraten vorgestellt: Von 1 000 Deutschen haben über 60 Prozent der Befragten ihren Partner aus Liebe geheiratet und möchten tatsächlich in »guten wie in schlechten Tagen« bei ihm sein. Nur für 3 Prozent der Männer und 2 Prozent der Frauen war Steuerersparnis der ausschlaggebende Grund. 2 Prozent der Frauen gaben an, den Richtigen gefunden, aber vom Mann ihrer Träume noch keinen Antrag erhalten zu haben. Und: Sogar ein Drittel der Geschiedenen würde es gerne ein zweites Mal versuchen. Vgl. http://www.amazon.de/gp/press/pr/20060307A [Stand Januar 2007]. Die meistgewünschte Form des Zusammenlebens ist nach wie vor mit deutlichem Abstand die Kleinfamilie, wie eine Befragung des Allensbacher Instituts ergab. Auf die Frage »Was bedeutet Familie für Sie?« wurden drei Nennungen mit je 80-prozentiger Zustimmung hervorgehoben: »Menschen, die sich gegenseitig helfen«, »Lieben und geliebt werden«, »Menschen, auf die ich bauen, denen ich vertrauen kann«.

12 Umfragen des Instituts für Demoskopie Allensbach 1971 und 2001, Frage nach »gefühlter Einsamkeit«.

13 Vgl. Björn Schwentker, »Der Ernährer hat ausgedient«, in: *Die Zeit,* 29. Juni 2006.

14 Er kann als PDF unter folgender URL heruntergeladen werden: http://www.bmfsfj.de/doku/familienbericht/download/familienbericht_gesamt.pdf [Stand: Januar 2007].

15 Vgl. den Artikel »Einsamer nie?«, in: *Die Zeit,* 15. Dezember 2005.

16 Vgl. Marc Szydlik, *Lebenslange Solidarität?: Generationenbeziehungen zwischen erwachsenen Kindern und Eltern,* Opladen 2000, S. 91 f.

17 Analysen von mehreren Tausend Männern in Magdeburg, Berlin,

Leipzig und Hamburg haben ergeben, dass sich die Spermiendichte pro Jahr um etwa 2 Prozent vermindert. Damit nähert sich die Fertilität der Männer bereits jenem Bereich, der von der Weltgesundheitsorganisation (WHO) als kritisch eingestuft wird. Daher wurde 2003 die Studie Eden gestartet, der Forschungsfrage folgend: Wie fruchtbar sind die deutschen Männer? Ergebnisse sollten Mitte 2005 vorliegen. Tatsächlich sind bis heute keine veröffentlicht worden. Vgl. Marion Schafft:»Eden-Studie: Wie fruchtbar sind die deutschen Männer?«, in: *Informationsdienst Wissenschaft*, 12. Mai 2003.

18 Das mittlere Alter der Erstgebärenden steigt kontinuierlich: 1961 bekamen Frauen ihr erstes Kind im Schnitt mit 25 Jahren, 2000 mit 29 Jahren. Waren 1990 nur 5 Prozent der Erstgebärenden über 35 Jahre alt, so lag ihr Anteil im Jahr 2000 bereits bei 16 Prozent. »Manchen Angehörigen der Generation 35 plus schwant zwar, dass sie in punkto Empfängnisfähigkeit zu einer Risikogruppe gehören. Sie sehen die Gefahr jedoch einzig darin, behinderten Nachwuchs in die Welt zu setzen – nicht aber darin, überhaupt keine Kinder mehr bekommen zu können.« (Martin Spiewak, »Mutterglück im Rentenalter«, in: *Die Zeit*, 23 Januar 2003.)

19 Vgl. Martin Spiewak, a.a.O.; Elke Binder, »Der Sohn, der aus der Kälte kam«, in: *Die Zeit,* 29. Dezember 2005; Jens Lubbadeh, »Mit Kryobiologie gegen den demographischen Wandel«, in: *Stern,* 1. August 2006.

20 Dazu im Vergleich in den USA 112 000 Kinder. Im Jahr 2004 wurden in Deutschland 7 000 Kinder mittels Reproduktionsmedizin (IVF und ähnliche Techniken) geboren. Das macht knapp 1 Prozent der rund 700 000 Neugeburten aus. Vgl. Jens Lubbadeh, a.a.O.

21 Im Jahr 2004 gab es in Deutschland 5 064 Adoptionen. 39 Prozent betrafen Kinder unter 6 Jahren, 30 Prozent Kinder von 6 bis 11 Jahren, 31 Prozent Jugendliche im Alter von 12 Jahren oder älter. Vgl. *Moses online*, Infodienst Adoption-Pflegekind e.V. Ratingen.

22 Im Jahr 2004 wurden in Deutschland 706 000 lebendgeborene Kinder registriert, zugleich gab es 5 064 Adoptionen von Kindern und Jugendlichen. Vgl. Statistisches Bundesamt, Pressemitteilungen vom 16. September 2005 und vom 15. August 2006.

23 Das Familiensystem einer Gesellschaft insgesamt schrumpft, sofern die Bevölkerung schrumpft. Das ist in der Bundesrepublik bislang nicht der Fall.

24 Umfrage von Forsa im Auftrag der Zeitschrift *Eltern*, 2004.

25 Vgl. Martin Spiewak, »Wie man in Deutschland geboren wird«, in: *Die Zeit*, 2. Oktober 2003.

26 Vgl. Martin Spiewak, *Wie weit gehen wir für ein Kind? Im Labyrinth der Fortpflanzungsmedizin*, Frankfurt 2002.

27 Phillip Longman, »The Return of Patriarchy«, in: *Foreign Policy*, 1. März 2006.

28 Zitiert aus Inge Breuer, »Zwischen Steinzeitkeule und Mutterkreuz. Wie Sozialwissenschaftler dem Kindermangel begegnen wollen«, http://www.dradio.de/dlf/sendungen/studiozeit-ks/549383/ [Stand: Januar 2007].

Der Geburtenrückgang im Kampf der Kulturen

1 Vgl. Deutsche Stiftung Weltbevölkerung; aktualisierte Darstellungen 2006.

2 Paul M. Kennedy, *The Rise and Fall of the Great Powers: Economic Change and Military Conflict from 1500 to 2000*, New York 1987; sowie Herfried Münkler, *Imperien: die Logik der Weltherrschaft – vom Alten Rom bis zu den Vereinigten Staaten*, Berlin 2005.

3 Claude Lévi-Strauss, »Rede zur Verleihung des Meister-Eckhart-Preises«, in: *Frankfurter Allgemeine Zeitung*, 27. Dezember 2003.

4 Vgl. Abdelmalek Sayad, *L'immigration*, Brüssel 1991.

5 Vgl. Karl Otto Hondrich, »Ethnizität und Wir-Gefühle«, in: Italienisch-Deutsche Gesellschaft für Soziologie: *Annali di Sociologia/ Soziologisches Jahrbuch 1996*, S. 163–78.

6 Vgl. dazu Untersuchungen des Bielefelder Sozialisationsforschers Prof. Dr. Wilhelm Heitmeyer.

7 Stefanie Rosenkranz, Die deutschen Gesichter des Islam, in: *Stern*, 42/2006.

8 Vgl. dazu Untersuchungen von Prof. Dr. Christian Pfeiffer, Direktor des Kriminologischen Forschungsinstituts Niedersachsen.

9 Vgl. Klaus Hurrelmann und Mathias Albert, 14. Shell Jugendstudie: *Jugend 2002*.

10 Vgl. dazu Ursula Boos-Münning und Yasemin Karakasoklu, »Viele Welten leben – Lebenslagen von jungen Frauen mit griechischem, italienischem, jugoslawischem, türkischem und Aussiedlerhintergrund im Auftrag des Bundesministeriums für Familie, Senioren, Frauen

und Jugend«, Auszug in: *Frankfurter Rundschau*, 21. Dezember 2004.

11 UNFPA, The State of World Population 2001.

12 Herwig Birg, *Die demographische Zeitenwende. Der Bevölkerungs-rückgang in Deutschland und Europa*, München 2005, 4. Auflage.

13 Georg Simmel, »Der Streit«, in: *Soziologie. Untersuchungen über die Formen der Vergesellschaftung*, Berlin 1958, S. 186–255.

14 Volker Gerhardt, »Geburtenratenhysterie«, in: *Merkur* Nr. 691, November 2006, S. 1064.

Das Individuum ohne Kinder

1 Vgl. Georg Simmel, »Die Kreuzung sozialer Kreise«, in: *Soziologie. Untersuchungen über die Formen der Vergesellschaftung*, Berlin 1958, S. 305–344.

2 Vgl. Kapitel »Die deutsche Angst und andere Wirklichkeiten«, Anm. 6.

3 Vgl. Eckart Voland, »Grundkurs in Soziobiologie«, in: *Frankfurter Allgemeine Zeitung,* 24. Mai 2006 (Fortsetzungen zweiwöchent-lich).

4 Vgl. Karl Otto Hondrich, »Alt und Jung«, in ders.: *Liebe in Zeiten der Weltgesellschaft*, a.a.O.; sowie Peter M. Blau, *Inequality and Heterogeneity: A Primitive Theory of Social Structure*, New York 1977.

5 Vgl. dazu Dieter Thomä, *Eltern. Kleine Philosophie einer riskanten Lebensform*, München 1992, S. 46.

6 Dieter Lenzen, *Mythologie der Kindheit. Die Verewigung der Kind-heit in der Erwachsenenkultur – versteckte Bilder und vergessene Geschichten*, Reinbek 1985, S. 119 ff.

7 Dieter Thomä, *Eltern*, a.a.O., S. 36.

8 Ebenda, S. 37.

9 Meike Dinklage, *Der Zeugungsstreik. Warum die Kinderfrage Männersache ist*, München 2005, S. 177 f.

10 Vgl. Dieter Lenzen, *Mythologie der Kindheit*, Reinbek 1985, S. 119.

11 Die einschlägigen Untersuchungen boomen zurzeit. Vgl. dazu etwa Bundesinstitut für Bevölkerungsforschung und Robert-Bosch-Stiftung, *Kinderwünsche in Deutschland. Konsequenzen für eine nachhaltige Familienpolitik*, Stuttgart 2006; Bundesministerium für Familie, Senioren, Frauen und Jugend, *Monitor Familiendemogra-*

phie, Ausgabe Nr. 1: *Deutschland: kinderlos trotz Kinderwunsch?*, April 2005; Institut für Demoskopie Allensbach, *Einflussfaktoren auf die Geburtenrate. Ergebnisse einer Repräsentativbefragung der 18- bis 44-jährigen Bevölkerung*, März 2004.

12 Johann August Schülein, *Die Geburt der Eltern. Über die Entstehung der modernen Elternposition und den Prozess ihrer Aneignung und Vermittlung*, Opladen 1990, S. 92.

13 Thomä 1992, S. 46.

14 Thomä 1992, S. 19 ff.

15 Andere Beispiele für diese innergesellschaftliche Vorteils-Nachteils-Balance sind die Minderheit der rund 8 bis 20 Prozent Arbeitslosen, die etwa gleich große Minderheit der Armen, die kleineren Minderheiten der schwer integrierbaren Kranken und die der chronisch Kranken und Behinderten.

16 *Spiegel special:* »Jung im Kopf. Die Chancen der alternden Gesellschaft«, 8/2006.

Steuerung durch die Politik

1 Plato, *Der Staat*, zitiert nach Dieter Thomä 1992, S. 16 f.

2 Vgl. ebenda, S. 16 f.

3 Adolf Hitler, *Mein Kampf*, zitiert nach Dieter Thomä 1992, S. 203 f.

4 Vgl. Christiane Dienel, *Kinderzahl und Staatsräson: Empfängnisverhütung und Bevölkerungspolitik in Deutschland und Frankreich bis 1918*, Münster 1995, S. 25, 27.

5 Ebenda, S. 36.

6 Ebenda, S. 246.

7 Ebenda, S. 247.

8 Zitiert nach Dienel 1995, S. 31.

9 So zum Beispiel Yves-Marie Laulan, der darauf hinweist, dass die ehemals faschistischen Länder unter dem größten Geburtenrückgang leiden – was in Deutschland durch die Scham über den Holocaust noch zugespitzt würde, indem Nationalgefühl verloren gegangen sei und sich die Nation als solche nicht mehr reproduzieren würde. Yves-Marie Laulan, *Allemagne: Chronique d'une mort annoncée*, Paris 2004.

10 Herwig Birg, *Die demographische Zeitenwende. Der Bevölkerungsrückgang in Deutschland und Europa*, München 2005, 4. Auflage.

11 Ebenda.

12 Vgl. Dienel 1995, S. 243 ff.

13 Vgl. Dienel 1995, besonders S. 243 ff.

14 Vgl. Dienel 1995, S. 244.

15 Vgl. http://www.berlin-institut.org/newsletter_10august05.htm [Stand: Januar 2007].

16 Anna Wahlgren im Gespräch mit Uta Rasche, »Rettet wenigstens die ersten drei Jahre«, in: *Frankfurter Allgemeine Zeitung*, 17. Oktober 2006.

17 Eva Herman, *Das Eva-Prinzip. Für eine neue Weiblichkeit*, München, Zürich 2006.

18 Vgl. Britta Sandberg, »Der Planet der anderen Mütter«, in: *Spiegel special* 8/2006, S. 76 f.

19 3. Auflage, München, 1996. Frz. Ausgabe: *L'amour en plus*, Paris 1980.

20 Vgl. Steven D. Levitt und Stephen J. Dubner, *Freakonomics. Überraschende Antworten auf alltägliche Lebensfragen*, München 2006.

21 Zitiert nach Heike Schmoll, »Im Geiste der Wissenschaftsfreiheit«, in: *Frankfurter Allgemeine Zeitung*, 16. Oktober 2006.

22 Vgl. dazu Claudia Bröll, »Kein Grund zum Jammern«, in: *Frankfurter Allgemeine Zeitung*, 15. August 2006.

23 Hans-Werner Sinn, »Vom Fluch der guten Tat. Damit mehr Kinder geboren werden, muss das Rentensystem umgebaut werden«, in: *Die Zeit,* 23. März 2006, S. 38.

Die Triebkräfte des Geburtenrückgangs und die Chancen des Schrumpfens

1 Christian Schmitt und Ulrike Winkelmann, »Wer bleibt kinderlos? Was sozialstrukturelle Daten über Kinderlosigkeit bei Frauen und Männern verraten«, in: *Feministische Studien* 2005, S. 18 f.

2 Anke Dürr und Claudia Voigt, *Die Unmöglichen. Mütter, die Karriere machen*, München 2006.

3 Jean-Claude Kaufmann, *Schmutzige Wäsche. Zur ehelichen Konstruktion von Alltag*, Konstanz 1994.

4 Vgl. Karl Marx, *Die deutsche Ideologie,* in: MEW 3, Berlin 1969, S. 32.

5 Vgl. Herwig Birg, *Die Weltbevölkerung: Dynamik und Gefahren*, München 2004, S. 126–137.

Register